미국 대학의 힘

:: 미국 대학의 경쟁력, 그 현장 보고서 ::

미국 대학의 힘

목학수 지음

산지니

:: 프롤로그 ::

2012년 3월부터 오하이오 주의 작은 도시인 에덴스(Athens)에 있는 오하이오 대학교(Ohio University)에서 즐거운 마음으로 연구년을 시작하면서, 과연 '미국 대학의 힘'은 어디에서 나올까라는 의문이 들었다. 그래서 많은 관심을 가지고 이 대학을 살펴보았다. 한 대학의 특성이라도 잘 파악하면 그 속에서 힌트를 찾을 수 있을 것 같았다.

1804년에 설립된 오하이오 대학교의 여러 가지 특징은 미국의 대학을 이해하는 데 많은 도움이 되었다. 눈에 비친 대학의 크고 작은 것에 마음을 가지고 보았다. 1년의 시간으로 한 대학을 모두 다 볼 수는 없다. 미국에서 대학을 다니고, 수업을 받고, 이곳에서 학위를 받지 않았기에 대학의 속사정을 속속들이 알 수는 없다. 대학에서 생활하면서 그 속에 녹아 들어가지 않고는 사실 그 대학을 다 알았다고 할 수 없다. 그렇지만 우리나라 대학에 오랫동안 근무한 경험은 미국 대학과 우리나라 대학을 비교하고 이해하는 데 많은 도움이 되었다.

오하이오 대학교의 분위기는 조용하면서도 아름답다. 이러한 분위기 속에서도 대학이 조금도 멈추어 있지 않고 앞으로 나아가려고 하는 모습을 볼 수 있었다. 방문했던 몇 개의 다른 미국 대학에서도 대학이 살아남기 위해, 그리고 앞으로 나아가기 위해 노력하는 모습을 볼 수 있었다.

대학이 있는 도시에서, 대학이 속해 있는 주에서, 대학과 함께 나아가기 위해 애를 쓰고 있음을 볼 수 있었다. 대학의 발전이 그 도시, 그 주의 발전인 양 생각하는 분위기였다.

미국 대학의 어떤 것이 우리나라 대학에 조금이라도 도움이 될까 하는 생각으로, 많은 것에 관심을 가지고 살펴보았다. '대학의 하드웨어'에 해당하는 대학의 캠퍼스와 학생들이 수업을 받는 강의실, 실험과 실습에 사용되는 장비와 시설들, 그리고 '대학의 소프트웨어'에 해당되는 교수와 학생들에게 제공되는 지원 시스템과 대학의 제도, 의사 처리 과정 등이 그것이다.

앞으로 미국 대학의 좋은 제도나 아이디어를 받아들이기 위해 우리나라 대학에서는 어떤 준비가 필요하며, 우리나라 대학들이 처한 현재의 상황은 어떠한지, 어떻게 하는 것이 우리나라 대학의 발전에 조금이라도 도움이 될지, 즐거운 고민으로 이 글을 준비했다. 교수나 대학생을 위한 지원이 어떠한 개념에 기초를 두고 만들어졌을까 하는 질문을 스스로에게 하면서, 비록 짧은 생각이나마 이 글을 정리하게 되었다.

평범하고 작은 이야기에서 우리나라 대학에 도움이 될 만한 것을 찾고자 했다. 미국의 한 대학이 가지고 있는 특징들을 잘 파악하고, 이러한 특징들이 생겨난 동기들을 생각해보면서, 우리가 배울 것이 있을 것이라 생각했다.

여기에 실린 여러 가지 이야기들 중에는 미국 대학에 대해 완전히 파악되지 않은 상태에서 한 면만을 보고 작성된 것이 많아 오류가 있을 수도 있다. 그리고 미국 대학의 전체를 못 보고, 좁은 눈으로 바라본 경우도 있었을 것이다. 독자 여러분의 많은 양해를 바란다.

여기 준비한 글들은 오하이오 대학교 내에서 점심 시간에 교내 식당에 다녀오면서, 교수님들의 대학 연구실을 방문하면서, 잘 꾸며진 대학 내 녹색의 잔디밭을 거닐면서, 집과 학교를 오고가는 차 속에서, 이 도시에서 멀지 않은 몇몇 대학들을 방문하면서, 직접 보고 느꼈던 것이다. 우리나라의 대학을 생각하면서…….

이 책에 실린 미국 대학에 관련해서 의견을 주신 분들은 다음과 같다. 오하이오 대학교 생명과학과의 이대우 교수님, 기계공학과의 최정훈 교수님, 토목공학과 김상수 교수님과 김병철 교수님, 통계학과의 백창룡 교수님, 화학공학과의 이성규 석좌교수님과 최윤석 교수님, 레크리에이션 및 운동교육학과의 오현주 교수님, 경제학과 정철호 교수님 등이다. 이들 교수님들과 많은 시간을 대학에 대하여 의견을 나누었다. 2012년 여름에 이 대학의 총장이신 맥데이비스(McDavis) 박사님을 총장실에서 만나 대학에 대한 이야기를 듣는 기회도 가졌다. 특별히 많은 시간을 할애해주신 산업공학과 박남규 교수님에게 감사함을 표한다.

짬짬이 시간을 내어 이곳 에텐스에서 차로 3~5시간 거리에 있는 몇몇 대학을 가보았다.

버지니아텍의 나일스(Niles) 부총장, 우바(Wubah) 부총장, 전기공학과 하동삼 교수님, 고광진 교수님, 웨스트버지니아 대학교의 선임 부총장(Associate Vice President)인 나이젤 클락(Niegel Clark) 박사님, 전자공학과의 변경수 교수님, 농과대학의 박용락 교수님, 오하이오 주립대학교 농과대학의 이기춘 교수님, 라이트 주립대학교 공과대학 컴퓨터공학과의 정순명 교수님, 피츠버그 대학교 의과대학(UPMC)의 배경태 방사선과 학과장님과 공과대학의 조성권 교수님, 카네기멜론 대학교 공과대학의 유동현 교수님, 미시간 대학교 정보대학원(School of Information)의 이수영 교수님, 톨레도 대학교 화공 및 환경공학과의 서영우 교수님 등을 만났는데, 자신이 근무하고 있는 대학에 관해서 유익한 말씀을 해주셨다.

조언을 해주신 모든 분들께 감사하다. 이분들의 조언으로 미국 대학에 대해 조금이나마 더 깊이 이해할 수 있었다.

대학의 발전이란 하루아침에 이루어지는 것이 아니다. 보고 배운 것들을 하나씩 실행하면서 문제점을 보완해가는 과정에서 대학의 점진적인 발전이 이루어질 것이다. 아무리 미국 대학에서 좋은 제도라 할지라도 우리나라에 적용하기 어려운 것들도 있는데, 이것은 우리가 가지고 있는 사회적인 여러 가지 조건들이 미국과 다르기 때문일 것이다.

오하이오 대학교에서 보고 느낀 단편적인 생각들이 독자 여러분에게 미국 대학을 이해하는 도움이 되고, 이 책 속에 있는 어느 내용 하나라도 우리나라 대학에 적용되어 대학의 발전에 조금이라도 보탬이 될 수 있다면 행복하겠다.

오하이오 대학교 Stocker Center의 연구실에서

목학수 씀

:: 차례 ::

PART 2 교수를 위한 서비스

PART 3 학생을 위한 서비스

PART 4 대학 캠퍼스

PART

1

대학의 역할

:: 오하이오 대학교가 있는 에텐스 ::

오하이오 대학교가 있는 에텐스 시의 인구는 2010년 기준으로 약 23,800여 명이었다. 대학생들이 생활하는 학기 중이라야 사람이 사는 도시라 할 정도로 작은 '대학 도시'다. 사람들은 도시의 이름 'Athens'를 그리스의 '아테네'나 '에텐스' 등으로 부르고 있다. 도시 주위에는 미국 도시에서 보기 어려운 낮은 산이 있고, 아침에는 아름다운 안개를 자주 볼 수 있으며, 가을에는 단풍이 아름다운 도시다.

1804년 오하이오 대학이 세워졌을 때 이 도시는 더 작은 마을이었을 것 같다. 그 당시 작은 마을에 대학을 세우겠다고 생각한 사람들은 아마도 지역을 균형석으로 발전시키고자 했을 것이다. 도시가 주는 느낌은 조용하며 밝다.

영어 사전을 보면 보통 도시의 중심 지역을 'Downtown'이라고 하는데, 여기서는 'Uptown'이라 하여 처음 이 도시에서 생활을 시작했을 때는 약간 어리둥절했다. 도시의 중심 지형이 약간 솟아 있기에 이렇게 부른다. Uptown에는 학생들을 상대로 하는 식당, 책방, 영화관, 호프집, 이발관, 주유소, 피자집, 샌드위치 가게 등이 있다. 오래전에 세워진 대학의 정문이 도시 중앙을 지나는 도로와 같이 있으며, 이 정문 안쪽에 대학 총장의 집무실이 있다.

방학이 되면 시내에 있는 하숙집들뿐만 아니라 기숙사에 살던 학생들이 모두 집으로 가든지, 방학 동안 기업체 인턴이나 아르바이트를 하기 위해 도시를 떠난다. 그래서 여름 방학 동안에는 사람의 왕래가 그렇게 많지 않은 조용한 도시로 변한다.

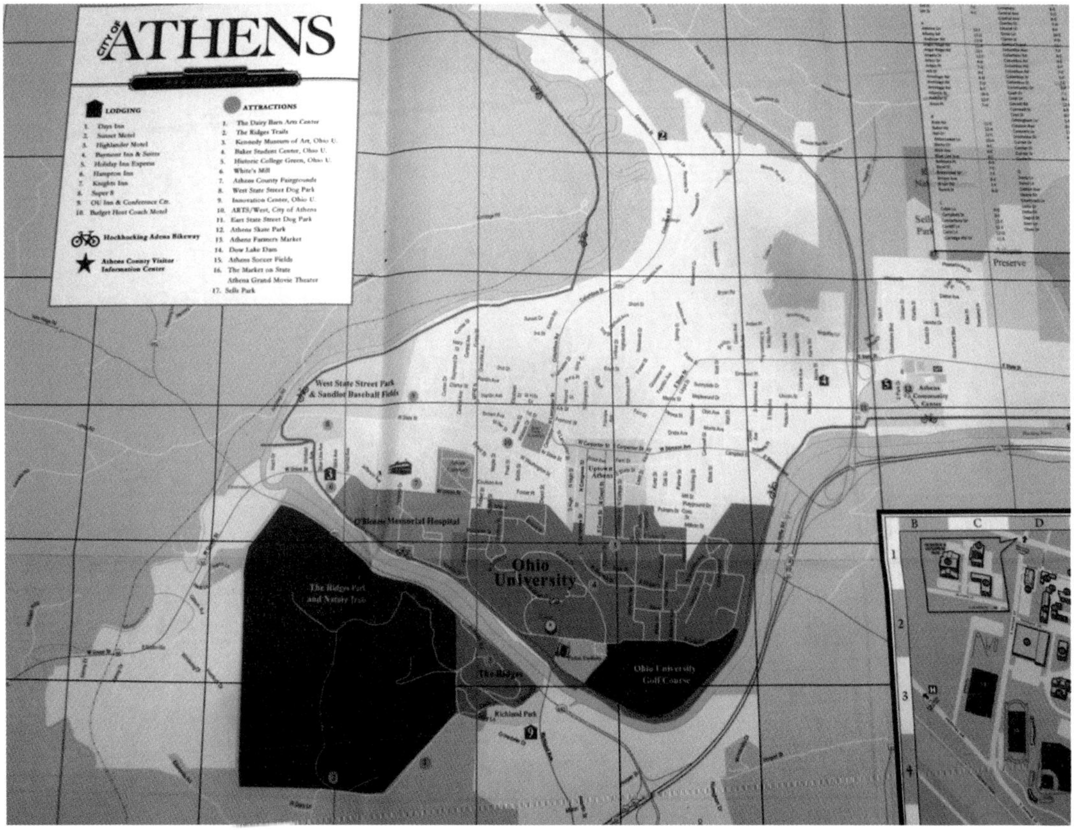

대학은 노란색으로 표시된 도시의 중심과 함께 있다.
지도에서 흰색 부분은 대부분 시민들이 살고 있는 지역이다.
대학과 공원 몇 개의 면적이 도시 면적의 반 정도를 차지하고 있는 듯하다.

오하이오 대학교 캠퍼스

도시의 도로와 대학의 건물들은 대체로 밝은 주황색을 띠고 있다. 도시가 한 가지 색으로 단장되어 있는 듯해서 아름다운 느낌이 든다.

오하이오 대학교도 미국의 여느 대학과 마찬가지로 풋볼 팀을 가지고 있다. 풋볼 경기가 있는 날 많은 시민들과 학생들이 풋볼 경기장으로 몰려드는 모습은 보기에 좋다. 이러한 광경을 볼 수 있는 이유는 미국 사람들이 풋볼 경기를 좋아하는 것도 있겠지만, 자신의 도시에 있는 대학을 사랑하는 마음도 있는 것 같다. 시민들 모두 대학의 로고인 'OHIO'나 'OU'가 새겨진 녹색 티셔츠를 입고 경기장으로 간다. 녹색은 '오하이오 대학교'를 상징하는

대학 로고가 새겨진 녹색 티셔츠를 입은 사람들

색이다.

이 도시의 또 다른 자랑거리로는 도시를 감싸고 흐르는 호킹 강(Hocking River)이 있다. 대학의 풋볼 경기장, 실내 체육관, 대학 골프장, 실내 수영장, 야구장 등은 대부분이 호킹 강가에 있다. 강의 폭은 50~60미터 정도 되며, 항상 흐르는 강물을 볼 수 있다. 2012년 여름, 가뭄이 심할 때에는 적은 양의 물이 흘렀지만, 평소에는 물의 양이 많은 편이다. 비가 온 다음 날에는 강을 따라 흐르는 물의 양이 제법 많다. 강을 따라 강둑이 있으며, 강둑을 따라 시민들을 위한 산책로가 길게 꾸며져 있다.

오하이오 주 에텐스 시를
감싸 흐르는 호킹 강

저녁때에는 많은 시민들과 학생들이 강둑길을 따라 조깅을 하기도 하고, 자전거를 타기도 하며, 강둑을 따라 마련된 넓은 잔디밭에서 공을 가지고 놀기도 한다. 이 강둑길에서 간혹 만나는 붉은 저녁놀이 황홀한 빛을 발할 때도 있다.

겨울에는 강둑을 따라 풀을 뜯고 있는 거위 떼를 쉽게 볼 수 있다. 많이 모여 있을 때에는 50여 마리가 넘을 때도 있다. 봄에 어미를 따라다니던 새끼들이 어미와 같은 크기로 자랐다. 물가에 있던 거위가 하늘을 차고 오르는 모습을 보고 있노라면 자연의 신비로움을 느끼곤 한다.

작은 도시 에텐스에는 미국에서 몇 번째로 오래된 오하이오 대학교가 있고, 학기 중에는 많은 젊은 학생들이 있으며, 도시를 싸고 흐르는 호킹 강이 있기에 무척 아름다우며 살아 있는 도시라 여겨진다.

학기가 시작하는 아침에는 강의실을 찾아가는 학생들이 활력을 불어넣으며 이 도시의 맑은 아침을 깨운다.

:: 에텐스 블록 ::

오하이오 대학교가 있는 에텐스 시에는 옛날부터 많은 도로가 붉은 벽돌로 포장되어 있었다. 여기에 사용된 벽돌에는 'Athens Block'이라는 글자가 새겨져 있다. 붉은색으로 인해 도로가 밝은 느낌이 나서 좋다. 돌보다는 약하겠지만 내구성이 뛰어난 소재라 도로를 포장하기에 충분한 소재다.

이러한 붉은색 벽돌은 도시의 상징물 중의 하나이다. 'Athens Block'은 1891년 F. Stadler, D. H. Doan, 그리고 J. Drew라는 세 사람이 만든 회사 'Athens Block'에서 생산되기 시작했었다.[1] 1차 세계대전 후 콘크리트나 아스팔트로 만들어진 도로가 많이 생겨나는 바람에 이 벽돌을 사용한 도로가 많이 줄어들었다. 그렇지만 지금도 학교나 시내 한복판 도로에는 전통을 생각하게 해주는 역할로 이 벽돌이 도로 포장에 사용되고 있다. 도시의 명물 중 하나로 자리 잡고 있는 것이다.

비록 차량이 달릴 때 아스팔트보다 시끄러운 소리가 더 나고, 도로 표면이 일정하지 않은 불편함도 있지만 그래도 건물의 벽돌 색깔과 도로의 색이 비슷하여 조화를 잘 이루고 있는 것 같다. 생활에 있어 조금의 불편함을 감수한다면, 이 같은 벽돌이 갖는 색깔은 아름다운 대학을 만드는 데 도움이 될 것 같다.

오하이오 대학교와 시내의 중심 도로 곳곳을 전통이 있는 벽돌로 포장하는 것을 보면서, 우리나라에서도 역사와 전통이 있는 그 지역의 소재들로 대학과 도시를 장식하는 것도 좋을 것 같다는 생각을 해보았다. 대학을 찾아오는 사람들에게 그 대학만의 특색을 알리는 한 방법일 것이다. 이렇듯 역사는 작은 것에서도 진행되고 있는 것이다.

에텐스에 있는 초등학교(East Elementary School) 앞 놀이 공간 바닥 포장을 하는 데 기부금을 내었던 사람의 이름(J. B. Mitchell)이 새겨진 벽돌이 사용되었다.

오하이오 대학교 도서관 앞의 도로에도 이 벽돌이 사용되었다.

:: 미국 대학의 총장 ::

미국의 대학 총장은 어떠한 권한을 가지고 있을까? 미국 대학의 총장은 정해진 임기만 채우는 경우도 있지만, 총장의 업무 수행 능력이 뛰어날 경우 임기를 넘어 연임을 하는 경우가 많다. 총장의 대외 활동이 가능한 이유는 미국 대학에서는 교무처장인 Provost가 대학 내의 주요 업무를 맡아 일을 하기 때문이다.

오하이오 대학교의 맥데이비스(Dr. McDavis) 총장은 2004년부터 2012년까지 8년째 총장직을 수행하였으며,[2] 오하이오 주립대학교의 고든 지(Dr. E. Gordon Gee) 총장은 1990년부터 1998년까지 이 대학의 총장을 지냈고, 다시 2007년부터 현재까지 두 번째로 이 대학에서 총장직을 수행하고 있다.[3]

버지니아텍의 찰스 스테거(Dr. Charles W. Steger) 총장은 2000년부터 지금까지 12년째 총장을 하고 있으며,[4] 카네기멜론 대학교의 제러드 코혼(Dr. Jared L. Cohon) 총장은 1997년부터 현재까지 15년째 총장을 하고 있다.[5]

피츠버그 대학교의 마크 노덴버그(Dr. Mark A. Nordenberg) 총장(Chancellor)은 1995년부터 현재까지 18년째 총장을 하고 있으며,[6] MIT의 수전 혹필드(Dr. Susan Hockfield) 총장은 2004년부터 2012년까지 8년간 총장직을 수행했다.[7]

미시간 대학교의 메리 수 콜먼(Dr. Mary Sue Coleman) 총장은 2002년부터 지금까지 10년간 총장을 하고 있다.[8]

그러나 위의 예와는 다르게 미국의 대학 총장들이 임기를 채우지 못하고 총장직을 그만두는 경우도 적지 않다.

2010년 8월부터 버니지아 대학교의 총장을 맡았던 테레사 설리번(Dr.

오하이오 대학교의 총장 집무실이 있는 Cutler Hall. 1816년에 지어진 이 건물은 대학의 한가운데 위치해 있다. 대학을 상징하는 건물로서 아담한 느낌이 든다.

Teresa Sullivan) 총장은 2012년 6월 총장직을 그만두었다. 2년간 총장직을 수행했으며, 대학 내 리더십 문제와 대학의 재정 악화가 원인이 되어 이사회에서 사임을 통보받았다.[9]

2007년부터 플로리다 A&M 대학교(Florida A&M University)의 총장이었던 제임스 애먼스(Dr. James Ammons)는 학생 사망에 관련된 소송 문제와 대학의 재정 악화로 2012년 7월 갑자기 총장을 그만두게 되었다.[10]

2011년 8월부터 킹스 컬리지의 총장이었던 앤 레빗(Dr. Anne Leavitt)도

2012년 6월 임기가 채 1년이 안 된 상태에서 총장직을 그만두었다.[11] 2010년 1월부터 캔자스 웨슬리언 대학교(Kansas Wesleyan University)의 종상이었던 플레처 램킨(Dr. Fletcher Lamkin)도 2012년 총장직을 그만두고 물러났다.[12]

2008년 1월부터 텍사스 A&M 대학교(Texas A&M University)의 총장이었던 엘자 무라노(Dr. Elsa Murano)도 2009년 6월, 1년 반 동안 수행해오던 총장직을 그만두었다.[13]

오리건 주립대학교(Oregon State University)의 레스 웩스너(Dr. Les Wexner) 총장도 2020년까지였던 총장 임기를 뒤로하고, 이사회의 결정으로 2012년 총장에서 사임을 통보받았다. 사임의 이유는 밝히지 않았다.[14]

오하이오 주립대학교(Ohio State University)의 총장이 근무하고 있는 Bricker Hall의 총장 집무실 입구. 대학의 중앙도서관과 가까운 거리에 있다.

위스콘신 주립대, 오리건 주립대, 펜실베이니아 주립대, 루이지애나 주립대, 일리노이 주립대, 유시(UC)버클리대, 버지니아 주립대의 총장들이 이사회의 압박에 자진 사퇴하거나 경질되는 수난을 겪고 있다.

미국 대학 총장이 임기를 채우지 못하는 이유 중 하나는 자신의 공약을 임기 중에 실천할 수 없다고 판단하고 스스로 물러나는 경우이다. 자신이 제시한 공약에 대해 책임을 지는 자세로 총장직을 그만두는 것이다. 미국 대학에서 총장의 가장 중요한 역할은 'Fundraising(기금 조성)'인데, 이러한 기금 조성이 목표치를 밑돌 때, 총장은 이사회(Board of Trustees)로부터 사임 압박을 받는다.

총장은 임기가 시작된 첫 해에는 여러 곳을 찾아다니며 기금 조성에 최선을 다한다. 이러한 노력의 결과를 바탕으로 이사회에서 매년 총장에 대한 업적 평가를 실시한다. 총장이 임기를 시작하고 2~3년이 지나 기금 조성에 한계를 느끼면 이사회에서는 총장에게 그 사실을 알려주고 사임에 대한 압력을 주거나, 총장 자신이 이사회에 기금 조성에 대한 자신의 한계를 설명하고, 후임 총장 선임을 요청할 수도 있다.

미국 대학에서 총장이 갖는 권한은 막강하다. 총장 개인의 철학과 합당한 이유가 있을 때 대학의 조직 개편과 예산의 배분도 자신의 뜻대로 할 수 있다. 예를 들어, 총장은 자신이 속한 대학의 비전과 맞는 새로운 학과나 대학을 만들 수 있으며, 대학의 예산을 자신이 구상하는 부서에 집중적으로 투자할 수 있다. 이에 대한 결과는 매년 실시하는 총장의 평가에 바로 나타난다.

매년 실시하는 총장에 대한 평가는 이사회에서 실시하며, 총장이 임기를 시작할 때 내세운 공약의 실천 정도로 결정이 난다. 주립대학인 경우, 미국의 경제 사정이 그렇게 좋지 않기 때문에 해마다 주 정부에서 내려오는 예산이 줄어들고 있다. 따라서 줄어든 예산만큼 더 많은 기금을 외부로부터 조성해야 하는데, 이것이 미국 대학 총장의 최대의 역할이자 의무이다. 사립대학일 경우, 주 예산의 지원이 없기 때문에 총장의 기금 조성 능력이 한층 더 강조되고 있다.

앞에서 살펴본 미국 대학 총장 중 사임한 총장은 대체로 대학이 필요로 하는 기금 조성에 실패했을 때 총장직을 그만두었다. 이것은 대학이 필요로 하는 기금 조성이 안 될 경우 대학의 재정상태가 나빠지고, 예산이 편성된 사업을 진행할 수 없을 때 더 이상 총장직을 수행하기가 쉽지 않게 되기 때문이다. 미국 대학 총장들은 대학 내 막강한 힘을 갖는 반면에, 자신이 내세운 공약을 책임지는 자세도 함께 요구받고 있다.

대학의 목표가 진리 탐구인데, 대학의 총장은 진리 탐구에는 관심이 없는 것 아닌기라는 생각이 들기도 한다. 그래서 대학의 기금 조성과 학문적 진리는 별개로 느껴진다. 그러나 아무리 좋은 아이디어가 있더라도, 이를 실현할 수 있는 교육과 연구에 예산이 투입되지 않으면 이룰 수 없는 경우가 많다. 대학이 추구하는 학문의 진리 탐구와 보다 나은 연구의 결과를 창출하기 위해 이를 뒷받침할 수 있는 좋은 교육 시설과 연구에 대한 투자를 위한 많은 예산(기금)은 필수적이다. 이러한 측면에서는 '기금 조성'이 최대의 역할인 미국 대학 총장이 이해가 간다.

:: 대학 총장의 연봉 ::

THE POST

SEPTEMBER 12, 2012 [WEDNESDAY]

top dollar

Commission to change how Ohio schools receive funding

OU increases compensation for highest-earning faculty members, causing varied staff, administrator reactions

Ohio University will spend close to half a million dollars more this year than in the past to compensate its 10 highest-paid administrators.

#1 Frank Solich football coach $445 thousand

Frank Solich football coach $400 thousand

#2 Jim Christian basketball coach $425 thousand

Roderick McDavis president $390 thousand

McDavis president $415 thousand

#3 $308 thousand

John Groce basketball coach #4 $258

Kenneth Johnson $400 thousand

Top Salaries of 2011 & 2012*

KEY: 2012-13 salaries 2011-12 salaries

2012 total: $3,263,472 2011 total: $2,781,294

오하이오 대학교의 교내 신문 『THE POST』에 게시된 연봉

2012년 9월 12일자 오하이오 대학교의 교내 신문인 『THE POST』의 첫 면에 이 대학에서 연봉을 많이 받는 사람들의 이름이 실렸다. 가장 많은 연봉을 받는 사람은 대학의 미식축구 팀의 코치인 프랭크 솔리치(Frank Solich)로, 2011년에는 40만 달러를 받았고, 2012년에도 더 많은 액수인 44만 5천 달러를 받았다. 두 번째는 농구 코치로 42만 5천 달러, 세 번째로 대학의 총장인 맥데이비스 박사가 41만 5천 달러를 받았다. 네 번째는 의과대학(Heritage College of Osteopathic Medicine)의 학장이 40만 달러를 받았다.

이 신문을 보면서 '이것이 정말 미국 대학일까' 하는 의문이 들었다. 진리를 탐구하고, 학문의 발전을 바라는 대학에서, 최고의 연봉을 받는 사람은 대학을 대표하는 총장도 아니고 학문을 연구하는 교수가 아닌, 대학에 있는 미식축구 코치이다. 과연 이것이 옳은 것일까 하는 생각으로 며칠을 보냈다.

미국에서는 좋은 미식축구 팀을 가지고 있으면 고등학교 학생들을 위한 대학 소개가 필요 없다고 한다. 즉 '미국에서 좋은 학생들을 뽑으려면 좋은 미식축구팀을 가져라.'라는 말이 있다. 이곳에서는 미식축구가 가장 인기 있

는 운동 종목이다. 이렇기 때문에 미국 대학들은 유능한 미식축구 코치를 영입하는 데 많은 돈을 쓴다. 이에 맞추어 코치에게는 많은 연봉을 준다.

운동 팀의 코치가 대학의 총장보다 높은 연봉을 받는 나라가 미국이다. 철저히 '상업적'이라는 느낌, '정신적'인 것은 '상업적'인 것 다음이란 느낌이 든다. 미국 대학은 누가 대학에 재정적으로 더 많은 기여를 하는가에 높은 가치를 둔다. 즉, 매년 대학에 있는 미식축구나 농구 팀에 의한 수입이 많기 때문에 운동 팀 코치의 연봉이 총장보다 많은 것이다. 더구나 유명한 운동 팀의 코치는 대학 총장의 몇 배에 달하는 연봉을 받는다고 한다.

지금 나의 사고의 한계일까? 아무리 대학에 재정적으로 많은 기여를 하는 사람이 운동 팀의 코치라고 하더라도, 그들이 제일 많은 연봉을 받는 부분에서는 동의하기가 쉽지 않다. 만약에 유명한 정치인이나 연예인이 대학의 홍보 대사로 와서, 이 사람이 대학에 많은 기부금을 유치했을 때에도 제일 높은 연봉을 줄 것인가?

대학의 총장은 지속적으로 대학을 위한 비전을 제시하며, 대학의 기금을 확충하는 데 최선을 다하고 있지 아니한가? 이러한 노력의 결과는 단기간에 나타나는 것이 아니라 다소 시간이 필요하다. 그리고 무엇보다 대학은 진리와 학문을 탐구하는 정신세계로 움직이는 곳이 아닌가?

한 대학을 대표하고 대학의 비전을 제시하는 사람은 분명 대학의 총장인데, 실제로 대학에서 받는 연봉은 그에 상응하지 않는다. 미국 대학에서 이러한 상황은 일반적이다. 대학에 재정적으로 가장 많은 기여를 하는 사람이 가장 높은 연봉을 받고 있다.

:: 대학의 홈페이지 ::

각 대학마다 가지고 있는 홈페이지는 이제 대학을 알리는 '대학의 얼굴'이다. 대학의 홈페이지를 방문하는 사람들은 그 대학에 진학하고자 하는 학생, 대학에 재학 중인 학생, 학부모, 기업체에 다니는 사람, 다른 대학에 재학 중인 학생, 외국에서 그 대학에 관심을 가지고 있는 학생 등이 대부분을 차지할 것이다. 요사이 대학에 대한 궁금한 사항이 있으면 제일 먼저 그 대학의 홈페이지를 찾아 들어간다. 홈페이지에는 대학에 관련된 많은 정보들이 있다고 생각하기 때문이다.

대학의 홈페이지에는 대체적으로 학교에 대한 소개, 단과대학과 대학원에 대한 내용, 입학과 관련된 사항, 대학 생활에 필요한 사항 등이 소개되어 있다.

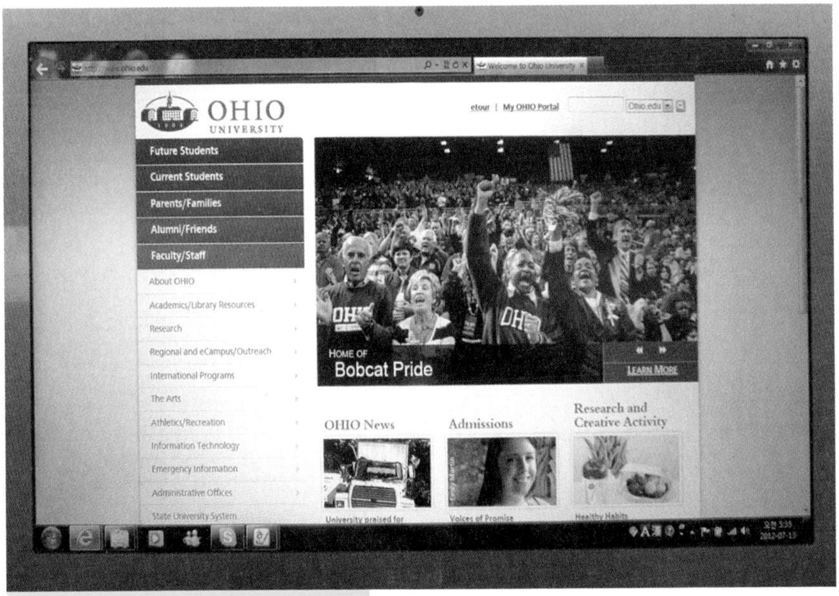

오하이오 대학교 홈페이지의 첫 화면

대학의 홈페이지는 어떠한 기본개념을 가지고 만들어야 할까? 홈페이지의 주요 사용자들인 학생들이나 학부모들이 대학의 홈페이지를 방문했을 때 어떤 점이 잘못되어 있으면 불편함을 느낄까?

대학의 홈페이지를 만들 때에는 우선 홈페이지의 사용자 입장에서 만들어야 할 것이다. 즉 사용자인 학생과 학부모들에게 대학이 가지고 있는 많은 정보들을 어떻게 하면 더 빠르고 정확하게 제공할 수 있는지를 고민하여 만들어야 한다.

오하이오 대학교 홈페이지의 첫 화면은 사용자별로 분류된 정보를 제공하는 것을 볼 수 있다. Future Students, Current Students, Parents/Families, Alumni/Friends, Faculty/Staff를 보여주는 창이 제일 먼저 뜬다. 그리고 대학과 관련한 최근의 뉴스와 학생 등록에 관한 사항 및 대학을 자랑할 만한 연구 결과 소개도 보인다. 대학의 미식축구 경기에서 총장(Dr. McDavis)이 학생들과 함께 응원하는 사진도 있다.

대부분의 대학 홈페이지는 대학에 대한 많은 정보들이 계층을 이루는 구조로 만들어져 있어 찾아보기가 한결 쉽다. 이렇게 되기 위해서는 정보들의 종속 관계를 잘 파악해야 한다.

미국의 여러 대학 홈페이지를 방문하면서, 홈페이지를 만들 때 다음과 같은 사항을 잘 고려해 만든다면 주요 사용자인 학생이나 학부모들이 만족할 것이라는 생각이 들었다.

첫 번째로, 홈페이지에 들어 있는 내용들이 충실해야 한다. 대학의 각 분야를 설명하는 자료들이 대학의 실제 체제를 충실히 반영하고 있어야 한다. 자료가 충실함으로써 사용자들의 만족도를 높여줄 수 있다. 사용자가 기대했던 것 이상의 자료들을 홈페이지에서 체계적으로 제공해줄 때, 그 홈페이지는 사용자를 만족시켜줄 것이다.

두 번째로, 제공하는 자료가 늘 살아서 움직이듯이 최신의 정보를 제공해야 한다. 즉 정기적으로 자료를 업데이트해야 한다. 더 나아가 긴급을 요하는 자료가 나왔을 때 바로 홈페이지에 나타나야 한다. 홈페이지가 오래된 정보들로 가득 차 있을 경우 사용자에게 도움이 될 수 없다. 그리고 사용자가 오래된 정보도 찾을 수 있도록 배려하는 것이 좋다.

세 번째로, 정보와 정보의 연결(Link)에 끊임이 없어야 한다. 이것은 홈페이지에서 자료를 찾고자 하는 사람들에게 가장 중요한 문제다. 단계별로 제공되는 정보들이 아무런 문제 없이 열릴 수 있도록 해야 한다. 즉 홈페이지 시스템의 안정화가 매우 중요하다. 링크된 정보가 열리지 않을 때, 사용자는 어디로 가야 할지 몰라 당황하게 된다.

네 번째로, 많은 정보를 홈페이지에 담더라도 사용자 입장에서 정확한 기준에 따라 분류해야 한다. 이를 통해 정보들의 계통도를 만들 수 있어야 한다. 그리고 정보의 중요도에 따라 중요한 정보가 우선적으로 눈에 띄게 하는 것도 중요하다. 이를 위해서는 홈페이지를 방문하는 사람들이 가장 먼저 무엇을 찾고자 하는지에 대해 연구를 해야 한다.

다섯 번째로, 홈페이지를 정기적으로 업그레이드해야 한다. 적어도 3~4년을 주기로 홈페이지의 시스템을 업그레이드해야 한다. 이를 통해 자료를 찾는 시간을 줄일 수 있고, 자료의 충실도를 기대할 수 있다.

여섯 번째로, 국제화(Globalization)를 위해 외국인이 방문했을 때에도 불편함이 없도록 영어로 된 홈페이지를 제공해야 한다. 영문 홈페이지에 사용되는 영어는 반드시 고등 교육을 받은 원어민에게 교정을 받아야 한다. 즉 영어다운 영어로 작성되어야 한다.

일곱 번째로, 홈페이지에 게재된 자료에는 오류가 없어야 한다. 사용자에게 제공되는 대학에 대한 정보와 통계적인 수치는 가장 신뢰성 있는 최근의 자료여야 한다.

여덟 번째로, 각 학과에서 만든 개별 홈페이지와 대학 전체에서 관리되고 있는 내용이 일치하는지를 체크해야 한다. 간혹 학과 단위에서 새로 만들어진 홈페이지와 연결되어 있을 경우, 대학 전체에서 관리하고 있는 내용과 다를 경우가 많다. 이럴 때 사용자는 무척 혼란스럽다.

아홉 번째로, 홈페이지가 열리는 데 걸리는 시간을 가능한 한 단축시켜야 한다. 홈페이지가 열리는 아주 짧은 시간도 사용자는 길게 느낄 것이다. 한 화면에 필요하지 않은 자료를 줄여서, 홈페이지가 열리는 데 시간이 많이 걸리지 않도록 하는 것이 중요하다. 홈페이지는 사용자의 편의를 위해 만드는 것이기 때문이다.

열 번째로, 홈페이지는 가능한 한 사용자가 싫증이 나지 않도록 구도적인 측면과 색상, 글자의 크기와 형태에 신경을 써서 구축을 해야 한다. 우리 인간은 미적으로 아름다운 구조를 좋아한다.

우리나라 대학에서도 사용자들이 홈페이지를 이용할 때 어떠한 불편을 느끼고 있는지를 체크해야 한다. 앞에서 언급한 여러 가지 사항들이 잘 지켜지는지 살펴볼 필요가 있다. 국제화가 되어가고 있는 이 시점에, 외국인 학생들이 홈페이지를 이용하는 데 문제가 없는지도 조사할 필요가 있다. 홈페이지를 새로 만드는 것도 중요하지만, 이미 사용하고 있는 홈페이지를 지속적으로 관리하는 것이 더 중요한데, 이는 대학의 홍보를 담당하는 부서에서 지속적으로 관리를 해야 한다. 이 부서에서 책임감 있게 새로운 자료를 올리고, 정기적으로 업그레이드해야 한다. 이를 위해서는 홈페이지를 만드는 외부 업체와 장기 계약을 맺어 보다 적극적이면서도 지속적으로 도움을 받는 것도 좋을 것이다.

:: 미국 대선과 대학 ::

2012년 11월 6일에는 미국 대통령 선거가 있었다. 미국 대통령 선거는 우리나라와 다르게 538명의 선거인단을 뽑아 대통령을 뽑는 간접선거 방식이다.

대선이 다가옴에 따라 TV나 신문 등에서는 대통령 후보로 정해진 민주당의 버락 오바마(Barack Hussein Obama) 후보와 매사추세츠 주지사를 지낸 밋 롬니(Willard Mitt Romney) 공화당 후보에 대한 기사가 매일 나온다.

미국 대통령 선거 시, 대통령 후보는 법적으로 세 번의 TV토론을 하게 되어 있으며, 부통령 후보는 한 번의 TV토론을 한다. 대통령 후보들의 TV토

Alexander wins Division III sectional title match | SPORTS, page 9

opportunity
More pictures from President Obama's visit | PAGE 8

The Athens Messenger
www.athensohiotoday.com

Your Hometown News Source THURSDAY, OCTOBER 18, 2012 50 Cents

PRESIDENT OBAMA IN ATHENS

HAIL TO THE CHIEF

Obama seizes momentum in speech on OU College Green

Asks voters to keep moving forward

BY SARA BRUMFIELD
MESSENGER STAFF JOURNALIST

"Only you have the power to keep us moving forward. I can't do it alone."

That was President Obama's message to a crowd of about 14,000 people who packed the Ohio University College Green Wednesday evening.

"I came here today because I heard you've got a pretty fun football team to watch," Obama said. "Undefeated, if I'm not mistaken. A shot at the MAC Championship. Maybe a BCS bid."

SEE SPEECH ON PAGE 6

President Obama addressesa crowd of about 14,000 on the College Green Wednesday.

This photo below shows the crowd surrounding President Obama on the OU College Green Wednesday. The Messenger published a photo from the same location on Tuesday's front page showing the setup of the stage.

MESSENGER PHOTOS BY JOHN HALLEY

IF YOU GET SICK
265 W. Union St.
SEE US, WE ARE HERE TO MAKE YOU BETTER
Express care
University Medical Associates
594-2456
www.umadoc.com

HURLY-BURLY DEMOCRACY ON COURT STREET

'The Athens Messenger', Thursday October 18, 2012에 따르면 2012년 10월 17일 수요일 오후 6시경 오하이오 대학교가 있는 에텐스 시에 오바마 대통령이 대통령 후보로서 젊은 대학생들의 표를 얻기 위해 왔고, 'Forward'라는 구호를 외치며, 14,000여 명의 대학생들과 시민들이 모인 곳에서 연설을 했다.

론은 2012년 10월 3일, 10월 16일 두 번 있었고, 10월 22일 세 번째 TV토론을 하기로 되어 있다. 부통령 후보들의 TV토론은 10월 11일에 있었다.

대통령 후보들의 TV토론을 보니, 누가 미국 대통령이 되더라도 가장 많은 신경을 쓰는 부분은 모든 국민들이 일할 수 있는 일자리를 '창출'하는 것이다. 그래서 미국 대통령 후보 두 사람은 미국 국민들의 '일자리 창출'을 해결하는 방안을 제시하고 있다. 국민에게 일자리를 제공하는 정책이야말로 국가를 경영하는 대통령의 가장 주요한 과제 중의 하나이다. 국민들이 아무 걱정없이 살 수 있게 하는 것이 정치의 기본이기 때문이다.

10월 3일에 있었던 1차 TV토론에서, 두 후보가 일자리 창출에 대한 의견을 말하였고, 두 후보에게 주어진 질문이 TV화면에 나왔다. 'What are your major differences in creating jobs?' 두 후보는, 새로운 대체 에너지 개발에 투자를 하게 되면 많은 일자리가 생긴다는 의견과, 중국으로 간 미국 기업들에게 세제 혜택 등을 주어 다시 미국으로 돌아오게 하여, 미국 국민들에게 일자리를 제공해야 한다는 의견들을 제시했다. 두 후보 모두가 자국민들에게 일자리를 제공하기 위해 많은 고민을 하고 있음을 느낄 수 있었다.

두 후보의 주요 공약 중에 대학에 관련된 내용은 들어 있지 않다. '대학의 선진화'를 위한 공약은 없다. 왜 대학에 대한 공약은 없을까? 중요하지 않아서일까? 대학의 선진화라든지, 대학의 경쟁력 강화를 위한 정책은 눈에 띄지 않는다. 아마도 대학에 관련된 것은 다른 주요한 국내외 현안에 비해 무척 작은 문제라고 생각하는 것 같다. 더 나아가, 각 대학이 스스로 발전을 위한 전략을 세우고, 이에 대한 발전 정책을 수립하고, 각각의 정책을 실행하는 것으로, 자율적인 결정에 의해 이루어지는 것이라고 여기는 것 같다. 이것은 미국 대학들이 철저히 그들 스스로의 자율적인 결정에 따라 움직이고 있음을 보여주는 것이다.

한편 미국 대학생들은 학비를 낼 때 은행을 통해 국가의 세금으로 마련된 예산에서 대출(Loan)을 받는데, 이번 미국 대통령 후보들은 이 대출금의 상환에 대해서 뚜렷한 정책을 내어놓았다. 이것은 국가의 예산이 투입되고 국민들의 관심이 집중된 중요한 공적인 문제이다.

미국 대학생들이 받는 학자금 대출에는 크게 두 가지가 있다. 가난한 집안의 학생들이 이용할 수 있는 대출금을 갚지 않아도 되는 대출(Pell Grants, U.S. Department of Education)[15]과 대출금의 원금과 이자(3.4% 이하)를 반드시 상환해야 하는 대출(Stafford Loan)[16]이 그것이다. 학생들이 상환해야 하는 대출금은 연방 정부가 지급보증을 서기 때문에 대부분 은행들이 취급하고 있으며 이자도 저렴하다.

미국에서도 경제 침체로 인해 대학을 졸업한 후 경제 활동을 할 수 있는 기회가 줄어들고 지원을 해주는 학부모들의 경제적 사정도 여의치 않아, 사회로 나간 졸업생들이 신용불량자로 출발하는 경우가 많아졌다. 즉, 미국에서도 대학을 졸업하고 나서 곧 취업을 할 수 없는 고등 인력의 실업에 대한 고민이 많다.

학자금의 원금과 이자를 갚아야 하는 대학생들은 졸업 후 대출 받은 대출금을 반드시 갚아야 한다. 두 대통령 후보들은 학생들이 빌린 학자금 대출금에 대해서는 이자를 더 많이 낮추어야 한다는 의견과 대출금 상환 조건을 지금보다 더 완화시켜 주어야 한다는 의견 등을 제시하고 유권자들의 동향을 살폈다.

대통령 후보 및 부통령 후보들의 TV토론이 끝난 후, 각 후보들이 밝힌 의견들 중 실현 가능한 구체적인 방법을 제시하고 있는지, 그리고 과거에 후보들이 했던 말들과 정책을 비교하여 진실 여부를 가려내는 과정이 있다.

TV토론이 끝난 후 여러 기관에서는 각 후보들이 토론 중에 했던 말의

2012년 10월 11일 CNN TV

진실 여부를 체크하는 'FACT-CHECKING THE DEBATE'를 실시한다. 이는 후보들이 토론 중에 얼마나 많은 거짓을 이야기했는지에 대해서 검증하는 시간이며, 이것에 대한 결과를 국민에게 알려주는 시간이다. 언론 기관과 담당 연구소들이 오랫동안 후보자들의 말과 그동안의 행동으로 말의 신뢰성을 평가하는 것이다. 이를 통해 후보자의 신뢰성에 대한 많은 정보를 국민들에게 제공하고 있으며, 이러한 과정들은 배우는 학생들에게는 민주주의 교육이 되는 좋은 현장이라는 생각이 들었다.

우리나라도 지난 2012년 12월 19일 대통령 선거가 있었다. TV토론을 통해 우리나라 대통령 후보들의 구체적인 정책이 무엇인지 들을 수 있었다. 우리나라 국민들을 위해 대통령 후보들이 세운 정책의 실현 가능성과 후보 자신이 했던 말의 진실 유무를 누가 체크해줄까? 이와 같은 대통령 후보들의 토론 문화는 언제 생겨날까? 또한, 대학생 시절에 대출한 학자금의 상환 방법에 있어 학생들에게 편의를 제공해주려는 정책들은 언제 들을 수 있을까?

우리나라 대학생들을 생각하니, 현재 진행 중인 미국 대통령 선거에 더욱 관심이 간다.

:: 대학의 역할-특성화 선정 결과를 보며 ::

대학의 역할이란 무엇일까? 우리나라를 비롯해 전 세계에는 수많은 대학들이 있다. 많고 많은 대학들은 그들의 역할을 무엇이라고 정의할까?

많은 대학의 홈페이지에서 자기 대학의 비전과 역할을 살펴볼 수 있다.

대학의 역할이 모두 다 같을 수는 없을 것이다. '진리의 탐구'라는 거시적 목표는 같지만 사회에서 필요한 '인재 양성'을 위한 각 대학의 역할은 다를 수 있다. 우리 사회를 건강하게 유지하기 위해서는 다양한 분야의 인재, 사회를 받쳐주는 사람들이 필요하다. 즉, 사회를 구성하는 데 필요한 여러 분야의 사람들을 길러내는 것이 대학의 역할이라 할 수 있다.

그렇다면 대학의 역할을 '사회가 필요로 하는 인재 양성'이라 할 수 있을 것이다. 여기서 '사회가 필요로 하는 인재'란 무엇을 말하는가? 우선 '인재(人才)'란 말을 국어사전에서 찾아보면 '재주가 뛰어난 사람' 혹은 '학식이나 능력이 뛰어난 사람'으로 되어 있다.

사전의 첫 번째 뜻에 따라 '인재'를 '재주가 뛰어난 사람'으로 본다면, 그림을 잘 그리는 사람, 노래를 잘 부르는 사람, 글씨를 잘 쓰는 사람, 달리기를 잘하는 사람, 수영을 잘하는 사람, 말을 잘하는 사람, 기억력이 뛰어난 사람 등 보통 사람들보다 잘하는 것이 있는 사람을 재주가 뛰어난 사람이라고 한다. 어느 한 분야에서 뛰어난 소질을 보이는 사람을 말하고 있다.

두 번째로 '인재'를 '학식이나 능력이 뛰어난 사람'으로 본다면, 이 정의에는 '학식이 뛰어난 사람'과 '능력이 뛰어난 사람'의 두 가지 뜻이 있다. '학식'이라 함은 '학문으로 얻은 지식'으로 볼 수 있는데, 이는 많이 배워서 아는 지식이 많은 사람을 나타낸다. 그리고 '능력이 뛰어난 사람'은 우리가 생각할 수 있는 일들을 누구보다도 잘할 수 있는 사람으로 볼 수 있다.

이런 사전적인 정의로 대학의 역할을 요약하면, '사회에서 필요로 하는 인재'를 양성하기 위해 학생이 가지고 있는 '재주를 살려줄 수 있는 교육'을 하여야 하며, 학생들에게 '학문을 깊이 있게 연마하게 하여 능력을 배양'하게 하는 것이 대학의 역할이라 할 수 있다.

한 나라의 대학들이 모두 다 이와 같은 역할을 한다면 어떤 현상이 생겨날까? 나라의 자원을 효율적으로 사용한다는 측면에서 서로 역할 분담을 할 필요는 없을까? 역할 분담이 없든지 잘못되면 같은 연구 분야에 대한 중복 투자는 발생되지 않을까?

여러 대학에 동일 분야가 있어서 서로 선의의 경쟁을 하며 연구 성과에 발전이 있을 수 있겠지만, 한정된 자원의 중복 투자를 줄이기 위해 대학의 역할을 나누고 대학이 가지고 있는 능력을 최대한 발휘할 수 있는 특화 분야를 육성할 필요는 있다고 본다.

각 대학이 잘할 수 있는 분야를 찾기란 그렇게 어렵지 않다. 지금까지 해왔던 연구 결과를 토대로 각 학과나 대학이 가진 연구 결과를 분석한다면 특화된 분야를 찾을 수 있다. 이와 함께 각 대학의 역사적인 특성 및 지리적 특성을 고려하고, 대학 주변에 있는 기업체들의 특성도 함께 고려해야 할 것이며, 또한 지자체의 전략적 투자 방향도 중요한 변수로 작용할 것이다.

2012년 8월 부산대학교에서는 2단계 특성화 분야에 대한 선정 결과를 〈표1〉과 같이 발표했다. 이것은 한정된 대학의 자원을 효율적으로 사용하

표1 부산대학교 2단계 특성화 분야(기획평가과-2906)

구분	특성화분야	신청 학과 및 전공
핵심특화 지원	조선해양공학	조선해양공학과
	차세대기계시스템	기계공학부
전략특화 지원	수송기기 원천 · 첨단소재 연구 및 우수인재 인력양성	재료공학부
	그린 물류 및 지속가능 생산시스템	산업공학과
	나노기반 고효율 시스템	나노소재공학과, 나노메카트로닉스공학과, 나노융용공학과, 나노융합공학과, 인지메카트로닉스공학과
	환경 및 신재생 에너지	화공생명공학부, 사회환경시스템공학부(환경공학전공)
	면역세포 치료 연구분야	기생충학 교실, 미생물학 및 면역학교실
	분자과학기술 분야	화학과, 고분자공학과
전략육성(교육) 지원	전통의학지식을 겸비한 융복합적 인력양성	한문학과, 한의학과(양생기능의학부)
전략육성(연구) 지원	원자력 비발전 분야 특성화 사업단	생명과학과
	3C 융복합(Convention, Cruise, Casino)	관광컨벤션학과
	융복합 의료소재 · 기기 개발을 위한 기반기술 육성 및 실용화 사업	바이오소재과학과, IT응용과학과

기 위한 조치라 생각한다.

대학에서 자체적으로 특성화할 수 있는 연구 분야를 발굴하여 지원하는 것은 매우 바람직하다. 오하이오 대학교에서도 이와 유사한 목적으로 연구 과제들을 지원하는데, 각 과제에 대한 지원금은 부산대학교의 지원금보다 적다.

더 나아가 한 대학에서 이루어지는 특성화 사업이 전국에 걸쳐 이루어진다면, 나라 전체 차원에서 연구의 중복 투자에서 오는 손실을 줄일 수 있을 것이다.

우리나라 대학 모두가 함께 의논하기 힘들면 국립대학만이라도 특화된 분야들을 도출하여 대학의 역할을 나누어 연구하고 학생들을 교육하게 한다면 좋을 것이다. 특성화 분야에 따라, 연구 결과의 극대화를 위해서 필요한 경우 대학 간 연구회가 보다 활성화되어야 할 것이며, 이를 통해 중대형 연구 과제 도출이 가능하게 해야 한다. 교수나 학생들도 타 대학 방문 연구가 가능할 수 있도록 제도적인 정비가 되어야 할 것이다.

한 나라의 자원을 최대한 효율적으로 활용하여 '사회에 필요한 인재'들을 특화된 분야에 따라서 나누어 육성하는 전략이 우선적으로 수립되어야 한다. 이것이 진정 나라를 생각하는 길이다.

:: 대학 홍보 ::

대학들은 어떤 방법으로 자신들이 우수하다는 것을 홍보할까? 대학의 홍보를 위해서 어떤 전략을 세워야 할까? 대학의 홍보에는 특별한 왕도가 있을까?

대학의 홍보는 매우 중요하다. 우수한 학생을 모집하기 위해서도 필요하고, 학교의 중요 사항을 대내외적으로 알림으로써 학교의 위상을 높이는 역할을 한다.

홍보 전략을 수립하기 위해서는 먼저 홍보를 하려는 목표와 홍보할 대상을 결정해야 한다. 우선 대학 홍보에서 중요한 것은, 대학의 이미지를 좋게 만들어 우수한 신입생들이 많이 오게 하는 것이다.

우수한 신입생을 많이 유치하기 위해서는 단과대학 및 학과의 소개, 졸업 후 진로 방향, 교수와 대학생들의 수상 실적, 교수들의 뛰어난 연구 실적, 학생들을 위한 장학 제도 등을 홍보한다. 입시철이 다가오면 대학에서는 고등학교에 선배들을 보내거나, 유명인을 홍보대사로 임명하여 대학의 주요 행사 때 초청하기도 하고, 대학의 우수한 업적들을 홍보물로 만들어 우편으로 발송하기도 한다.

오하이오 대학교의 단과대학 홍보 데스크

대학에서 홍보하는 내용을 접할 대상은 주로 대학에 진학하고자 하는 고등학생, 학부모, 외국에서 유학을 오고자 하는 학생 등이다.

대학에 대한 여러 가지 내용들을 홍보하는 방법으로는 대학의 홈페이지를 구축한다든지, 홍보 책자를 만든다든지, 직접 방문하여 대학을 설명한다든지, 경제적인 여유에 따라 신문이나 정기 간행물에 광고를 하는 방법 등이 있다. 어떤 방법이 적절하고 효과적인지 알기 위해서는 많은 검토가 필요하다.

오하이오 대학교에서도 여름 방학 동안 대학을 홍보하는 행사를 개최하고 있다. 예를 들어 Father's Weekend, Mother's Weekend 등을 개최하여, 학부모들을 초청해 학교를 홍보하는 것이다. 학교가 좋으니 그냥 가만히 있어도 많은 신입생들이 오겠지 하는 생각을 하지 않는다. 대학에서는 끊임없이 대학을 홍보하는 행사를 만들어, 소비자인 학생이나 학부모에게 대학이 다가서려고 하는 모습을 볼 수 있었다.

미국의 다른 대학들도 자기 대학 알리기에 온 힘을 쏟고 있음을 느낀다. 예를 들어, 우수한 미식축구 팀을 갖고자 하는 것도 대학을 선전하기 위한 아주 강력한 수단으로 사용하기 위해서임을 보았다. 이곳에서 많은 학생들이 대학의 로고가 새겨진 티셔츠를 입고 다니는 이유도 자기 대학을 알리려는 마음이 있기 때문일 것이다.

우리나라 대학도 우수한 신입생을 모집하기 위해 많은 노력을 기울여야 할 것이다. 그 노력에는 대학에 진학하고자 하는 학생들이 대학에 바라는 것이 무엇인지, 대학에서는 어떻게 인재를 양성하고자 하는지, 대학에 진학했을 때 과연 얻을 수 있는 것은 무엇인지, 대학의 장래 비전은 무엇인지를 보여줄 수 있는 방법을 반드시 찾아서 알려주어야 하며, 이것이 대학 홍보의 생명이다.

:: 학과의 평가 ::

2012년 4월 13일 금요일 오하이오 대학교의 산업공학과(Department of Industrial and Systems Engineering)에서는 이틀간의 학과 평가가 있었다. 이 대학에서 학과 평가는 매우 중요하다. 학과는 대학을 이루는 단위 조직이기에 학과의 평가가 대학 전체의 교육 및 연구의 역량을 알 수 있는 자료가 되기 때문이다. 학과의 평가를 위해 외부 심사위원이 추천된다. 외부 심사위원은 약 12명이며, 단과대학장은 참고인으로 참석한다.

오하이오 대학교 산업공학과는 현재 9명의 교수로 구성되어 있다. 현재 학과장은 주드(Dr. R. Judd) 교수이며, 학과 심사를 위해 외부 심사위원 12명을 섭외한다. 외부 심사위원 중에는 졸업생이 2명, 재학생이 1명 포함되며, 이들은 평가일 전날 저녁 대학이 위치한 에텐스 시에 도착한다. 이 외부 심사 위원 외에 공대학장은 투표권이 없는 상태에서 심사에 참석한다.

외부 심사위원들은 학과에서 출장비와 심사비를 따로 제공받지 않고, 모두가 자비로 회의에 참석한다. 첫날 저녁, 학과 교수들과 학과에서 제공하는 저녁 식사를 함께한다. 숙소는 대학에서 예약을 해주지만, 숙박비는 심사위원이 낸다.

학과 교수들은 지난 1년 동안 학과에서 있었던 중요한 일들을 학과의 모든 교수들이 나누어 발표하고, 심사위원들과 발표된 내용에 대해 토의한다.

각 학과를 평가하는 기준은 우리나라 대학의 학과 평가와 대동소이하며, 각 기준의 가중치는 소속되어 있는 단과대학의 특성과 추구하는 목표에 따라 다르다. 이 대학에서 산업공학과를 평가하는 요소는 학생들에 의한 강의 평가 경향, 장학금 지급, 취업 정도, 새로운 교과과정 도입 필요성의 제시, 새로운 교과과정의 발굴, 학과 예산 집행 내용 등이다.

학과 평가에 공대학장이 참석하는 이유는 지난 1년 동안 강의와 교육에 대한 내용을 듣고, 추가로 다음 년도에 필요한 사항이 무엇인지를 경청하기 위함이다. 이곳 대학의 공대학장은 한 학과의 학생들을 위한 좋은 프로그램에 별도로 예산을 지원해줄 수 있다. 공대학장이 쓸 수 있는 예산을 대학으로부터 받을 수도 있고, 자체 발전기금을 조성하여 쓸 수도 있다.

오하이오 대학교에서 각각의 단과대학에 속한 학과를 평가하는 이유는 일차적으로 학과의 순위를 정해 예산집행에 있어 차이를 두는 기초자료로 이용하기 위함이고, 궁극적으로는 학과의 발전을 위해 단과대학이나 대학본부의 지원책을 찾기 위한 기초자료로 활용하기 위함이다.

:: 대학발전기금 운용 ::

대학의 발전은 크게 하드웨어적인 발전과 소프트웨어적인 발전으로 나눌 수 있다. 하드웨어적인 발전은 새로운 건물을 짓고, 새로운 시설을 보충하고, 새로운 실험 실습 장비를 구축하는 일이다. 이에 반해, 소프트웨어적인 발전은 교수들의 연구 실적을 높이고, 교수들과 학생들의 국내외 학술 활동을 늘리고, 특허와 같은 지적 소유권을 많이 가지며, 입학하는 학생과 졸업하는 학생들의 수준을 높이는 것을 의미한다. 이러한 대학의 두 가지 발전은 그냥 이루어지는 것이 아니라 많은 경제적인 지원이 있어야 가능하다.

THE POST

THE INDEPENDENT VOICE ON CAMPUS AND IN ATHENS

THEPOST.OHIOU.EDU

Nonprofit

RCM

FORECAST

TODAY

TOMORROW

WEDNESDAY, MAY 2, 2012

Multipurpose funding could dip into General Fee

...lthough top Ohio Athlet... officials vowed to finance ... new multipurpose center ...pletely by donations, two ...ths after the initial dead... fundraising remains short ... student-fee dollars might ...sed to bridge the gap.

...espite fundraising difficul... thus far, Ohio Athletics of...ls say they are confident the ...aining $1.1 million needed ...he project can be raised in the next two to three weeks by targeting a handful of big-ticket donors.

Resorting to student-fee money to finance the facility's construction, they say, remains highly unlikely.

Athletics has collected more than $9.87 million — including the initial $8 million gift — through a vigorous fundraising campaign that included a pair of mailings that went out to thousands of former student-athletes, Bobcat Club members and season-ticket holders, among others, and included sit-down visits with more than 75 targeted donors.

Ohio Athletics has rounded up $1,676,661 since receiving its initial $8 million donation from alumni Robert and Margaret Walter in December 2010, in addition to $200,000 already pledged toward the facility.

Of the 296 households that have made pledges, 170 have contributed $1,000 or more. There also has been one donor who has pledged $500,000, while three have promised $250,000. Four more donors have offered six figures, while six have given more than $25,000.

But the fundraising mission is still more than $1.1 million short of its $11 million target for building a 74,000 square-foot facility that includes a turf field but no track.

"The reality is there could be a shortfall," said Jim Harris, Ohio's senior associate athletic director for development. "And if that's the case, we will have to play our options. Then, OK, we might be scrambling a little bit."

In a report issued Friday, OU's General Fee Advisory Committee said it would be willing to siphon excess student-fee money to Ohio Athletics for the center if OU is unable to hit its goal of $11 million — under the condition that additional money is used to fund a four-lane track.

If student-fee money is not used for the construction of the building, the General Fee Advisory Committee recommended accepting a proposal from Athletics for $250,000 a year to be allocated for the multipurpose

SEE MULTIPURPOSE, PAGE 2

...udson Hall floor ...et to be renovated

OVER THE FENCE

오하이오 대학교에서 발간하는 『The POST』 2012년 5월 2일 첫 면 오른쪽 주황색 박스에 목적성 기금의 한 종류인 체육의 발전을 위한 발전기금의 현황이 나와 있다.

이러한 경제적인 지원을 위해서 대학은 많은 예산을 가지고 있어야 한다. 즉, 발전기금의 규모는 대학 발전에 가장 중요한 밑거름이 될 것이며, 발전기금을 확보할 수 있는 방안을 찾는 것이 중요하다. 대학에서 가질 수 있는 예산은 국립대학인 경우, 정부에서 지원하는 국고보조비, 학생들이 내는 기성회비, 교수들이 연구 과제를 수행해서 나오는 간접 경비, 그리고 기부자에 의한 대학의 발전기금 등이다.

국립대학이 가질 수 있는 예산 중에서 앞으로 눈여겨볼 것이 '대학발전기금'이다. 국고보조비나 기성회비는 목적을 가진 예산이기에 대학의 새로운 도약을 위해 집행할 수 있는 여지가 낮다.

대학발전기금에는 여러 가지가 있을 수 있다. 기부자에 따라 개인이 내는 발전기금과 법인이 내는 발전기금이 있고, 기부할 당시 한 가지 목적에 사용될 것이 명시된 목적성 발전기금과 그렇지 않은 무목적성 발전기금이 있다.

오하이오 대학교의 무목적성 발전기금 집행 원칙은 '기부금의 원금(최초의 기부 금액)을 살려두고, 그 이자로 여러 가지 사업을 펼친다'는 것이다. 간혹 사업의 크기가 크고 경비가 많이 들어 원금을 넘어갈 경우, 대학은 자금운용위원회를 열어 이를 승인받고, 원금의 일부를 사용하는 경우도 있다.

목적성 발전기금을 사용할 때는 보다 면밀한 준비가 있어야 할 것이다. 즉, 기부자의 뜻을 잘 파악하여 기부 본래의 뜻에 어긋남이 없도록 해야 한다.

2012년 5월 10일 관정이종환교육재단의 삼영화학 이종환 회장이 서울대학교 도서관 신축을 위해 600억 원을 기부했다는 뉴스가 있었는데, 이것은 목적성 기금에 해당한다.

앞으로 대학에서 많은 기부금을 받는 것은 아주 중요한 문제가 될 것이다.

오하이오 대학교에 있는 건물 중에는 기부자의 이름을 딴 것이 아주 많다. 건물이 사용되는 수십 년 동안 학생들의 입으로 기부자의 이름도 함께 불릴 것이다. 이것은 기부자나 기부자 가족의 영광이라 생각한다. 현재의 학생들과 앞으로 건물을 사용할 미래의 많은 학생들에게 기부자의 이름이 계속 불릴 것이기 때문이다.

오하이오 대학교에서 모금 업무를 하는 곳은 '대학발전과(Division of University Advancement)'의 한 부서인 '발전기금사무실(Office of Donor Relations)'이다. 대학은 이 부서를 총장 산하에 두어 발전기금 확보를 위해 노력한다.[17]

대학으로 들어오는 기부금은 대부분 이 대학 출신자들에 의한 것이다. 이는 대학을 통해 자신이 완성되었고, 현재 자신의 직업과 부를 창출할 수 있었다는 인식이 깔려 있기 때문이다.

대학의 발전을 위해 발전기금을 내려고 하는 기부자들을 확보하고자 할 때, 아래와 같은 사항을 잘 검토해야 할 것이다.

첫째, 예상 기부자에게 발전기금을 내고자 하는 동기부여를 하는 것이다.

대학에 기금을 기부하고자 하는 마음이 생기게 하기 위해서는 평소에 대학에서 기금이 어디에 어떻게 사용되고 있는지 끊임없이 일반인들에게 알려주어야 할 것이다. 기부자의 뜻이 기부받는 대학의 구성원들에게 어떻게 전달되고 있는지, 대학 사회 및 학생들에게 어떠한 영향을 미치고 있는지, 더 나아가 우리 사회 전체에는 어떠한 영향을 주고 있는지를 알려야 한다. 이를 통해 미래의 기부자에게 기부를 해야겠다는 마음이 생기도록 하는 것이다.

둘째, 기부자에 대한 예우를 지속적으로 어떻게 하는가이다. 앞에서 언급했듯이 어떠한 경우에도 기부자의 숭고한 뜻을 해치는 일이 있어서는 안 될 것이다. 기부금이 기부자의 뜻에 따라 잘 사용되고 있는지를 정기적으로 기부자에게 알려주는 과정이 필요하다. 기부자의 가족과 대학 구성원이 참여하는 기부금 운용위원회를 만들어 기부금의 사용 실태에 대한 토의가 정기적으로 이루어져야 할 것이다. 기부자와 대학 간의 신뢰가 매우 중요하기 때문이다. 그리고 기부 금액에 따라 기부자와 가족에게 학교에서 적절한 혜택을 제공해야 할 것이다.

셋째, 기부금을 관리하고 운용하는 위원회가 만들어져야 한다. 기부금 운영위원회를 구성할 때에는 반드시 기부금을 낸 사람 혹은 기부자가 지명한 사람이 참여해야 한다. 이는 기부금이 기부자의 뜻을 따르고 있는지에 대한 투명성을 확보해주는 역할을 한다.

넷째, 기부금의 상태를 관리하고, 기부자들에게 정기적으로 기부금의 상태를 알려주는 기부금 운용부서를 만들어야 할 것이다. 학교에 들어오는 기부금의 관리 및 운용을 위해 별도의 부서가 필요하다. 기부금의 사용도 중요하지만, 기부금 운용을 통한 기금의 증대 방안도 함께 고민해야 할 부분이다. 운용부서는 반드시 투자 전문가를 고용해서 이 일을 맡겨야 하며, 주기적으로 대학에 보고하는 체계를 만들어야 한다.

:: 최고과정관 ::

미국 대학에서는 거의 모든 대학 건물들이 이름을 가지고 있다. 주정부 지원에 의해 지어진 건물에는 일반적인 대학의 연구 및 교육 관련 이름을 가지고 있는 반면, 개인의 기부금이 투입된 건물들은 개인의 이름을 딴 건물명이 사용되고 있다.

부산대학교에는 현재 여러 개의 최고과정, 즉, 산업CEO과정, 최고경영자과정, 최고행정관리자과정, 중국최고전문가과정, 의료최고경영자과정, 최고농업경영자과정이 있다.

현재까지 3,000여 명이 최고경영자과정을 수료했으며, 산업CEO과정을 수료한 동문수는 1,200여 명이다. 최고행정관리자과정에서는 2,000여 명, 중국최고전문가과정에서는 200여 명의 수료자를 배출했다. 이 과정들을 수료한 전체 동문 수는 대략 6,200여 명이다. 이 숫자는 결코 적은 수가 아니다.

본 과정들을 수료한 동문들은 부산과 경남 및 울산 지역에 기반을 둔 크고 작은 기업을 경영하는 CEO들이 대부분이며, 그 외 기업의 부장급 이상, 그리고 자영업을 하는 사람들이다.

본 과정들을 활성화할 수 있는 방법은 없을까? 이들 동문들과 대학이 함께 여러 가지 문제들을 고민하고 의견을 소통할 수 있는 '최고과정관'의 건립이 가능할까?

우선 최고과정을 수료한 동문들이 학교에 무엇을 바라는지를 파악하는 것이 최우선적으로 해야 할 일이다. 많은 동문들의 바람을 해결해주는 방법을 찾는 노력 속에서 답을 찾을 수 있을 것이다.

대학 본부나 대학에 몸담고 있는 교수들은 이 과정들을 보다 적극적인 자세로 바라볼 필요가 있다. 즉, 이들 과정들을 수료한 동문들을 단지 친목 도모를 위한 과정이 아니라, 대학의 발전에 기여할 수 있는 하나의 축으로 보고 접근하는 것이 좋을 것이다. 그리고 이 과정을 수료한 동문들의 존재 가치를 충분히 인정해주는 일이 우선시되어야 한다.

필자는 지난 2010년 3월부터 2012년 2월까지 2년 동안 산업대학원 원장으로서 산업CEO과정을 맡아 운영하면서, 어떻게 하면 이 최고과정을 활성화시킬 수 있는지에 대해 많은 생각을 했다.

첫 번째로 해야 할 일은 동문들을 연결해주고, 그들의 생각을 소통할 수 있는 동문들의 네트워크를 구축하는 일이다. 구축된 네트워크 속에서 필요한 연결 고리를 찾는 일이 중요하다. 첫 번째 네트워크는 다양한 경력과 직업을 가진 동문들 간의 네트워크를 연결해주는 것이며, 두 번째 네트워크는 동문들과 대학 교수들과의 관계를 연결해주는 고리를 설정하는 것이다.

이러한 네트워크를 통해 동문들이 자신의 사업에서 새로운 발전 방향을 찾을 수 있고, 어려운 문제들을 해결할 방법을 함께 고민해야 한다.

대학에는 많은 교수들이 있다. 각 교수들은 서로 다른 전공 분야를 가지고 있다. 교수들과 이들 최고과정 동문들의 사업 특성을 고려한 매트릭스(Matrix)를 구축해야 한다. 이 매트릭스에서 본 과정의 동문들이 안고 있는 문제들을 해결할 방법을 찾을 수 있을 것이다.

또한 동문들은 이를 통해 자신들을 위한 학교 차원의 관심을 확인할 수 있을 것이다. 이것은 서로에게 높은 신뢰를 갖게 해주는 지름길이다. 이러한 신뢰를 바탕으로 대학 내 동문들의 집단 공동체의 필요성을 생각하는 여지를 만들어줄 수 있다.

두 번째로 해야 할 일은 이들 과정을 수료한 동문들과 부산대학교와 부산시가 참여하는 협의체를 만드는 것이다. 최고과정을 수료한 동문들은 대부분 부산 및 경남 지역에 기반을 두고 사업을 하는 사람들이다. 최고과정 동문들이 운영하고 있거나 관심 있는 분야도 부산의 지역 특화산업과 많은 연관이 있을 것이다.

이 협의체에서 동문들의 관심사가 체계적으로 정리되어 부산시의 발전에 도움을 줄 수 있는 의견으로 수렴하거나, 부산시의 특화 산업을 육성하는 기초로 사용할 수 있을 것이다.

이를 위해 이들 최고과정을 수료한 동문들의 기업 특성에 따라 몇 개의 그룹으로 나누고, 각 그룹에서 추진하고자 하는 사업의 내용을 정리한다. 이와 같이 각 그룹에 지원할 수 있는 시스템을 구축할 수 있게 해주는 첫 걸음이 '최고과정관'을 갖는 것이다.

'최고과정관'은 각 동문들이 가지고 있는 문제점들을 해결하고, 새로운 사업 아이템을 찾을 수 있는 소통의 장소로 제공될 것이다. 최고과정관이 문제 해결을 위해 다리를 놓아주는 역할을 할 때, 비로소 그 가치를 인정받을 수 있을 것이다. 이를 통해 동문들과 대학의 유대 관계가 강화될 것이다.

이러한 최고과정관의 건립을 위해서는 동문들의 기금 마련이 필요하다. 최고과정 동문들이 최고과정관 건설 경비의 50% 정도를 마련하고, 그 외 50%는 대학과 부산시에서 마련할 수 있도록 노력해야 할 것이다.

:: 대학의 로고와 수익사업 ::

대학의 수익 사업으로는 어떠한 것이 있을까? 대학에서의 수익 사업은 필요하다고 본다. 우수한 학생들을 유치하고, 학교의 실험 실습 장비를 좋게 하며, 대학다운 건물들을 짓기 위해서는 반드시 많은 자금이 필요하다. 미국 대학에서는 건물을 짓기 위해 대학 자체에서 채권을 발행하여 큰 자금을 모으는 경우도 있다.

대학에서 수익 사업을 할 때는 대학 구성원의 자존심을 함께 세우면서 수익을 낼 수 있는 사업을 생각해야 한다. 이런 수익 사업은 학교의 재정에 크게 도움을 줄 수 있기 때문에 지속성이 있어야 할 것이다. 해마다 새로운 학생들이 들어오고, 학교를 방문하는 사람들은 학교가 있는 한 계속 이어질 것이기 때문이다.

상점에서 티셔츠를 한 장 샀더니 티셔츠 가격이 붙어 있는 곳에 작게 'Officially Licensed Collegiate Product'라고 인쇄되어 있었다. 다양한 곳에서 대학의 로고를 사용하면서 대학에 로열티를 내고 있음을 볼 수 있었다.

대학의 자존심을 훼손하지 않으면서 오히려 대학의 구성원에게 힘을 불어 넣을 수 있는 수익 사업 중의 하나가 학교의 로고나 대학의 명칭이 들어간 상품을 만들어 판매하는 것이다.

오하이오 대학교를 나타내는 영문 이름인 'Ohio University', 대학의 상징인 북아메리카의 살쾡이 'Bobcat', 대학 이름의 첫 글자인 'OU'는 상표로 등록되어 있어, 아무나 이것을 무단으로 사용할 수 없다. 만약에 이러한 것을 사용하고자 하면 상표 사용료인 로열티를 학교에 낸다.

모자에 새겨진 다양한 'OU'의 모양들, 티셔츠 앞면과 뒷면에 새겨진 'Ohio University' 혹은 변형된 모양의 'OU' 글자들, 골프 의류에 새겨진 'Ohio University', 넥타이에 새겨진 'OU', 학생들의 필기구에 새겨진 'Ohio University', 학생들이 메고 다니는 배낭 뒤의 학교 이름, 자동차 뒷 유리에 붙이고 다니는 'Ohio University', 자동차 번호판 테두리에 새겨진 'Ohio University', 학교 행사에 사용하는 상패에도 이 대학의 로고들을 볼 수 있다.

대학의 로고가 새겨진 다양한 상품들

우리가 생각할 수 있는 거의 모든 상품에 대학 이름이 새겨져 있다. 이러한 모든 것들이 대학 구성원들의 기분을 좋게 해주면서 학생이나 대학을 방문한 사람들의 구매 의욕을 자극하여, 대학의 수익을 창출하는 데 일익을 담당하고 있는 것이다.

부산대학교는 어떠한가? 어떤 행사가 있을 때 상품을 만들어 공급하는 업체들이 어디서 구했는지 모를 학교의 로고나 대학의 이름을 상품에 마음대로 인쇄를 하거나 새겨서 행사에 참석하는 사람들에게 나누어주고 있는 것을 여러 번 보았다. 그러나 이때 업체 측에서 부산대학교에 로열티를 내고 있다는 소리를 들어본 적이 없다.

부산대학교 문창회관이나 상남국제회관에서 학교의 이름이 들어간 상품인 손목시계, 허리띠, 문진, 벽시계, 필기구 등이 팔리고 있다. 상품의 종류가 다양하지 못하고 모양도 몇 가지로 한정되어 있는 것도 문제이지만, 품질도 떨어진다는 이야기를 몇 번 들었다. 이 상품들이 팔리고 난 후 상표 사용료가 대학에 들어오고 있을까?

지금부터라도 대학 본부는 부산대학교를 나타내는 상표인 대학의 로고, 대학 이름, 대학명의 이니셜로 만든 이름 등을 상표로 등록하여 법적으로 보호를 받을 수 있도록 하고, 대학을 나타내는 상표를 사용할 때에는 반드시 대학에 사용료를 내도록 해야 할 것이다. 때늦은 감은 있지만 지금부터라도 부산대학교를 나타내는 모든 종류의 상표를 등록하고, 이러한 것들이 상품에 사용될 때 로열티를 받을 수 있는 부서를 신설하든지, 아니면 산학협력단에 한 부서를 만들어 지속적으로 관리하게 해야 할 것이다.

:: 세계화 ::

대학의 세계화는 이제 필수적인 요소가 되었다. 대학 평가기관들은 대학의 세계화에 높은 점수를 주고 있다. 즉, 대학의 평가를 잘 받기 위해서는 대학의 세계화를 평가하는 항목들에 대한 준비가 필요하다.

2012년 5월 29일 자 조선일보는, 조선일보와 영국의 QS가 아시아 지역의 대학을 평가한 결과를 발표했다. 이 평가 항목 중에 눈에 띄는 것이 '대학의 세계화'에 대한 것이다. 대학의 세계화에 대한 평가는 논문 발표 수와 피인용 횟수, 졸업생의 평판, 외국인 교원 비율, 외국인 학생 비율, 외국에서 온 교환학생 비율, 해외로 나간 교환학생 비율 등으로 이루어진다.

이 신문의 기사를 보면서 몇 가지 의문이 들었다. '대학의 세계화'는 도대체 무슨 뜻일까? 미국의 대학들을 평가할 때에도 대학의 세계화에 대한 평가를 할까? 평가를 한다면, 우리나라와 같거나 비슷한 평가 기준이 적용될까?

우리들 머릿속에 있는 대학의 세계화는 다음과 같은 이유로 필요하다고 생각한다. 첫째, 대학의 궁극적인 목표는 진리와 학문 탐구에 있다. 대학은 이제 더 이상 한 나라 속에만 존재하는 것이 아니고, 세계 속에 놓여 있는 존재다. 어느 곳에서 어떠한 연구를 하는지, 어떤 방향으로 가고 있는지, 어떠한 방법과 도구를 사용하고 있는지를 알아야 한다. 이렇게 하기 위해서는 세계 속의 여러 대학들과 교류하며 앞으로 나아가야 한다. 둘째, 대학에 다니는 학생들은 앞으로 세계 어디에서나 직장을 구해 살아갈 수 있다. 이때 대학에서 배운 여러 가지 지식과, 대학 생활 중의 해외 경험은 학생들에게 큰 힘이 될 것이다. 학생들은 문화 및 사고방식 등이 다름을 이해하고, 이것에 적응하기 위해 무엇을 익혀야 하는지를 알아야 한다. 이를 위해 대학의 세계화는 필요하다.

그런데, 대학의 세계화를 평가하는 데 '외국인 교원 비율'은 왜 필요한 것일까? 외국인 교수의 영어 수업을 잘 알아듣는 경우에는 그래도 낫겠지만, 그렇지 않은 경우 교과목에서 다루어야 할 내용을 놓치는 일이 생길 것이다. 영어를 잘 알아듣게 하기 위해서는 영어 능력을 향상시킬 수 있는 강좌 개설이 필요하다. 이를 위해 대학에서 더 많은 영어 강좌의 개설이 필요할 것이다.

외국인 교수가 대학에 많이 있을수록 그 외국인 교수를 통해 수업을 받으면서 외국에 대한 간접 경험을 할 수 있을 것 같은 막연한 희망이 생길 수 있다.

그러나 이것은 무엇인가 잘못된 생각이다. 외국인 교수를 통해 배울 수 있는 간접 경험은 그냥 들어서 알 수 있는 몇 가지 경험밖에 없을 것이다. 그리고 외국인 교수는 자기가 맡은 교과목의 내용을 학생들에게 설명하고 이해하게 해주어야 하는 막중한 의무를 가지고 있다. 즉, 교과목의 내용 전달이 우선이지, 학생들에게 자신의 모국을 간접적으로 경험하게 하는 것은 극히 부수적인 것이다.

따라서, 대학의 세계화는 장차 학생들이 세계를 무대로 활동을 시작할 때 가져야 할 여러 가지 학문적인 지식을 습득하게 하는 것이 필요하며, 대학 생활을 하는 중에 학생들이 관심이 있는 외국 대학에 한 학기나 두 학기 정도 교환학생으로 방문하여 수업을 듣고, 방문한 나라의 풍습과 사고 방식과 생활 환경을 경험하게 하는 것은 그다음이다.

대학은 세계화를 위한 노력으로 자매 결연을 맺은 해외 대학이나 학문적으로 서로 관계가 많은 대학을 선정하여 지속적으로 학생들을 1~2학기 정도 파견하고, 학점을 서로 인정해주며, 교류하는 기회를 많이 가질 수 있는 제도를 만들어야 한다. 이를 위한 해외 대학에 대한 정보를 쉽게 접할 수 있고, 안내를 받을 수 있으며, 이들 대학 간 학점을 서로 인정해주는 교무 행정 시스템의 정비가 필요하다.

:: 대학의 자율성 ::

'자율성'이라 함은 '자기가 정한 규칙이나 규정대로 자기 자신이 잘 따르고 있는 정도'로 정의할 수 있다. 여기서 '자기가 정한 규칙이나 규정'이라는 것은 자기가 스스로 정한 것이라는 개념이며, 타인에 의한 것이 아니라 자기 자신을 뜻한다. 자기가 스스로 만든 것이니 자신에 대한 믿음이 필요하며, 자신을 믿지 못하고 다른 사람들을 믿지 못하면 어떠한 집단이든지 '자율적으로' 일을 진행하기 힘들다.

그렇다면 '대학의 자율성'은 어디에서 나올까? 대학 자율성의 시작은 대학의 최소 모집 단위인 학과의 자율성에서 출발한다고 본다. 한 학과에 근무하는 교수들의 의견이 단과대학에서 고려되어 중요한 의견으로 받아들여지고, 받아들여진 의견이 단과대학에서 주요한 의견으로 처리될 수 있으며, 이 의견이 다시 대학 본부에서 주요 의견으로 받아들여져서 이를 기초로 대학의 정책 방향이 결정될 때, 대학의 자율성이 있다고 말할 수 있다.

한 학과에서 학생의 졸업 여부 심사나 신임 교수를 뽑을 때, 학과 교수의 승진을 심사할 때, 학과의 교과과정에 대해 변경을 토의할 때에는 반드시 학과의 자율성이 보장되어야 하며, 학과에서는 동료 교수들과 서로를 믿는 마음에서 의견을 교환할 수 있어야 한다.

부산대학교에서는 신임 교수를 뽑을 때나 교수의 승진 여부를 결정할 때, 정량화된 표를 사용한다. 신임 교수를 뽑을 때에는 지원자의 최종 학위 논문이 지원 분야와 맞는지를 묻는 물음(정성적인 성격)과 여러 지원자들이 제출한 서류를 가지고 정량화시켜서 점수로 비교한다. 정량화된 점수가 높은 지원자가 학과의 신임 교수로 뽑힐 것이다. 주어진 심사표에 따라 지원자가 제출한 자료를 보고 그에 따른 점수를 적어 넣는 것이다.

학과에서는 규정에 따라 심사를 한다. 이 규정 중의 하나가 SCI논문 혹은 학술등재지 논문으로, 이에 따라 점수를 부여한다.

우수한 논문 한 편이 다른 여러 편의 논문보다 더 높은 점수를 받을 수는 없을까? 이러한 논의를 하는 것이 아직은 우리나라에서 때 이른 것일까? 이렇게 정량적인 평가를 가장 중요하게 생각하세 된 계기가 교수들이 심사에 참여한 동료 교수들을 서로 믿지 못한 데서 나온 것은 아닐까? 새로운 교수를 뽑을 때 지원자의 잠재적인 능력을 보고, 논문의 편수는 적어도 질 높은 논문을 썼을 경우에 이 지원자를 뽑을 수는 없을까?

교수의 승진 여부를 결정할 때에도 교수가 일정 기간 창출한 연구결과물을 기초로 정량화된 승진 심사표의 빈 칸을 채워나가면, 자동으로 총합의 짐수가 나오게 되어 있다. 심사에서 정성적인 성격을 묻는 작은 질문들이 있지만, 대체로 정량화된 부분이 승진 여부를 결정하는 주된 요소로 작용한다.

오하이오 대학교 교수들의 종신보장을 결정하는 Tenure 승진 심사에서도 딱히 정해진 규정은 없다. 각 학과에서 이때까지 해왔던 방법대로 심사를 한다. 주로 논문의 수와 우수성, 그리고 연구과제 수주 실적으로 승진 여부를 결정한다. 심사위원들이 모여 승진 대상 교수가 제출한 자료를 가지고 많은 시간 토의를 한 후에 승진 여부를 결정한다.

지금부터 우리나라 대학에서도 너무 경직되고 정량화된 평가 방법을 사용하지 말고, 학과 교수들의 의견을 보다 많이 듣고 토의를 할 수 있는 방법으로 심사가 이루어지면 좋겠다. 학과의 동료 교수를 서로 믿고 동료 교수가 해주는 조언을 같은 학자로서 고맙게 받아들이는 분위기가 형성될 때, 우리 대학 사회가 앞으로 나아갈 힘을 얻을 수 있을 것 같다. 이러한 분위기가 대학 전체로 퍼져나갈 때 비로소 대학 자율성이 확립되기 시작할 것이다.

:: 도시 속 대학-피츠버그에서 ::

대학이 있는 도시의 시민들은 자신의 도시에 있는 대학을 어떻게 생각할까? 대학이 있음으로 해서 시민들은 어떤 마음을 가질까? 단지 대학의 기능대로, 학생을 가르치고 연구하는 기관으로만 생각할까? 아니면 대학생이 와서 등록금을 내고 하숙집을 얻고 생활용품을 구매함으로써 도시에 경제적인 혜택을 주는 정도의 존재일까? 그 도시에 있음으로 해서 시민들의 자부심을 키워주는 기능을 하고 있는 것일까? 시민들은 대학을 귀하게 여기는 마음은 있을까?

이런 여러 가지 의문에 대한 답을 피츠버그를 방문하면서 찾을 수 있었다. 시내의 도로 가에 있는 가로등 기둥에 걸려 있는 피츠버그 대학교의 깃발을 보았다.

1787년부터 도시와 함께해온 피츠버그 대학을 시민들은 대학의 이름이 새겨진 깃발을 보며 가슴 뿌듯이 느끼고 있을 것이다. 대학에서 피츠버그 시에 대학의 광고를 목적으로 사용료를 내고 깃발을 게양하게 했는지는 모르지만, 대학 주변의 도로에는 이러한 깃발이 수많은 가로등에서 펄럭이고 있다. 시민들이 이것을 보기 좋게 느끼는 이유는 피츠버그 대학이 이 도시와 미국이라는 나라를 위해 대학 역할을 성실히 수행해오고 있으며, 도시의 자부심을 나타내는 것이라고 느끼고 있기 때문일 것이다.

도시 속의 대학은 그 도시의 정신적인 수준을 대변하고 있다. 대학이 대학의 기능을 스스로 충실히 수행해야 함은 말할 필요가 없다. 대학의 구성원들은 대학의 위상을 높이는 데 많은 노력을 해야 한다. 대학을 졸업한 학생들이 사회에 꼭 필요한 인재가 될 수 있다는 생각이 들 수 있게 해야 한다.

대학의 활동과 움직임을 시민들은 지켜 보고 있다. 대학이 잘되기를, 대학이 도시를 보다 나은 미래로 이끌어주기를, 그리고 학문 분야에서 뛰어난 업적을 이루어주기를 시민들은 말없이 바라고 있을 것이다.

도시의 길거리에서 바람에 나부끼고 있는 대학의 깃발은 그 도시의 정신과도 같은 것이다. 시민들은 대학의 깃발을 바라보면서 도시의 정신이 살아 있음을 보고, 학문의 빛나는 탑을 세워주기를 바라고 있을 것이다. 이것이 도시 속의 대학이 해야 할 역할이다.

도시의 도로 가에 있는 가로등에는
대학을 알리는 깃발이 바람에 나부끼고 있다.
뒤쪽에 보이는 건물은 이 대학의 대학본부 건물이다.

:: 오하이오 대학교의 총장을 만나며 ::

미국 대학에서 총장의 역할은 무엇일까? 대학 총장의 역할은 대학이 이루어야 할 목표를 설정하고, 대학이 가진 자원을 체계적으로 활용하여 설정된 목표를 달성하는 것이다. 또한 총장은 대학을 대표하며, 대학 구성원인 대학생, 교수, 직원들에게 대학의 장 · 단기적인 비전을 제공한다. 이러한 비전이 실현될 수 있는 방법과 여러 가지 접근 방법을 함께 제시하여, 구성원들로 하여금 서로의 역할을 분담하게 한다.

총장은 정치적으로 중립을 지켜야 하며, 임기 동안에 대학 및 교육 발전에 대한 방안을 주정부에 제공하여 정부의 지원을 받도록 노력한다.

이곳 미국 총장의 가장 큰 역할은 발전기금을 모으는 일이다. 발전기금은 발전기금운영위원회에서 관리된다. 발전기금운영위원회는 위원회 구성원 80% 정도가 대학 외부에서 초빙한 자금 운용 전문가이며, 20% 정도는 대학 동문 중에서 임명된다.

발전기금운영위원회는 대학 본부와 독립적으로 분리되어 있으며, 정기적으로 발전기금의 운용 실태를 보고하고, 발전기금에 대한 장단기 투자 전략을 짜고, 발전기금의 투자 방향에 대한 수정을 담당한다. 이를 통해 최고의 수익을 보장하고, 자금의 손실이 없도록 하는 것이 목표이다. 이렇세 조성된 발전기금은 대학생들에게 필요한 장학금을 제공하고, 실험 · 실습 및 연구용 기자재를 구매하는 데 투입되고 있다.

오하이오 대학교의 총장은 매년 총장의 업무 수행 결과에 대해서 구성원의 평가와 이사회(Board of Trustees)의 평가를 받는다. 총장의 임기 중 자신이 공약한 실적을 이룰 수 없을 때에는 총장임용추천위원회에 차기 총장의

오하이오 대학교의 맥데이비스 총장과 함께

선출을 요구하거나, 이사회로부터 사퇴 압력을 받을 수도 있다.

총장의 능력이 뛰어나고, 공약한 사항을 잘 지킬 때에는 연임이 가능하다. 이는 임기 동안 총장의 책임이 강조되는 면을 알 수 있게 해준다.

조성된 발전기금은 철저히 대학 발전을 위해 사용되며, 총장은 발전기금 조성에 혼신의 힘을 다한다. 발전기금은 대학의 발전에 크게 기여하기 때문이다.

대학을 위해 발전기금을 내는 사람들은 누구일까?

어떻게 하면 대학발전기금을 많이 모을 수 있을까?

미국 대학에서 총장의 역할은 무엇인지에 대한 질문을 하기 위해 이곳 오하이오 대학교 총장을 만나보고 싶었다. 면담을 신청하고 한 달 반 정도 기다리면서, 총장이 어느 곳에서 근무하는지도 알아보았다.

2012년 6월 20일 수요일 오후 3시, 이 대학의 총장 집무실에서 8년째 근무하고 있는 맥데이비스(Dr. McDavis) 총장을 만났다. 미국 대학 총장의 가장 중요한 역할에 대한 총장의 답은 의외로 간단하면서도 명료했다. "Fundraising!" 다시 말해서 현재 미국 대학 총장의 첫 번째 덕목은 발전기금을 많이 모으는 것이다.

대학을 발전시키기 위해서는 많은 예산이 필요한데 여기서 총장의 역할이 무엇보다 중요하다. 따라서 총장은 예산을 확보하는 데 가장 많은 대외활동을 하고 있다.

우수 학생을 모집하는 데에도 많은 장학금이 필요하다. 우수한 학생들은 장차 대학을 빛낼 수 있는 자원이다. 우수 학생 모집을 소홀히 하면 언젠가는 대학의 등급이 떨어질 것이 명백하기 때문이다. 많은 장학금을 준비해두고, 입학하는 학생들이 등록금을 걱정하지 않도록 해주어야 전국에서 좋은 학생들이 오게 된다.

좋은 대학을 만들기 위해 우수한 실적이 있는 교수들도 영입해야 한다. 많은 연구 실적을 내고 이것이 전국적으로 홍보가 될 때, 대학 진학을 하고자 하는 많은 학생들이 이 대학에 관심을 갖게 된다. 이러한 우수한 교수를 영입하려면 교수의 연구기반 시설을 만들어주어야 한다. 이를 위해서도 많은 재원이 필요한 것이다.

우수한 인재를 길러내기 위한 교육 시설, 새로운 교과목에 대한 투자, 실험·실습을 위한 시설 및 장비의 내실화에 많은 자금이 필요하다.

미국에서 대학의 명성을 높이는 데에 크게 기여하는 것이 우수한 운동팀이다. 우수한 운동 팀을 갖추기 위해서도 많은 돈이 필요하다. 능력 있는 감독과 뛰어난 선수들이 많을수록 경기에 우승할 확률이 높고, 이렇게 대학의 이름이 전국적으로 알려지면, 많은 학생들이 이 대학에 입학하고자 할 것이다. 이를 위해서 각 대학마다 앞다투어 많은 돈을 투자해서 우수한 선수와 우수한 감독을 영입하고 있다. 이는 우리나라의 진학 패턴과 약간 차이가 있지만, 사실이다.

현재 미국에서는 매년 대학에 지원하는 주 정부 예산이 갈수록 줄어들고 있다. 그러나 학생 수는 일정한 반면 대학의 시설을 유지 · 보수하는 데에는 많은 경비가 소요되므로, 이를 위한 자금이 필요하게 된다. 모자라는 자금을 확보하는 일이 총장에게 주어진 과제이다. 이 부분을 맥데이비스 총장도 크게 힘주어 이야기했다. 이와 같이 대학의 총장은 대학에 필요한 자금을 어떻게 해서든지 만들어야 한다.

발전기금을 내는 사람들은 과연 누구일까?

맥데이비스 총장에 의하면 대학을 위해 발전기금을 내는 사람들은 세 그룹인데, 첫 번째 그룹은 이 대학을 졸업한 동문들이며(Alumni), 두 번째 그룹은 총장이 직접 방문하여 발전기금을 받는, 미국 전역에 있는 기업체이며(Business), 세 번째는 총장이 알고 있는 사람(Friends)이라고 한다. 정말 중요한 말이며, 소홀히 하지 말아야 할 답변이다.

첫 번째로 발전기금을 잘 내고 많이 내는 사람들은 이 대학의 동문들이다. 대학의 동문이란 너무 가까이 있기에 소홀히 할 수 있는데, 동문에게는 학교의 발전을 위해 어떤 사업을 하는 데 얼마가 필요하다고 얘기하기가 좋다. 그래서 대학에서는 학생들이 졸업하기 전에 모교에 대한 소속감이 들게 해주고, 졸업을 한 후에도 끊임없이 서비스를 하고 있다.

두 번째로 발전기금을 내는 그룹은 대학과 관계가 있는 기업체이다. 총장은 기업체를 방문하기 전에 대학의 역할에 맞는 사업을 계획하고, 이를 기업체에 설명하고, 이를 통해 얻을 수 있는 것을 진솔하게 제시할 수 있어야 한다. 대학이 우수한 인재들을 배출함으로써 기업의 생산성에 기여할 수 있다는 사실 또한 알려준다.

세 번째로 발전기금을 낼 수 있는 그룹은 총장의 인적 네트워크이다. 교육 분야와 연구 분야에서 만났던 사람이나 사회생활 중에 만났던 사람들에게 총장으로서 해야 될 사업들을 설명하고, 발전기금을 내도록 부탁하는 것이다.

오하이오 대학교 총장을 만나고 나오면서, 대학의 위상을 높이기 위해 그리고 학문과 진리를 탐구하는 대학의 근본 이념을 지키기 위해 총장의 주된 역할은 보다 실용적이어야 함을 깨달았다.

:: 버지니아텍의 부총장을 만나며 ::

2012년 7월 19일 오전 버지니아텍(Virginia Tech) 대학교를 방문하여, 대외국제협력을 담당하고 있는 제롬 나일스 부총장(Dr. Jerome A. Niles, Vice President for Outreach and International Affairs)과 학부과정의 교육담당 학장인 대니얼 우바 부총장(Dr. Daniel A. Wubah, Vice President and Dean for Undergraduate Education)을 만났다.

나일스 부총장과 대학을 구경하고, 대학이 소유하고 있는 고급 호텔인 'The Inn At Virginia Tech'에서 함께 식사를 하고 나온 후 찍은 사진이다.

대학에 대한 전반적인 소개를 해주신 나일스 부총장은 인문대학(College of Liberal Arts and Human Sciences)의 학장을 역임했다. 버지니아텍은 연구 중심 대학으로 나아가기 위해 많은 노력을 하고 있으며, 8개 단과대학(College)에 충분한 지원을 하고 있다고 했다. 공과대학(College of Engineering)과 2개의 농과대학(College of Agriculture and Life Science, College of Agriculture & Urban Studies)이 매우 중요한 단과대학으로 대학 발전에 많은 기여를 한다고 했다. 농과대학은 약 1,700에이커(약 218만 평) 정도의 면적을 가지고 있다.

이 대학은 대학 캠퍼스와 같이 있던 18홀 골프장을 9홀로 줄이고, 그 부지에 대학에서 운영하는 호텔인 'The Inn At Virginia Tech'[18]을 세웠다. 이 호텔은 이곳에서 채석된 'Hokie Stone' 82,000여 개가 사용된 건물로, 스위트까지 있는 최고급 호텔이며 숙박비는 비싼 편이다. 호텔 1층에는 고급 식당이, 2층에는 크고 작은 많은 회의실이 있으며, 그 위층은 호텔의 객실로 구성되어 있다.

두 번째로 만난 우바 부총장으로부터 학부(Undergraduate)과정에 대한 소개를 들었다. 미국 대학에서는 기능에 따라 여러 명의 부총장을 두고 있다. 좋은 학생들을 모집하기 위해서 이 대학도 많은 노력을 기울이고 있는데, 대학이 있는 버지니아 주의 고등학교를 최우선으로 생각하여 학생들에게 홍보를 한다. 대학의 홍보를 위해 멀리까지 가기도 하지만, 이 주와 인접해 있는 웨스트버지니아 주, 메릴랜드 주, 워싱턴 D.C., 노스캐롤라이나 주, 켄터키 주 등에 있는 고등학교에 집중적으로 홍보한다.

일반적으로 대학이 있는 주에 사는 많은 학생들은 자기 주에 있는 주립대학으로 진학한다. 자기가 살고 있는 주의 대학에 진학할 경우, 등록금에 많은 혜택이 있기 때문이다.

버지니아텍 대학교의 두 부총장으로부터 대학 소개를 받고 나오면서, 대학 안에 교육과 연구를 하는 대학 건물뿐만 아니라 회의장과 고급 식당이 있는 대학 소유의 고급 호텔도 있는 것이 무척 부러웠다. 더욱이 바로 옆에는 비록 9홀이지만 골프장도 있었다. 이 대학에서는 얼마 전에 대학에서 약 30분 정도 떨어진 곳에 18홀 골프장을 추가로 구입했다고 했다. 이러한 것은 모두가 대학의 품격을 높이는 것이라는 생각이 들었다.

우바 부총장과 이야기를 마치고
나오면서 찍은 사진이다.

:: 지방거점국립대학교 ::

미국에는 주립대학이 있다. 주립대학은 주 정부의 재정적인 지원을 받고 있어, 우리나라의 국립대학과 비슷하다고 할 수 있다. 주 정부는 주립대학과 서로 협력하는 관계를 가지며, 주립대학이 발전하기 위한 여러 가지 제반 사항을 마련해준다. 최근에는 주 정부 예산이 줄어들고 있어, 부족한 예산은 대학이 자체적으로 조달하든지 예산의 사용항목을 줄이고 있다. 연방 정부에서는 주들의 균형 발전을 위해 낙후된 주의 대학에서만 지원을 받을 수 있는 법을 만들고, 이를 통해 미국 전체의 균형 발전을 이루기 위해 노력하고 있다.

예를 들이, 오하이오 주에는 세 개의 큰 주립대학인 오하이오 주립대학교, 오하이오 대학교, 그리고 신시내티 대학교가 있다. 주 정부에서는 주 전체 교육의 균형 발전을 위해 오하이오 주립대학교는 오하이오 주의 서북쪽 지역을, 오하이오 대학교는 동남쪽 지역을, 그리고 신시내티 대학교는 남서쪽 지역을 담당하게 하고 있다. 세 주립대학에서 특화하고자 하는 분야도 서로 차이가 난다. 즉, 특화되어 있는 분야가 서로 중복되지 않도록 정책적으로 조정하고, 이에 따라 예산을 지원하고 있다.

미국의 주립대학을 보면서, 우리나라의 국립대학, 특히 '지방거점국립대학교'를 집중적으로 뒷받침하여 우리나라의 균형 발전을 이룰 수 있는 방법을 생각해보았다.

우리나라에 있는 국립대학교는 국립학교설치령에 의해 '국가에 직접 속해 있는 대학'으로 설립하여 지방자치단체의 예산 보조를 받지 않는 대학을 말한다. 이에 반해, 공립대학은 지방자치단체가 설립한 대학이며 지자체의 교육 정책과 규모에 따라 하나의 지역에 하나 혹은 여러 개가 있을 수 있다. 사립대학은 개인이나 법인에 의해 설립되어 운영되는 대학이다.

국립대학이 설립된 이유는 대학이 생길 정당한 사유와 세금으로 지원할 타당한 근거가 있었기 때문이다. 이러한 까닭에 국립학교설치령에 따라 많은 국립대학들이 세워졌다.

대학을 세우기 위해서는 많은 예산이 필요하다. 이런 예산은 국민들이 내는 세금으로부터 나온다. 국가의 세금으로 대학을 세울 때는 개인이나 단체가 대학을 세우는 것과 다른 목표가 있다.

한 나라에는 잘사는 사람과 그렇지 못한 사람들이 함께 살아간다. 교육이란 시기가 있다. 배워야 할 때 배워야 한다. 시기를 놓치면 배우고 싶어도 배우지 못한다. 국가의 세금으로 대학을 세운 이유는 재산이 많고 적음을 떠나, 배울 수 있을 때 배움의 기회를 균등하게 제공하기 위함일 것이다.

각 지역의 중심이 되는 국립대학들 중 '지방거점국립대학교총장협의회'에 1996년부터 가입한 10개의 대학은 지방거점국립대학교로 되어 있다. 강원권에는 강원대학교, 경남권에는 경상대학교와 부산대학교, 경북권에는 경북대학교, 수도권에는 서울대학교(현재는 법인화로 국립대학에서 제외되었음), 전남권에는 전남대학교, 전북권에는 전북대학교, 제주권에는 제주대학교, 충남권에는 충남대학교, 충북권에는 충북대학교가 지방거점국립대학교이다.

어떤 역할을 하기 위해서 이러한 지방거점국립대학교가 필요했을까? 이런 지방거점국립대학교를 획기적으로 발전시킬 방법은 없을까? 옛날과 같이 우수한 학생들을 지방거점국립대학교로 진학하게 할 방법은 없을까? 우리나라 전체의 균등한 발전을 위해 이들 지방거점국립대학교에 새로운 역할을 부여할 방법은 없을까?

우선적으로 생각해볼 수 있는 방안이 두 가지 있다. 첫째는 지방거점국립대학교에 지원하는 예산을 대폭 확대하는 것이고, 둘째는 공기업을 포함한 기업체들을 지방에 분산하여 육성하는 정책을 실시하는 것이다.

정부에서 현재 지방거점국립대학교에 지원하는 국고보조금을 2~3배로 늘릴 수 있을까? 만약에 이와 같은 국고보조금의 지원을 받으면, 지방거점국립대학교에서는 학생들에게 질 높은 교육을 제공할 수 있을 것이며, 매우 낮은 수준의 등록금 실현이 가능해질 것이다. 이를 통해 지방거점국립대학교를 중심으로 각 지역마다 고등교육을 위한 책임감 있는 교육의 터전을 만들 수 있기에, 서울로의 학생 집중현상을 막을 수 있을 것이다.

이렇게 되면 지방거점국립대학교는 다른 어느 대학들보다 좋은 조건을 가질 수 있다. 학생들은 살고 있는 곳에서 대학에 다닐 수 있기 때문에 지역적으로 유리하고, 대학에 납부하는 등록금의 부담을 줄여줌으로써 경제적으로 많은 혜택을 학생들에게 줄 수 있다.

따라서, 많은 학생들이 지방거점국립대학교로 진학을 생각하게 하기 위해서는 교육 시설을 매우 잘 갖추고, 우수한 교수진을 확보하고, 대학에 내는 등록금을 훨씬 낮추며, 각 지방거점국립대학교만이 갖는 특화분야에 대한 교육을 제공하며, 학생들에게 많은 장학금 혜택을 주어야 한다.

그리고 이와 함께 반드시 갖추어져야 할 것이 대학 졸업 후의 일자리이다. 정부에서는 여러 가지 지원 정책으로 지방에 기업체들이 올 수 있는 방안을 마련해야 한다. 예를 들어 기업이 들어올 여건을 만들어주거나, 지방으로 기업을 이전·신축하는 경우 세제 혜택을 주는 방안 등이 있다. 학생들이 대학을 졸업한 후 자신이 공부했던 지방에서 일할 수 있을 때 지방의 획기적인 발전을 기대할 수 있다.

아무리 지방거점국립대학교에서 학생들에게 질 높은 교육의 기회를 제공하여 인재를 양성한다고 하더라도 지방에 일할 곳이 없으면 고급 인력은 역외로 유출될 수밖에 없다.

그리고 지방거점국립대학교들은 '고유 기능'과 '특화 기능' 두 가지를 확실히 수행해야 한다.

대학의 '고유 기능'이라 함은 지방거점국립대학이 각 도별로 설립될 당시 부여받은 기능으로, 각 도의 대학 교육을 책임지는 것이다. 이를 위해서는 거점 국립대학에 대한 정부의 예산을 충분히 책정해야 한다. 즉, 예산의 부족으로 대학 교육의 부실함을 초래해서는 안 된다.

대학의 '특화 기능'이라 함은, 우리나라의 균형 발전을 위해 거점대학별 특화 분야를 도출하여, 각 도의 특화 분야 연구에 집중할 수 있도록 하는 것이다. 즉, 각 도의 지방거점국립대학들이 특화된 분야에 보다 효율적으로 기여할 수 있도록 예산을 투입하여 경쟁력을 갖게 해야 한다. 이것은 중복 투자를 막을 수 있는 방안이기도 하다.

:: 웨스트버지니아 대학교에서 본 PRT ::

오하이오 대학교가 있는 에텐스 시에서 웨스트버지니아 대학교(West Virginia University)가 있는 모건타운(Morgantown)까지는 차로 약 2시간 40분이 소요된다. 이 대학은 1867년 연방정부로부터 대학 부지를 받고 Land-grant College인 '웨스트버지니아 농업대학(Agricultural College of West Virginia)'으로 설립되었다가, 1868년에 영역을 확대하고 다른 분야에 대한 교육 요구를 충족하기 위하여 현재의 이름으로 개명하였다.

현재는 농업 · 자연자원 · 디자인대학(Davis College of Agriculture, Natatural Resources, and Design), 예술과학대학(Eberly College of Arts and Sciences), 상경대학(College of Business and Economics), 창조예술대학(College of Creative Arts), 치과대학(School of Dentistry), 공학 및 광물자원대학(Benjamin M. Statler College of Engineering and Mineral Resources), 인적자원 및 교육대학(College of Human Resources and Education), 언론대학(Perley Isaac Reed School of Journalism), 법과대학(College of Law), 의과대학(School of Medicine), 간호대학(School of Nursing), 약학대학(School of Pharmacy), 체육 및 스포츠과학대학(School of Physical Activity and Sport Sciences), 공중보건대학(School of Public Health) 등 14개의 단과대학으로 구성되어 있다. 대학생 수는 약 26,000여 명이다.

이 대학도 모건타운이라는 작은 도시와 공존하는 형태를 가지고 있었다. 지역의 주력 산업이었던 농업 및 광업의 발전과 지역의 균형 발전을 위해 세워졌다. 미국의 많은 대학들이 그러하듯이 도시와 함께 녹아 있는 모습을 보여준다.

총장의 집무실(Stewart Hall)이 있는 Central 캠퍼스 부근이다.
시내에 위치하여 대학생들과 도로를 오고 가는 차들로 매우 혼잡한 모습이다.

2012년 9월 5일 웨스트버지니아 대학교를 방문하여, 대학의 교무에 관련된 전략 계획을 담당하고 있는 수석 부총장(Associate Vice President, Academic Strategic Planning) 나이젤 클락(Dr. Niegel Clark) 박사를 만났다.

클락 박사는 "웨스트버지니아 대학교는 2020년까지 국가적인 연구에 두각을 나타내어, 이를 통해 대학 교육의 국제화를 강화하고 웨스트버지니아 주의 시민들에게 생활의 활력을 불어넣을 수 있는 대학이 되고자 하는 비전을 가지고 있다."라고 말했다. 또 "웨스트버지니아 대학교는 좋은 학생들을 길러내고, 주립대학으로서 주에 기여할 수 있는 역할이 무엇인지를 끊임없이 찾으며, 다음 세대를 위한 준비를 하고 있다."라고 하였다.

웨스트버지니아 대학 수석 부총장 나이젤 클락과 함께

그는 총장의 역할로 "대학의 리더로서 대학에 비전을 제시하고, 대학을 보다 높은 곳으로 이끌어가는 것이 중요하며, 대학을 대표하는 역할을 한다."고 했다. 현재는 주 정부로부터 대학 전체 예산의 약 22%를 지원받고 있다.

이 대학의 또 다른 특징으로는 1975년부터 사용되고 있는 모노레일 위를 달리는 PRT(Personal Rapid Transit) 시스템이 있다. PRT는 무공해 · 친환경적인 수송시스템으로 강의실을 오고 가는 학생들에게 매우 유용한 교통수단이다. 이 PRT시스템은 주정부의 예산 지원으로 세워졌으며, 세 개의 캠퍼스와 시내(모건타운)를 연결해주어 학생들에게 많은 도움을 주고 있다. 특히 시내 중심에 있는 교통이 혼잡한 중앙 캠퍼스 부근에서도 편리하고 빠르게 강의실로 갈 수 있게 해준다. 하루에 평균적으로 16,000여 명의 학생이 이용하고 있을 정도로 활용도가 높다.[19] 주 정부에서 대학을 다니는 학생들에게 실제적으로 필요한 것이 무엇인지를 파악하여, 이런 편의 시설을 제공하고 있는 것이다.

웨스트버지니아 대학교를 방문하면서 주립대학으로서 주(State)에서의 주력 산업에 많은 관련이 있는 분야에 대한 교육과 연구를 오래전부터 수행해왔으며, 주에서도 학생들을 위한 지원이 계속되었음을 볼 수 있다. 주 정부는 주립대학의 발전이 주의 위상을 한층 높인다고 생각하는 것 같다. 주에 있는 주립대학과 주 정부가 서로 함께 앞으로 나아가는 모습이 보기에 좋았다.

모노레일 위를 달리는 친환경 교통 수단 PRT 시스템

:: The Gates Center ::

펜실베이니아 주의 카네기멜론 대학교(Carnegie Mellon University)가 자랑으로 여기는 건물이 하나 있다. 주변에 있는 오래된 캠퍼스 건물들과 조화롭지는 않지만, 현대적 감각이 돋보이는 비교적 큰 건물이다. 빌 게이츠 재단(Bill & Melinda Gates Foundation)에서 기증한 2000만 달러로 세워진 'The Gates Center'가 그것이며, 이곳에는 새로운 강의실을 비롯하여 교수 연구실, Conference실, 대학원 연구실, 프로젝트 공간 등이 있다.[20]

빌 게이츠 재단은 이와 같은 기능을 가진 건물로서 스탠포드 대학교의 Gates Computer Science Building과 MIT의 Laboratory for Computer Science에 2000만 달러를 각각 지원하였다.[21]

The Gates Center 건물과 시설은 이 대학의 컴퓨터과학부(School of Computer Science)가 사용하고 있다. 이 대학의 컴퓨터과학부가 세계적인 컴퓨터과학 연구와 교육을 이끌고 있음을 기념하는 의미도 있다. 기증자의 뜻에 따라 이곳에서는 컴퓨터에 관련된 하드웨어와 소프트웨어에 대한 교육과 연구를 하고 있다.

이 센터에는 2개의 학과(Computer Science Department, Machine Learning Department)와 6개의 연구소(Entertainment Technology Center, Institute for Software Research, Robotics Institute, Human-Computer Interaction Institute, Lane Center for Computational Biology, Language Technologies Institute)가 있다, 여기에서 250명 이상의 교수 및 연구원들이 학생들을 교육하며, 많은 연구 과제들을 수행하고 있다.

대학의 교육과 연구가 사회의 발전을 이끌어가는 분야에 있어 관련이 있는 기업들과 협력 관계를 유지하며 기증을 받을 수 있는 방법을 찾아내는 것은 대학이 가져야 할 또 다른 중요한 역할 중의 하나이다. 대학의 발전이 기업의 발전에도 커다란 도움을 줄 수 있다는 생각에서부터 협력 관계가 이루어질 수 있다.

카네기멜론 대학교에 있는 The Gates Center

카네기멜론 대학교에서 유치한 'The Gates Center'같이 대학의 기능과 부합되는 기술 지향적이며 미래 지향적인 연구센터를 모델로 삼아, 우리나라 대학들도 기업으로부터 기증받을 수 있을 것이다.

이러한 관점에서 보면, 부산대학교는 매우 좋은 위치에 있다. 부산대학교와 약 60킬로미터 정도 떨어진 울산을 중심으로 중공업 및 자동차 생산업체와 이웃해 있으며, 50여 킬로미터 떨어진 창원공업단지에는 1,000여 개 이상의 기계 및 부품 관련 기업체가 있고, 60여 킬로미터 떨어진 곳에 조선 산업의 중심인 거제도가 인접해 있다. 이들 지역에 있는 기업 중 LG, 삼성, 현대를 비롯하여 포항에 있는 POSCO 같은 대기업을 대상으로 기업체들과 관련이 있는 연구를 수행할 건물을 기증받을 수 있는 방안을 찾아야 할 것이다.

이러한 기업들에게 필요한 장기적인 기술 분야가 무엇이며, 앞으로의 연구 중 집중 투자할 수 있는 분야가 무엇인지를 발굴하고, 기업체에 어떠한 실질적인 결과물을 제공해줄 수 있는지를 연구하여, 대학에 대한 기업의 관심도를 높여야 할 것이다. 이를 통해 기업에서는 스스로 대학의 교육과 연구를 위한 투자가 이루어질 것이다.

:: 미국 대학의 'Provost' ::

미국 대학의 'Provost'는 우리나라 대학의 '교무처장'에 해당하는 직위인데, 한국 대학에서의 교무처장보다 훨씬 막중한 업무를 수행하고 있다. 많은 미국 대학에서는 'Provost'의 직책을 맡은 사람이 부총장직을 함께 맡는 경우가 많다.

Provost는 대학의 실제 살림을 꾸려가는 사람이다. 총장이 대외적인 역할을 수행한다면, Provost는 대학 내부의 주요한 일들인 학칙 개정, 예산의 집행, 대학 발전 전략 및 계획 수립, 교수 업적 평가 기준 작성, 교수 승진 결정, 학부 및 대학원생의 입학 및 졸업, 학생 등록 등 중요한 일을 하고 있다.

대학마다 필요에 따라 다양한 기능을 수행할 수 있는 여러 명의 부총장(Vice President)을 두고 있지만, Provost는 1명을 두고 있다. 오하이오 대학교의 Provost도 선임부총장(Executive Vice President)직을 겸임하고 있다.

Provost가 일을 하기 위해서는 많은 전문가들이 도와주어야 한다. 오하이오 대학교에서 Provost를 도와주는 '부교무처장(Vice Provost)'들은 여러 가지 직능에 따라 나뉘는데, 옴부즈맨(Ombudsman), 입학관리 부교무처장(Vice Provost for Enrollment Management), 학사 예산 및 기획 교무처장보(Associate Provost for Academic Budget and Planning), 학부 교육 교무처장보(Executive Vice Provost, Associate Provost for Undergraduate Studies Dean of University College), 외국인 담당 부교무처장(Vice Provost for Diversity, Access, and Equity), 교직원 담당 부교무처장(Executive Associate Provost and Chief of Staff), 연구 및 대학원 담당 부교무처장(VP for Research & Creative Activity and Dean of the Graduate College), 교수 및 교무계획 교무처장보

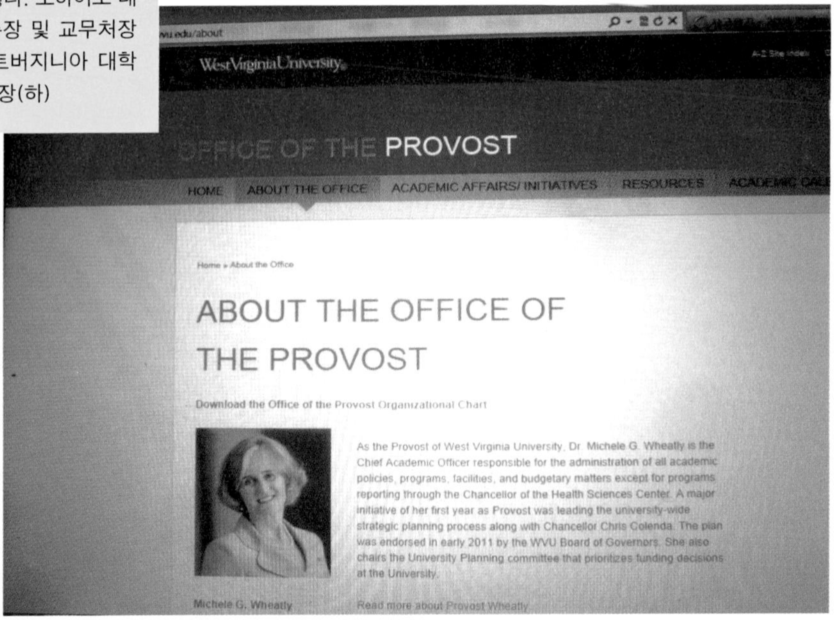

미국 대학의 Provost는 대학의 실제 살림을 꾸려가는 사람으로, 부총장직을 함께 맡는 경우가 많다. 오하이오 대학교의 부총장 및 교무처장(상), 웨스트버지니아 대학교의 교무처장(하)

(Associate Provost for Faculty & Academic Planning), 국제연구교류 교무처장보(Associate Provost for Institutional Research and Assessment), E-learning 본부장(Interim Executive Director, ELearning) 등이 있다.

그리고 Provost 사무실에는 입학 담당 비서(Administrative Assistant), 부총장 담당 비서(Assistant to Executive), 부총장 및 교무처장 예산 담당 비서(Budget Manager and Analyst for the Office of the Executive Vice President and Provost) 등 업무를 분장 받은 3명의 행정 직원이 일을 하고 있다.

오하이오 대학교와 유사하게, 웨스트버지니아 대학교에서도 Provost는 공식적으로 교무처장과 부총장을 겸임하고 있다. 공식적인 명칭은 'Provost and Vice President for Academic Affairs'이다.

이 대학에서는 다음과 같은 '부교무처장(Vice Provost)'들이 Provost의 일을 도와주고 있다. 선임 교무처장보(Senior Associate Provost), 교직원 담당 교무처장보(Associate Provost for Academic Personnel), 대학원 학사업무 교무처장보(Associate Provost for Graduate Academic Affairs), 학부 학사업무 교무처장보(Associate Provost for Undergraduate Academic Affairs), 국제 학사 업무 교무처장보(Associate Provost for International Academic Affairs), 공개강좌 센터장(Interim Director of Extension), 대학 기록 담당관(University Registrar), 교무 전략 계획 부총장보(Associate Vice President, Academic Strategic Planning), 인증 계획 본부장(Accreditation and Planning Officer, Academic Strategic Planning), 입학 등록 부총장보(Associate Vice President for Enrollment Management and Services) 등이다.

그리고 Provost 사무실에서 일을 도와주는 직원들은 아래와 같은 업무를 담당하고 있는 행정직원(Support Staff)들로, 2012년 8월 현재 10명이 일을 하고 있다. 즉, 연구 과제 분석(Administrative Project Analyst), 사무실 운영(Chief Business Officer), 전문 개발 계획 지원(Professional Development Program Coord.), 영업 부장(Business Manager), 교무처장 보조 업무(Executive Assistant to the Provost), 회계 주임(Senior Accountant), 교직원 행정 보조(Administrative Assistant Academic Personnel), 학부 학사업무 보조(Administrative Assistant Undergraduate Academic Affairs), 대학원 학사업무 보조(Administrative Assistant Graduate Academic Affairs) 등이다.

미국 대학의 총장은 대학을 대표하는 자리에 있으며 대학의 대외 업무를 수행하는 일을 하는 데 비해, Provost는 실질적으로 대학의 내부에서 일어나는 모든 중요한 일들을 수행하기 위해 기능별로 많은 직원들과 함께 일을 한다. 이렇듯 Provost는 총장의 대외 활동을 가능하게 하는 중요한 직책이다.

:: Open Admission 제도 ::

Open Admission 제도는 고등학교 학생들이 자신이 거주하는 주에 있는 주립대학으로 진학을 희망할 경우, 학력수준이 어느 정도 이상이면 정원에 관계없이 입학허가를 신청한 모든 학생에게 입학을 허가해주는 제도이다. 주립대학마다 약간의 차이는 있지만 고교 성적이 4.0 만점에 2.2 정도인 학생이 자신이 살고 있는 주의 주립대학에 진학을 희망할 경우, 신청한 학생 모두에게 입학을 허가해준다. 특히 부모들이 고교 이하의 학력일 경우, 학생의 성적에 관계없이 진학을 희망한 주립대학에서 입학을 허가한다.

이 제도는 같은 주에 사는 대학 진학 예정자에게 대학 진학의 혜택을 주는 좋은 제도로서, 이 제도의 시행 결과 오하이오 주립대학교와 같이 한 대학에 6만여 명에 가까운 학생이 다니는 대학이 생겨날 수 있었던 것이다.

미국에서 각 주립대학들은 같은 주에 사는 학생들을 많이 진학하게 하기 위해 여러 가지 노력을 하고 있다. 이를 위해 우수한 미식축구팀이나, 농구팀을 운영하여, 대학 진학 예정인 학생들에게 좋은 홍보 수단으로 사용하고 있다.

주립대학은 주 정부 예산으로 설립되었고, 주에서 지원하는 지원금, 학생들이 내는 등록금과 대학이 가지고 있는 기금 등으로 운영되는 대학이다. 이 중 주에서 대학에 지원하는 지원금은 주민들의 세금으로 이루어진 것이다. 그렇기 때문에 대학들은 세금을 내는 주민들에게 특혜를 주고 있다. 미국에서는 주 내(In-State)에 사는 학생이 진학했을 때 내는 등록금과 다른 주(Out of State)에서 진학해 온 학생이 내는 등록금이 다르다. 다른 주에서 온 학생들은 같은 주에서 진학한 학생들보다 약 50%정도 더 많은 등록금을 낸다.

미국에서는 주립대학에 재학 중인 학생들이 내는 등록금이 보통 사립대학의 등록금보다 훨씬 적다. 이는 주립대학들이 주민들의 자녀들에게 교육의 기회를 더 많이 준다는 것을 의미한다.

우리나라의 경우에는 어떠한가? '농어촌 특별 전형'이란 것이 있어, 도시가 아닌 지역에 사는 학생들이 대학에 진학할 때 이들만의 경쟁으로 대학 입학 여부를 결정하기는 한다. 그러나, 아직 Open Admission과 같은 제도가 도입되어 있지는 않다.

우리나라에 이 같은 Open Admission 제도의 도입이 필요할까? 우리나라에도 도립대학이 몇 군데 있지만, 각 도의 재정 자립도에 많은 차이가 있기 때문에 우수한 대학 교육을 지원하기에는 현실적으로 어려운 실정이다.

미국의 주립대학과 비슷한 것이 우리나라의 각 도에 있는 국립대학이다. 나라의 균형 발전을 위해서, 그리고 국민들에게 교육의 균등한 기회를 제공한다는 취지에서 학생이 자신이 사는 도에 있는 국립대학에 진학할 경우 등록금을 훨씬 낮추어준다면, 더 많은 학생들이 대학 교육을 받을 기회를 갖게 하는 올바른 국가 정책이 될 수 있을 것 같다. Open Admission 제도는 면밀히 검토해볼 가치가 있다.

:: 피츠버그 대학교를 다녀오다 ::

2012년 8월 펜실베이니아 주에서 두 번째로 큰 도시인 피츠버그 시를 다녀왔다. 두 번째로 큰 도시라 하더라도 현재 인구는 약 33만 명 정도 된다. 이 도시는 NFL(National Football League) 미식축구팀인 피츠버그 스틸러스(Pittsburgh Steelers)로 유명하다. 피츠버그 시는 제철 산업 도시이며 석탄지대의 중심지이다. '철의 황제'였으며 많은 기부금으로 카네기멜론 대학교를 설립한 앤드류 카네기가 살던 곳이기도 하다.

이 도시에 간 이유는 피츠버그 대학교(University of Pittsburgh)와 카네기멜론 대학교(Carnegie Mellon University)를 보기 위해서이다. 두 대학은 매우 가까운 거리에 있으며, 두 대학 사이에 카네기 박물관(Carnegie Museum of Natural History, Carnegie Museum and Library)이 있어, 두 대학이 이 박물관을 공유하고 있는 느낌이 들었다.

피츠버그 대학교는 1787년에 세워진 대학으로 225년의 역사를 가지고 있다. 본래는 사립대학교로 세워졌으나, 1966년부터 주 정부의 재정 지원을 받는 준공립대학교(State-related University)가 되었다. 처음에는 주(State)에서 학교 예산의 25%를 지원하기로 하였으나, 현재는 약 10% 정도 지원되고 있다. 대표적인 전공분야로는 공과대학과 의과대학이 우수하며, 특히 생명공학(Bioengineering)과 생명의학(Biomedicine) 분야가 매우 뛰어나다. 대학의 학생 수는 약 27,000여 명이며, 4,600여 명의 교수가 재직하고 있다.

피츠버그 대학교는 피츠버그 도시에 녹아 들어가 있는 듯했다. 어디가 도시이고 어디가 대학인지 구별이 되지 않는다. 대학 본부가 있는 건물이 시내 중심에 서 있고, 90여 개가 넘는 대학 건물들이 도시 곳곳에 자리를 잡고

캠퍼스 중심에 위치한 대학 본부 '배움의 전당(Cathedral of Learning)'. 163m 높이로 42층이며, 1937년 완공되었다, 피츠버그 대학교를 상징하는 건물로서, 성당 같은 느낌을 주지만 실제로 이 대학교는 종교와는 관계가 없다.

있다. 이 대학도 유럽의 대학들이 그러하듯이 도시와 공존하는 형태로 건물들이 분산되어 있다.

피츠버그 대학교를 방문하는 동안 의과대학 방사선과(Department of Radiology) 학과장인 배경태 교수를 만났다. 배 교수는 서울대 공과대학 화공학과에서 학사를 취득했고, 펜실베이니아 대학교에서 생명공학(Bioengineering)으로 석사와 박사학위를 취득했으며, 그 이후 시카고 대학교의 의과대학(Pritzker School of Medicine)에서 의학박사(MD)를 했다. 현재는 피츠버그 대학병원(UPMC, University of Pittsburgh Medical Center)의 방사선과에서 근무하고 있다.

UPMC는 1893년에 세워졌으며, 2012년 54,000여 명의 직원이 근무 중으로, U.S News & World's Report의 병원 평가에서 "America's Best Hospitals" 톱 10에 선정된 병원이다.[22]

UPMC 방사선과에는 150여 명의 교수와 50여 명의 박사과정 학생, 60여 명의 전문의 과정학생, 30여 명의 대학원생을 포함하여 약 450여 명이 근무를 하고 있다.

배 교수는 방사선과가 새로운 장비 도입에 많이 투자하는, 그리고 가장 열심히 연구하는 학문 분야라고 했다. 정확한 진단을 위해 반드시 필요한 영상 처리 기술의 발전, 방사선 정보 처리에 대한 솔루션 개발, 방사선 안전에 대한 표준화 개발 등이 활발히 연구되어야 한다. 이를 위한 새로운 기술 도입도 필요하다.

의과대학 교수들에게는 학생들에 대한 교육도 중요하지만, 의학의 발전을 위해 보다 많은 연구를 하고 동시에 의사로서 환자를 잘 돌보아야 하는 책임도 함께 있다. 이와 같이 의대 교수의 업적은 3가지 항목인 교육(Teaching), 연구(Research)와 의료 진료(Clinical Care)에 의해서 평가를 받고 있다.

컴퓨터 관련 교과목들은 현재 의과대학 방사선과의 업무에 많은 도움을 주고 있다고 했다. 이번 피츠버그 대학을 방문하여 배 교수를 만난 것은 공과대학과 의과대학 간 학문의 융합에 대한 실제 사례를 보는 중요한 기회가 되었다.

배 교수의 집무실. 뒷면 벽에 걸려 있는 그림들은 배 교수가 직접 그린 것이다.

:: Land-grant University ::

1867년에 설립된 웨스트버지니아 대학교(West Virginia University)는 Land-grant University 중의 하나다. 1862년과 1890년 두 번에 걸쳐 제정된 Morril법에 의해 연방 정부가 주 정부에게 Land-grant University를 세우기를 바라면서 땅을 주었다. 이를 기반으로 그 지역에 고등 교육을 제공할 수 있도록 하기 위해 주 정부는 이 땅에 대학을 세우든지 아니면 그 땅의 일부를 팔아서 자금을 만들어 대학을 세우도록 했다. Land-grant University의 설립 목적에 부합하는 한, 여러 가지 용도로 이용이 가능했다. 이런 대학이 만들어질 당시의 미국은 농업 위주의 국가였다.

이 법으로 생겨난 대학들은 지역 주민에게 농업에 관련된 기술(Technology), 과학(Science)에 대한 교육, 그리고 공학(Engineering)에 대한 실질적인 교육에 초점이 맞추어져 있었다. 대학이 설립되는 초기에는 단과대학(Land-grant College)으로 시작했다가, 다른 분야의 교육을 위한 지역 주민들의 요구로 종합 대학의 형태인 주립대학(University)으로 개편되었다.

Morril법에 의해 1862년에는 아이오와 주립대학교(Iowa State University)가, 1863년에는 캔자스 주립대학교(Kansas State University)가 지원을 받았으며, 1766년에 생긴 럿거스 대학교(Rutgers University)는 1864년에 Land-grant University로 지원을 받았다. 일부 사립대학, 예를 들어 코넬 대학교(Cornell University)와 MIT(Massachusetts Institute of Technology)에서도 이 법의 혜택으로 연방 정부의 지원을 받았다.

Land-grant University의 설립 목적은 지역 주민들에게 실질적인 고등 교육을 제공하는 것이다. 이를 위해 웨스트버지니아 대학교는 웨스트버지니아 주에 있는 55개 지역(County)에 '공개강좌서비스(WVU Extension Service)'를 설치하여 운영하고 있다.[23]

이 대학에서 운영하는 공개강좌서비스는 각 지역에 교육을 위한 강의실과 사무실을 세워서, 그 지역의 산업과 관련된 기술에 대하여 지역 주민들을 상대로 현장 실습 교육을 실시한다. 현재 이 업무는 부교무처장(Associate Provost & Director)인 스티브 보난노(Steve Bonanno) 박사가 맡고 있다.[24]

공개강좌서비스에서는 농업 기술, 환경, 농민들 간의 소통, 자연 재난, 교육, 병충해, 정원, 지하 자원 등 많은 부분에서 현장에서의 기술 지도와 관련 기술 자료를 주민들에게 제공한다. 예를 들어 그 지역의 주력 산업이 산림 산업이면, 산림에 해를 입히는 해충의 박멸을 위해서 어떤 해충약을 어떤 방법으로 몇 번 뿌리는 것이 많은 효과가 있는지를 교육시켜주는 것이다. 또한 예로는, 사과가 많이 나는 농업 지역에서는 어떤 방법으로 토양을 관리하는 것이 과일의 수확에 더 효과적인지에 대해 교육을 실시한다.

이와 같이 지역 산업인 농업과 임업, 혹은 광업에 관련해서 주민에게 실질적인 현장 교육을 제공하는 것이 Land-grant University의 중요한 소명이다.

대학 본부는 각 지역에 있는 강의실에서 강의를 할 교수들을 따로 채용한다. 이 교수들은 그 지역에 머물면서, 지역 주민의 현장 교육만을 책임진다. 이런 목적으로 채용되는 교수들은 지역 산업 관련 분야의 전공자이면서 현장 경험이 많은 사람이어야 한다. 이 교수들에게는 계약 조건에 따라 대학 본부에서 근무하는 교수들과 같은 대우를 해준다. 지역에 머물며 교육을 담당할 교수가 문제를 해결해줄 수 없을 때에는 대학 본부에 근무하는 교수가 지역 주민에 대한 서비스를 대신 하는 경우도 있다. 지역에 머물며 교육을 맡고 있는 교수들은 지역 주민의 교육에 투입되는 시간과 교육에 의해 나타

Land-grant University로 세워진 웨스트버지니아 대학교의 캠퍼스 셋 중
Central 캠퍼스 내에 있는 스튜어트 홀(Stewart Hall, 첨탑이 있는 건물로
안에 총장 집무실이 자리함)과 도서관을 찍었다.

난 지도 성과에 따라 평가받도록 되어 있다.

Morril법에 의해 지원 받았던 대학은 초기에 농업 분야와 기계공학 분야에 지원의 초점이 맞추어져 있었다. 이후 미국 연방 정부는 Land-grant University의 설립 원칙과 유사하게, 1966년에는 해양에 대한 연구를 하는 Sea-grant Colleges를 지정하였고, 1985년에는 도시 연구를 목적으로 하는 Urban-grant Colleges를 지정했다. 또 1988년에는 우주에 대한 연구를 위해 Space-grant Colleges를 지정했으며, 2003년에는 지속가능한 에너지를 연구할 목적으로 Sun-grant Colleges를 지정하여 지원을 하고 있다.[25]

연방 정부에서 대학에 토지(Land)를 줄(grant) 때에는 그 지역의 농업 혹은 농업에 사용되는 기계 산업, 임업 혹은 광업에 연관된 산업의 특화를 위해서이다. 이와 함께 지역 주민들이 겪고 있는 기술 관련 애로사항을 해결함과 동시에, 계속 개발되는 신기술에 대한 교육을 담당하게 하기 위해서이기도 하다.

Land-grant University를 보면서, 이러한 개념을 활용하여 우리나라에서도 지역의 산업에 대한 교육을 보다 적극적으로 실시하여, 나라 전체의 균형 발전에 초석을 마련할 수 있으면 좋겠다는 생각을 했다. 이미 우리나라에서도 지자체 단위로 지역 특화 사업이 지정되어 있다. 이와 함께 지역에 집중된 산업을 적극적으로 육성하기 위해 어떤 종류의 기술이 필요한지 등을 세부적으로 파악해야 한다.

지역 산업 육성을 책임지고 지역 산업에 종사하는 주민들을 교육할 수 있는 중심 대학을 지정해서 보다 체계적으로 운영하면 좋을 것 같다. 우리나라 정부에서는 이러한 대학에 대해서 교수의 충원과 재원의 추가 지원을 해주어야 한다. 그리고 지정된 중심 대학에서는 지역 산업의 문제를 해결할 수 있는 교수진을 잘 구축하여 질 높은 현장 교육을 제공하는 것이 국가 전체의 경쟁력을 높이는 지름길이 될 수 있다.

:: 라이트 주립대학교의 특화 분야 ::

2012년 7월 27일 오하이오 주 데이턴(Dayton) 시에 있는 또 다른 주립대학인 라이트 주립대학교(Wright State University)를 다녀왔다. 미국에는 많은 대학들이 있기 때문이기도 하지만, 라이트 주립대학교는 방문하기 전에는 들어본 적이 없는 생소한 대학이었다. 라이트 주립대학교의 발전 전략은 무엇인지 궁금하여 이 대학을 방문하게 되었다. 미국의 유수 대학에 비해 큰 편이 아니고 역사도 상대적으로 짧은 편이지만, 주에서 또 다른 역할을 수행할 수 있으며 많은 발전 가능성이 있기 때문에 만들어졌을 것이다.

라이트 주립대학교 정문

'Wright'라는 이름은 라이트 형제(Wright Brothers)의 이름에서 따왔다. 대학이 위치한 이 도시는 1890년대 비행기를 처음 만들어 날린 라이트 형제가 자라면서, 초기 비행기를 만들어 날리던 곳이다. 라이트 형제를 기리기 위해 이 도시에는 미국 최대의 공군비행장(Wright-Patterson Air Force Base)과 미국립공군박물관(National Museum of the United States Air Force Museum)이 있다. 그리고 공군대학원(Air Force Institute of Technology)도 이 대학과 가까운 거리에 있다.

라이트 주립대학교의 부지는 미국 공군 소유였는데 공군에서 이 땅을 데이턴 시에 기증했고, 시에서는 이 땅에 라이트 주립대학교를 설립하였다. 이 대학은 1964년 오하이오 주립대학교의 데이턴 분교로 시작되었다가, 1967년부터 독립하여 오하이오 주의 또 다른 주립대학인 라이트 주립대학교가 되었다.

이 대학에서 동쪽으로 110여 킬로미터 떨어진 곳에 학생 수가 6만 명에 가까운 미국 최대의 대학 오하이오 주립대학교가 있고, 남쪽으로 90여 킬로미터 떨어진 곳에 신시내티 대학교가 있다. 이러한 위치적 제약으로 인해 이 대학이 성장할 수 있는 데에는 많은 어려움이 있지만, 대학이 있는 데이턴 시는 크게 두 가지 특징을 가지고 있다. 하나는 도시 주변에 많은 기업체가 있다는 것, 두 번째는 이 도시에 미국 공군과 관련된 기관들이 많다는 것이다. 이 두 가지 조건들을 주요 키워드로 사용한다면, 대학 발전 전략을 수립하는 데 해답을 찾을 수 있을 것이다. 데이턴 시에는 Wright Cycle Company, Dayton Power & Light Co., Eastman Kodak Co., Dayton Contemporary Dance Company, Reynolds & Reynolds Co., Time Warner Cable, Hauer Music, Air Force Museum Foundation, DPL Energy LLC, Acon Inc., Cricket Wireless, Composite Technologies

여러 기업들과 많은 협력 관계를 맺고 있는 라이트 주립대학교 공과대학의 본부가 있는 건물이다.

Co. LLC, Woolpert, APS Materials Inc., Tire Unlimited, Inc., Tractor Supply Company, Ohio Electric Services, Dayton Clutch & Joint Inc., All-Service Plastic Molding 등 많은 기업들이 있다. 많은 기업들이 데이턴 시에 있는 관계로 대학을 졸업하는 학생의 취업률은 주변의 다른 대학에 비해 높은 편이다.

따라서 이 대학이 도시에 있는 많은 기업체의 산업 특성을 파악하여, 특화할 수 있는 분야와 방안을 만들 수 있다면 좋겠다고 생각했다. 이를 통해 대학의 이름이 널리 알려지고, 많은 학생들이 진학해 대학의 발전을 기할 수 있을 것이다.

이 대학에 재학 중인 학생들은 방학 동안에 미국립공군박물관에서 인턴십을 매우 바라고 있다는 2012년 8월 3일의 기사가 이 대학 홈페이지의 첫 장을 장식하고 있었다.("National Air and Space Museum internship is Wright State student's dream job")

2012년 현재 이 대학 학생 수는 19,600여 명이며, 공군과 관련된 전공 분야가 있는 것이 특색이다. 특히 의과대학(School of Medicine) 내에 우주의학(Aerospace Medicine, ASM)과 관련한 특화된 프로그램을 가지고 있다. 여기에서는 비행사와 우주인, 우주 비행체 내 승무원에 대한 의학, 심리학, 건강관리 등과 관련된 분야에 대한 연구가 특히 많다.

1978년부터 NASA에서 지원하는 교육 프로그램에는 많은 나라에서 온 의사들이 참여하고 있다. 호주, 브라질, 캐나다, 중국,

컬럼비아, 그리스, 인도, 이스라엘, 일본, 요르단, 쿠웨이트, 멕시코, 파키스탄, 포르투갈, 카타르, 남아프리카공화국, 대한민국, 사우디아라비아, 싱가포르, 타이완, 태국, 아랍에미리트, 미국 등에서 참가한 의사들이 이 프로그램에서 대학원 과정을 밟고 있다.

라이트 주립대학교가 이 도시의 공군비행장과 공군대학원 등과 연계한 특성화된 교육 프로그램을 개발한다거나 연구 분야의 특화를 모색하고 주변에 있는 많은 기업체를 이용한다면 발전을 기대할 수 있을 것이다.

이와 같이 상대적으로 역사가 짧은 대학이 주변에 있는 기존의 대형 대학과 경쟁하여 많은 학생들을 유치하고 대학을 크게 발전시키기 위해서는 대학의 지리적인 조건 및 사회적인 환경을 이용하여 특화된 프로그램을 갖추어야 한다. 그러고 나서 도시에 있는 여러 기관과 협력 관계를 잘 맺는다면, 경쟁력이 있는 또 다른 멋진 대학, '라이트 형제를 생각하는 대학'으로 나아갈 수 있을 것이다.

PART

2

교수를 위한 서비스

:: 교양 교육 ::

대학생을 위한 교양 교육은 어떤 의미를 가질까? 어떤 교양 교육을 받아야 교양인으로서 사회를 살아갈까? 이를 위해 대학에서는 어떤 준비를 해야 할까?

'교양'의 사전적인 의미는 '학문, 지식, 사회생활을 바탕으로 이루어지는 품위 또는 문화에 대한 폭넓은 지식'이다. 대학에서 강의하는 교양 교육의 목적은 교양 교육을 통해 원만한 인격을 갖추게 할 뿐만 아니라, 창의적인 사고를 할 수 있는 능력을 갖게 하거나 전공 교과목을 수행할 기초가 되는 능력을 배양하고, 더 나아가 새로운 사회 환경의 변화에 대한 대처 능력을 길러주고자 하는 네 있다. 따라서 교양 교육은 전공자가 되기 전에 반드시 수료해야 할 분야임에 틀림없다.

대학의 일차적인 목표는 국가와 사회에 필요한 인재를 육성하는 것이다. 인재라 함은 어떠한 문제를 해결하는 데 능력이 있는 사람을 이야기한다. 이러한 인재들에게 꼭 필요한 것이 보다 폭넓은 교양을 갖추는 것이기에 대학에 들어온 신입생들에게 교양 교육을 시키는 것이다.

대학에서 이러한 교육을 하기 위해서는 단과대학들 간 협조 체계를 이루어야 한다. 각 단과대학에 진학한 학생들의 기본 소양의 정도를 파악하여, 그에 맞는 교양 교육의 카테고리들을 나누어야 한다.

우선 대학에서 준비해야 하는 '교양 교육'에 해당되는 교과목은 대학에 들어온 학생 누구에게나 공통적으로 들을 수 있는 내용이어야 한다. 다른 대학에는 어떤 교양 교과목들이 있는지, 외국 대학에서는 어떠한 교양 교과목을 얼마나 오랫동안 교육하는지에 대한 면밀한 조사와 검토가 있어야 할 것이다. 즉, 이것에 대한 많은 연구가 필요하다.

참조로, 2012년 4월 부산대학교 공대생을 위한 교양 교과목 중 필수 교과목은 '실용영어', '실용컴퓨터', '공학작문 및 발표'이며, 선택 교과목으로는 사상과 역사 영역, 사회와 문화 영역, 문학과 예술 영역, 과학과 기술 영역, 건강과 레포츠 영역, 외국어 영역, 의사소통 영역이 있다.

이곳 오하이오 대학교에서는 다음과 같이 6개의 카테고리로 교양 교과목을 묶어 관리하고 있다. 즉, 자연과학(Natural Science), 응용과학(Applied Science), 문학과 예술(Literature & Arts), 사회과학(Social Science), 문화(Cross Culture), 인류학(Humanity)이다. 이들 분야에는 다양한 교과목들이 들어 있다.

각 단과대학에서는 보통 4개의 카테고리에서 한 과목 이상 수업을 받도록 되어 있다. 각 대학에서 이들 교과목에 대한 수정 요구 사항이 있을 경우, 단과대학에서 운영하고 있는 '단과대학 교과목 위원회(College Curriculum Committee, CCC)'의 회의를 거쳐 승인을 받아야 한다. 이 CCC는 단과대학의 교무부학장이 위원장이 되며, 각 학과에서 학과장 혹은 학과를 대표하는 한 명의 교수들이 모여 구성된다. 여기서 한 달에 한 번 정도 단과대학 교과목 위원회가 열린다.

새로 변경된 교양 교과목들을 기본 교과목으로 하는 각 학과들은 관련 학회(예를 들어, 미국토목공학회, 미국기계공학회 등)로부터 검토받고 있다. 이는 미국의 많은 학과들이 인증기관과 매우 밀접한 관계를 가지고 있기 때문이다.

각 단과대학에서 수정 요구 사항이 대학 본부로 오면, 각 단과대학의 대표인 부학장들로 구성된 '대학본부 교과목 위원회(University Curriculum Committee, UCC)'를 열어 교양 교과목에 대해서 토의를 가지고 수정 사항이 있을 경우 승인 절차를 밟아야 한다.

부산대학교에도 교양 교육을 관장하는 기초교육원이 있으며, 여기에 '교양교육센터'가 있다. (2013년 3월 조직개편으로 기초교육원과 교양교육센터가 통합되어 교양교육원으로 바뀌었음.) 여기에서 교양 교과목에 대한 수정 및 보완, 그리고 새로운 교양 교과목에 대한 필요성을 토의하는 것으로 알고 있다. 2012년 4월 현재 교양교육센터의 운영위원회는 10명으로 구성되어 있는데, 사범대학 교수 2명, 인문대학 교수 3명, 사회대학 교수 1명, 자연과학대학 교수 1명, 공과대학 교수 1명, 생명자원과학대학 교수 1명, 교양교육센터 직원 1명으로 되어 있다. 이러한 구성으로는 여러 단과대학에 재학 중인 전체 학생들을 상대로 하는 교양 교육의 요구 사항들을 파악하는 데 부족한 면이 있다고 본다. 그리고 이 운영위원회의 위원들도 평교수로 구성되어 있기에 이 위원회에서 토의되고 있는 사항들이 각 단과대학 본부로 전달되기까지 더 많은 시간과 또 다른 단계를 거쳐야 하는 불편함이 있을 수 있다.

우리나라 대학에서도 새로운 사회 환경의 변화에 잘 적응할 수 있는 교양인들을 배출하기 위해서 앞으로 보다 활발하게 교양 교과목의 개발에 관심을 가져야 할 것이다.

:: 이메일 서비스 ::

오하이오 대학교에서는 새로운 학기가 시작하기 전 학생들이 강의 신청을 할 때, 학생들의 이메일 주소를 강의 신청서와 함께 입력하면, 온라인 등록에 의해 자동적으로 강좌별 그룹으로 묶여 교과목 담당 교수에게 전해진다.

이렇게 교과목 담당 교수에게 전달된 이메일 주소는 매우 유용하게 사용된다. 강의를 듣는 학생들에게 교과목에 관련된 정보를 추가로 제공할 때나, 예정에 없이 발생하는 담당 교과목의 휴강 소식을 전해줄 수 있을 뿐 아니라, 휴강에 대한 보강 계획을 함께 알려주는 중요한 수단이 된다.

강의를 듣는 학생들은 이메일을 사용하여 강의 담당 교수에게 수업 관련 과제물을 제출할 수 있으며, 담당 교수는 제출된 과제물에 대한 검토 사항을 학생들에게 직접 보낼 수 있다. 뿐만 아니라, 강의를 듣는 학생들이 강의에 대한 의문 사항을 담당 교수에게 질문할 수 있는 통로로 활용할 수 있다.

따라서 강의를 듣는 학생들의 이메일 주소 파악과 과목별 수강 학생들의 이메일 주소 그룹화는 강의를 하는 교수는 물론 강의를 듣는 학생들에게 매우 유용한 정보 전달 수단이다. 이것은 교과목을 담당하는 교수와 학생들에게 소통할 수 있는 통로를 만들어준다.

수업을 듣는 학생들의 이메일 주소를 교수에게 알려주는 일은 그렇게 어려운 일이 아니기에, 대학 내 정보전산원에서 이 서비스를 할 수 있도록 하면 좋겠다. 작은 일인 것 같지만 교수들에게나 수업을 듣는 학생들에게 무척 유용한 서비스일 것이다.

많은 미국 대학에서는 강의 전용 지원 프로그램인 Blackboard를 사용하고 있다.[26] 현재 상품화되어 있는 이 프로그램은 학생들에게 알리는 공지사항이나 강의 자료를 올릴 수 있고, 학생들의 성적에 대한 통계 자료를 낼 수 있으며, 학생들이 언제 리포트를 제출했는지, 교수는 언제 보았는지 등도 알 수 있다. 교수는 학생들과 강의에 관련된 이메일을 주고받을 수 있어서 질 높은 교육을 할 수 있다. 그렇지만, 이 프로그램은 도입 비용뿐만 아니라 매년 유지 비용이 매우 많이 드는 단점이 있다.

현재 부산대학교의 정보전산원에서 구축한 학생지원시스템[27]에서는 교육과정이나 수강신청 등 학사 지원에 관련된 서비스를 하고 있다. 타 대학에서 사용하고 있는 학사 지원 프로그램이나 상용화되어 있는 프로그램 등을 분석하여, 교수나 학생들이 대학에서 사용되고 있는 강의 지원 서비스를 보다 효율적으로 사용할 수 있도록 하면 좋을 것 같다.

:: 신임 교수 모시기 ::

미국 대학에서 신임 교수를 뽑을 때는 많은 정성을 쏟는다. 한 학과에서 교수를 뽑는 분야가 정해지면서부터 신임 교수로 임용되는 데까지 대략 6개월에서 1년 정도의 시간이 필요하다.

교수 공채 분야가 정해지고 나서, 학과장은 미국 내 관련 학회, 학술매거진, 구인구직 사이트, 전공 관련 분야의 저명한 교수들, 관련 대학의 학과 및 교수 등에게 교수 공채 사실을 빠르게 널리 알린다. 이것은 많은 지원자를 받기 위한 중요한 일이다. 이렇게 임용 관련 분야에 있는 사람들에게 해당 정보를 많이 알리는 것은 좋은 교수를 모셔 오기 위함이다. 많이 알릴수록 지원자가 많기 때문이다.

이렇게 전국적으로 알리고 지원자를 받으면 보통 1명의 신임 교수를 뽑는 데 50명 이상의 지원자가 있다. 지원자들 중 가장 적합한 지원자를 뽑는 것은 학과 교수들의 몫이다.

학과에서는 우선적으로 심사위원회인 'Searching Committee'를 구성한다. 심사위원회의 규모는 학과의 교수 수에 따라 적게는 3명에서 많게는 7명 정도로 한다. 예를 들어, 오하이오 대학교의 기계공학과에는 12명의 교수가 있는데 4~5명으로 심사위원회가 구성되며, 오하이오 주립대학교 농과대학의 동물 전공 분야에는 33명의 교수가 있는데 이 전공에서는 7~8명 정도로 심사위원회가 구성된다. 심사위원회에서는 지원자가 제출한 서류를 검토하고, 자신의 견해를 적어서 심사위원장에게 보낸다. 이때 자신의 견해를 적는 소견서는 특별한 형식이 정해져 있지 않다.

심사위원회 위원장은 심사위원들로부터 받은 소견서를 전체 학과 교수들에게 수시로 알려주기도 하며, 간단히 발표하기도 한다. 심사위원회에서 지원자 중 5~6명의 '전화 인터뷰 대상자'를 선정하면 심사위원들이 전화를 통해 3명 정도 'Campus 면담 대상자'를 뽑는다.

면담 대상자는 날짜를 달리해서 대학으로 온다. 면담 대상자가 대학에 와서 머무는 동안에 필요한 체재비와 왕복 교통비는 학과에서 전액 지원한다. 면담 시 보통 1박 2일에서 2박 3일 정도의 시간이 필요하다.

면담 대상자가 방문하는 날에는, 멀리서 오는 경우 학과장이나 심사위원회 위원장이 직접 공항이나 호텔로 마중을 나간다. 이것은 학과장이나 위원장의 또 다른 중요한 일이다.

각각의 면담 대상자는 학과에 와서 자신의 연구 분야를 발표하고, 대학원생을 대상으로 공개 강의를 하며, 점심때에는 학과 교수들 및 대학원생들과 함께 점심 식사를 하면서 면담 대상자의 인간적인 면을 간단히 본다고 한다. 오후에는 학과 교수들과의 개별 및 그룹 인터뷰가 있다. 학과 교수들과의 그룹 인터뷰는 교수의 전공 분야별로 2~3개 정도로 팀을 나누어 돌아가면서 실시하게 된다.

그리고 면담 대상자들에 관련된 자료는 학과에 비치하여, 다른 교수들이 열람할 수 있도록 한다. 이들 자료는 복사할 수 없으며, 학과 교수들이 자료를 빌려서 본다. 대학마다 약간의 차이가 있지만, 최적의 교수를 채용하기 위해 신임 교수의 직급 이상인 학과 교수들이 많은 토의를 거친 후 투표를 하여 결정한다.

신임 교수로 뽑을 사람이 정해지면, 이 대상자는 학과장과 면담을 한다. 학과에 요구하는 사항이 있을 경우 학과장에게 자신의 의견을 이야기한다. 학과장과 의논하는 것 중에 중요한 사항은 연구실을 꾸미는 데(Set up) 필요한 경비의 크기이다. 교수마다 지원받는 경비가 다르다. 학과의 재정 사정에 따라 차이는 있지만, 대체로 교수의 요구 사항을 들어준다. 연구실을 꾸미는 데 많은 시간이 필요할 경우, 임용 후 첫 학기 혹은 첫 해에는 강의를 면제해 주기도 한다.

신임 교수를 뽑을 때, 학과는 어떻게 하면 좋은 사람을 뽑을 수 있을까 하는 생각으로 심사에 임한다. 학과장이나 심사위원장이 면담 대상자를 마중하는 것이나, 면담을 위해 방문하는 일정 동안 체재비와 왕복 교통비를 학과에서 제공하는 것이나, 뽑힌 신임 교수 예정자의 요구 사항을 학과장이 가능한 한 많이 들어주려고 하는 것은 '신임 교수를 뽑는 것'이 아니라 '신임 교수를 모시는 정신'으로 교수 공채 과정이 진행되는 것을 보여준다.

미국 대학의 신임 교수 공채 과정을 보면서 기분이 좋아지는 것을 어찌할 수 없다. 우리나라에서도 '신임 교수 모시기'와 같은 날이 언젠가는 올 것이다.

:: 신임 교수 8학점 ::

2012년 7월 18일, 버지니아 주 블랙스버그에 있는 주립대학인 버지니아텍 대학교를 방문했다. 이때 만난 전기공학과 신임 교수 고광진 교수로부터 들은 얘기가 머리에 남아 있다. 신규 임용을 받은 교수는 테뉴어(Tenure Professor)를 받을 때까지 1년에 두 과목(4학점씩 2과목, 총 8학점)의 강의를 한다고 했다. 조교수에서 테뉴어 신청은 6년 차에 하기 때문에, 임용 후 5년간 1년에 2과목의 강의를 하게 하여, 연구에 보다 많은 시간을 쏟을 수 있다. 교과목에 대한 부담을 줄여주는 이유는 새로운 대학에 적응 시간을 갖기 위해서, 연구 논문을 많이 쓸 수 있게 하기 위해서, 그리고 지신의 연구실을 꾸미는 데 많은 시간을 쓰도록 하기 위해서이다.

우리나라 국립대학에 새롭게 부임해 온 교수는 한 학기당 최소법정깅의 시수인 9시수를 강의해야 한다. 즉, 9학점 이상을 학부와 대학원에서 강의하도록 되어 있다. 이 같은 우리의 사정은 버지니아텍 대학교에서 들은 것과 비교하면 많은 차이가 있다.

신임 교수는 자신의 연구실을 꾸미고 연구를 많이 해야 한다. 실험을 많이 하는 분야의 교수이면 더더욱 많은 시간이 필요할 것이다. 그리고 새로 부임한 대학의 분위기에 적응하기 위해서도 얼마간의 시간이 필요하다. 이러한 측면을 미국 대학에서는 신임 교수들에게 잘 배려해주고 있다.

미국 대학에서도 각 학과마다 사정이 다를 수 있다. 학과로 내려오는 예산으로 시간 강사를 몇 명 쓸 것인지는 학과에서 결정하기 때문에, 신임 교수가 맡아야 하는 강의 시수는 한 대학 내에서라도 학과마다 다르다.

오하이오 대학교의 기계공학과는 2012년 여름 학기 전까지 쿼터제로 운영되었기에 지금까지 1년에 3학기 수업을 했는데, 신임 교수들은 첫 학기에는 강의를 맡지 않았고 둘째 학기와 셋째 학기에 각 한 과목씩 강의를 맡게 했다고 한다.

현재 부산대학교에서는 신임 교수들에게 강의 책임 시수를 특별히 줄여주지 않으며, 강의 시수는 학기당 최소 9시수로 모든 교수들이 동일하다.

참조로, 서울대학교에서 신임 교수는 첫해에 연간 12시수(3학점 수업 4과목)를 맡는다. 사립대학인 포항공대의 신임 교수들은 첫 학기에는 수업을 맡지 않으며 둘째 학기부터 연간 9시수를 맡고, KAIST의 신임 교수들은 연간 6시수를 맡고 있다.

우리나라 국립대학에서도 신임 교수들에게 첫 1년 동안에는 한 학기에 한 과목(연간 6시수) 혹은 1년 간 3과목(9시수) 정도로 강의를 할 수 있게 하는 방법은 없을까? 교수가 맡아야 하는 최소법정시수의 강의를 해야 한다는 법이 개정되면 좋겠다는 생각을 했다.

이 문제는 국립대학 전체의 문제일 것이다. 신임 교수들에게 첫 해만이라도 한 학기에 한 과목만 강의할 수 있도록 법 개정을 서둘러야 할 것 같다. 이렇게 하는 것이 어렵다면, 학교에 부임한 첫 해에 3과목을 맡게 함으로써 시간을 유연성 있게 사용할 수 있도록 하면 좋겠다. 그렇게 함으로써 신임 교수가 연구를 위한 실험실을 빠르게 갖추어 연구를 할 수 있게 하며, 강의에 대한 준비 시간을 줌으로써 대학에 정착하는 데 도움을 줄 수 있을 것이다. 신임 교수들은 곧 다가오는 장래 대학의 위상을 높여줄 수 있는 자산이기 때문에, 이들이 대학에 빨리 안착하도록 배려하는 것은 매우 중요하다.

:: 교수 공채 지원서류 ::

미국 대학에서도 신임 교수를 뽑을 때는 보통 공채를 하며, 우수한 사람을 뽑기 위해 여러 곳에 교수 공채를 알려 가능한 한 많은 지원자를 받으려고 노력한다. 많은 지원자가 있어야 우수한 사람을 신임 교수로 뽑을 확률이 높기 때문이다.

미국 대학의 교수 공채에 지원하는 경우, 우리나라와 달리 지원자가 제출하는 서류가 매우 적어 간편하게 지원할 수 있다. 미국에서 신임 교수 공채에 지원서를 낼 때 지원자가 대학에 제출하는 서류는 지원서, 박사과정 성적 증명서, 추천서를 보내준 사람의 전화번호, 논문 및 경력 사항 리스트, 연구 및 강의계획서 등이다.

부산대학교의 경우에는 보통 교수 공채에 지원하는 사람들이 심사에 필요한 모든 서류를 한꺼번에 제출해야 한다. 지원지마다 차이는 있겠지만, 지원자 한 사람이 내는 서류의 양이 꽤 많다. 교수 공채 지원서, 자기소개서와 연구계획서, 최종학위 논문, 지도교수 추천서, 학사 · 석사 · 박사과정별 학력 및 성적 증명서, 석 · 박사 학위 논문들을 제출해야 한다. 이러한 서류 외에 자격증 사본, 모든 경력 증명서, 논문 별쇄본, 3년간의 연구논문 한 편당 A4 1~2장 정도의 설명서 등을 제출해야 한다.

미국 대학에서는 논문의 별쇄본이나 경력증명서 등의 제출은 요구하지 않는다. 논문 및 경력리스트만을 제출하게 하는 이유는 지원서와 이력서에 들어 있는 내용을 우선적으로 믿으려 하기 때문이다. 대표 논문 3~5편 정도를 요구하는 대학도 있다. 여기에 덧붙여 지원자에 대한 추천서는 추천자가 직접 대학으로 제출하게 한다.

신임 교수 선정위원회에서는 지원자들이 대학에 제출한 지원서와 이력서, 연구 및 강의 계획서, 추천서 등을 기초로 해서 1차적으로 5~6명 정도의 인터뷰 대상자를 정하고, 이들 중에서 3명 정도의 면접 대상자를 선정한다.

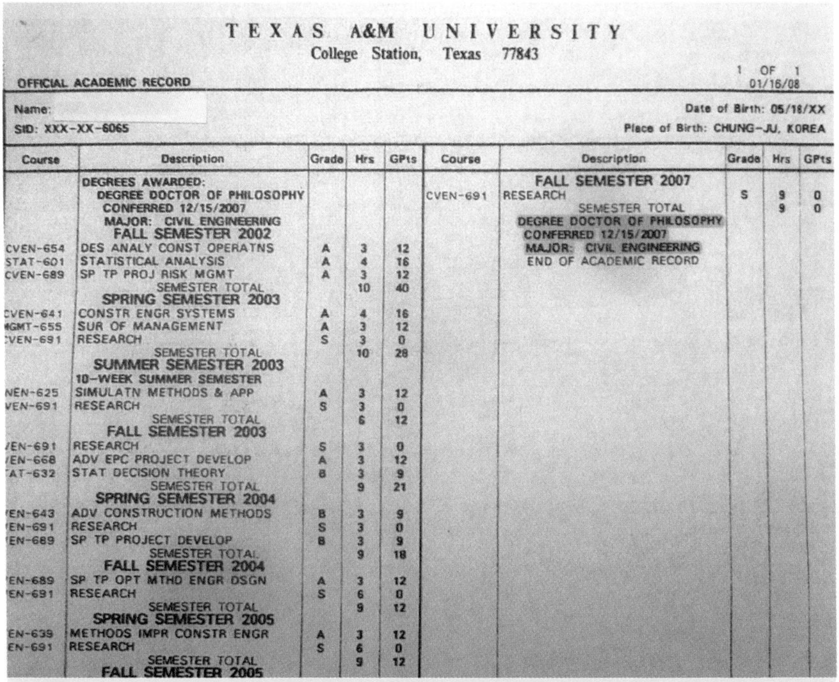

TEXAS A&M UNIVERSITY
College Station, Texas 77843

OFFICIAL ACADEMIC RECORD

1 OF 1
01/16/08

Name:
SID: XXX-XX-6065

Date of Birth: 05/18/XX
Place of Birth: CHUNG-JU, KOREA

Course	Description	Grade	Hrs	GPts
	DEGREES AWARDED:			
	DEGREE DOCTOR OF PHILOSOPHY			
	CONFERRED 12/15/2007			
	MAJOR: CIVIL ENGINEERING			
	FALL SEMESTER 2002			
CVEN-654	DES ANALY CONST OPERATNS	A	3	12
STAT-601	STATISTICAL ANALYSIS	A	4	16
CVEN-689	SP TP PROJ RISK MGMT	A	3	12
	SEMESTER TOTAL		10	40
	SPRING SEMESTER 2003			
CVEN-641	CONSTR ENGR SYSTEMS	A	4	16
MGMT-655	SUR OF MANAGEMENT	A	3	12
CVEN-691	RESEARCH	S	3	0
	SEMESTER TOTAL		10	28
	SUMMER SEMESTER 2003			
	10-WEEK SUMMER SEMESTER			
NEN-625	SIMULATN METHODS & APP	A	3	12
VEN-691	RESEARCH	S	3	0
	SEMESTER TOTAL		6	12
	FALL SEMESTER 2003			
VEN-691	RESEARCH	S	3	0
VEN-668	ADV EPC PROJECT DEVELOP	A	3	12
TAT-632	STAT DECISION THEORY	B	3	9
	SEMESTER TOTAL		9	21
	SPRING SEMESTER 2004			
EN-643	ADV CONSTRUCTION METHODS	B	3	9
EN-691	RESEARCH	S	3	0
EN-689	SP TP PROJECT DEVELOP	B	3	9
	SEMESTER TOTAL		9	18
	FALL SEMESTER 2004			
EN-689	SP TP OPT MTHD ENGR DSGN	A	3	12
EN-691	RESEARCH	S	6	0
	SEMESTER TOTAL		9	12
	SPRING SEMESTER 2005			
EN-639	METHODS IMPR CONSTR ENGR	A	3	12
EN-691	RESEARCH	S	6	0
	SEMESTER TOTAL		9	12
	FALL SEMESTER 2005			

Course	Description	Grade	Hrs	GPts
	FALL SEMESTER 2007			
CVEN-691	RESEARCH	S	9	0
	SEMESTER TOTAL		9	0
	DEGREE DOCTOR OF PHILOSOPHY			
	CONFERRED 12/15/2007			
	MAJOR: CIVIL ENGINEERING			
	END OF ACADEMIC RECORD			

미국 Texas A&M University의 성적증명서다. 첫째 단에는 인적 사항(이름, 학번, 생년월일, 출생지)들이 표시되어 있고, 그 아래 오른 쪽 단의 위쪽에 'DEGREE DOCTOR OF PHILOSOPHY CONFERRED 12/15/2007 MAJOR: CIVIL ENGINEERING'이란 글이 있다. 즉, '토목공학과에서 2007년 12월 15일 박사 학위(Ph.D)를 취득했다'는 뜻이다. 성적증명서가 박사학위 취득 사실을 증명해주고 있으므로 미국에서는 보통 졸업증명서가 따로 없다.

선정위원회에서는 면접 대상자의 최종 졸업 대학 및 대학원에 직접 성적증명서를 요청한다. 지원자의 최종 학위가 박사인 경우, 학부나 석사과정의 성적증명서는 요구하지 않는 경우가 많다. 요청받은 대학에서도 지원자에 대한 성적증명서를 봉인(Sealing)하여 직접 선정위원회로 우송해 지원자가 제출하는 것을 금하고 있다. 이렇게 하는 것은 대학에서 직접 봉인된 서류가 원본임을 증명하고, 변조를 막기 위함이다.

미국 대학의 성적증명서(Transcript, Official Academic Record)는 우리나라의 졸업증명서 기능도 함께 하는데, 여기에는 박사학위 취득 날짜, 전공분야, 학점 등이 함께 표기된다.

연구 업적을 나타내기 위해서는 특허를 포함한 논문 리스트만을 제출한다. 간혹 위원회에서 논문을 확인할 필요가 있을 경우, 논문이 게재된 학회의 홈페이지에서 관련 논문을 찾아서 확인한다. 지원자가 자신이 쓴 논문의 별쇄본을 제출하는 우리나라 대학들과는 차이가 있다. 전체 지원자가 논문 별쇄본을 제출할 경우 서류를 관리하는 데 어려움이 있으며, 면접 대상자 외의 논문 별쇄본들은 불필요한 서류가 될 수 있다.

추천서도 추천자가 직접 봉인하여 대학으로 직접 혹은 온라인으로 제출한다. 추천서는 보통 3명으로부터 받는다. 공채 지원자는 추천자들의 전화번호를 사전에 대학에 제출한다. 간혹 대학에 따라 추천서를 받지 않고, 제출된 추천자 중에서 선발하여 전화 통화를 통해, 지원자에 대해 물어보는 경우가 많다.

인터뷰 대상자가 정해지고 난 후, 추천서의 내용을 확인하기 위해서 심사위원이 추천자에게 직접 전화를 걸어 추천서에서 빠진 내용이나 추천서의 내용에 대해 추가적으로 질문한다.

미국 교수 공채 과정에서 우리나라와 차이가 나는 부분 몇 가지를 보며,

미국 대학에서는 관련 부서의 '업무의 편리성'과 지원자가 제출하는 '서류의 신뢰성'을 높이는 데 초점을 맞추고 있음을 알 수 있었다.

우리나라 대학에서도 대학 내 관련 업무를 하는 직원의 업무량을 줄여주는 방법을 찾아야겠다. 그리고 공채 과정에서 1차 선정된 인터뷰 대상자 혹은 면접 대상자들에게만 필요한 서류를 요구하여, 많은 서류들을 관리하지 않아도 될 방법을 찾아야 한다. 이와 더불어, 제출된 서류의 신뢰성을 높이기 위해 관련 대학에 직접 서류를 요구해야 한다. 제출된 추천서의 내용에 의문이 있거나 추가로 알고 싶은 내용이 있을 경우, 추천자에게 직접 확인하는 과정을 강화해야 할 것이다.

미국 대학에서 신임 교수를 뽑을 때 걸리는 기간은 대략 6~10개월 정도이다. 이는 우리나라 국립대학에서 신임 교수 공채 기간이 공채 공고가 나간 후 약 3개월 정도 소요되는 것과 비교된다. 대학에서는 보다 우수한 교수를 뽑기 위해 신임 교수를 뽑는 학과에 충분한 시간을 주어야 할 것이다.

:; 새로운 교수 T/O ::

대학의 한 학과에서 새로운 교수 T/O를 받기 위해서는 어떻게 해야 할까? 다가오는 미래를 대비할 교육은 누가 맡는가? 학과에서는 어떻게 우수한 인재 양성을 위해 새로운 학문에 필요한 교수를 확보할 수 있을까?

대학의 발전은 교수들의 노력에 의해 좌우된다. 학생들을 가르치는 교육에 대한 교수들의 정열과 연구 능력이 대학 발전의 밑거름이다. 이러한 이유로 대학의 평가에서 교수 한 명이 학생 몇 명을 담당하는지의 비율이 중요한 평가 기준이 되어 많은 대학에서 교수의 수를 늘리기 위해 노력하고 있다.

오하이오 대학교에서는 매년 학과 평가를 위한 자문위원회에서 학과 평가를 한다. 평가 자문위원회의 구성은 같은 학과를 졸업한 사람들과 학과와 관련이 있는 사람으로 대략 8명에서 12명 정도로 구성된다.

평가 자문위원회에 속한 위원들은 기업에서 근무하고 있는 사람, 학과의 실태를 잘 아는 사람, 학과 졸업생, 학과 졸업생들의 사회에서의 역할을 잘 아는 사람들로 구성된다. 이 평가 자문위원회에서는 위원들의 사회 경험을 기초로 하여, 1년 동안 학과에서 수행한 여러 가지 상황에 대해 다양한 의견들을 낸다. 이 위원회에서는 교수들의 학생에 대한 지도 현황, 산업체를 방문하여 실시한 실습 실행 정도, 강의에 대한 학생들의 요구 사항 평가 등을 보면서 문제점을 파악한다.

이와 더불어 위원회에서는 현재의 교과과정에 필요한 새로운 전공 분야가 개설되기를 희망하는 보고서를 내기도 한다. 새로운 사회 및 기업의 환경의 변화에 따라서, 혹은 우수한 인재를 교육하기 위해 필요한 학문 분야를 제안한다.

예를 들어, 약 4년 전에 오하이오 대학교의 토목공학과 학과 평가를 위해

모인 학과의 평가 자문위원회의 위원들이 토목공학과 학생들을 위해 '건설경영(Construction Management)'이라는 과목을 개설해줄 것을 제안했다. 이 교과목에는 토목 현장에서 작업장의 자재 관리(Material Management), 일정 관리(Process Scheduling) 및 인력 관리 등의 내용이 들어 있다.

이와 함께 평가 위원 중 한 사람인 이 학과 졸업생이 이 교과목을 맡을 새로운 교수를 지원하는 조건으로 대학에 30만 달러의 기부금을 출연했다. 이러한 사실 등을 바탕으로 공과대학과 대학 본부에서는 이 분야가 정말 토목공사 현장에 필요한지에 대한 본격적인 논의를 거쳐 신규 교수를 뽑기로 하였다. 이렇게 하여 뽑힌 교수는 현재 이 교과목을 학과에서 강의하고 있다.

우리나라 국립대학에서도 매년 많은 학과에서 정년 퇴임이나 자연 결원된 교수의 보충, 새로운 교수의 충원을 요청하고 있다. 그렇지만 신임 교수로 충원되는 교수의 수는 그렇게 많지 않다. 자연 결원된 교수에 대해서도 충원이 되지 못하는 학과들이 많다.

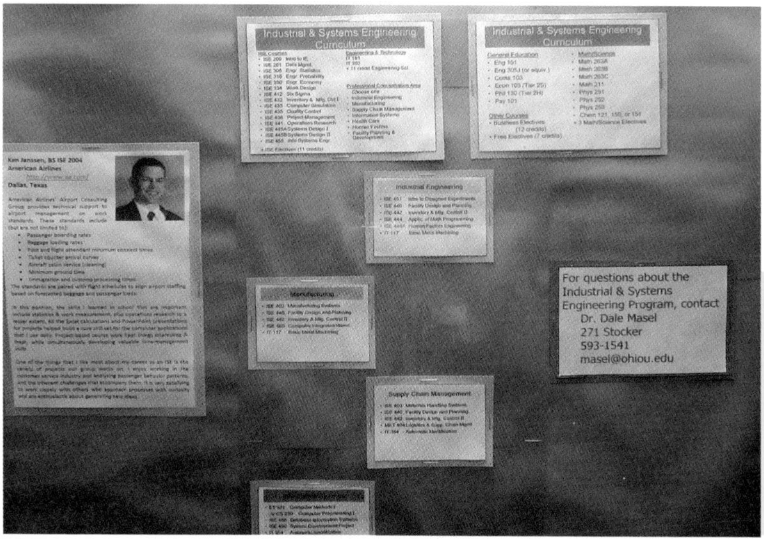

산업공학과 게시판. 2012년 8월 27일부터 새로 개설한 교과목을 포함해 한 학기 동안 수업하는 학과목을 소개하고 있다.

대학에서는 새로운 분야의 교수가 필요하다. 새로운 분야의 교수가 필요한 이유에는 사회의 발전과 복잡성의 증가, 인구 증가로 인한 사회 문제 증가, 인간의 고령화에 따른 사회 조직의 변화, 학문 분야의 세분화, 자연과학의 빠른 발전, 새로운 생산 기술의 개발, 지구 환경의 오염 및 지속 가능성의 필요성, 새로운 대체 에너지의 필요성 등이 있다.

이런 여러 가지 변화에 대한 대처 능력을 가진 학생들을 키워내기 위해서는 새로운 분야에 대한 교수의 충원이 보다 적극적으로 이루어져야 하고, 이를 통해 체계적 교육이 이루어져야 한다. 이와 더불어, 학생들이 끊임없이 변하는 사회의 새로운 환경에 의해 발생하는 문제들을 해결할 수 있도록 장기적인 교육에 관련한 발전 전략을 세워야 한다.

국립대학의 교수 수는 국가 예산의 크기에 많은 영향을 받는다. 교수를 지원할 예산이 없으면, 아무리 중요한 분야라고 해도 새로운 교수의 충원은 어렵다. 앞에서 언급했듯이 대학에서 새로운 교수 T/O를 받기 위해서는 사회적으로 교수 충원의 필요성을 잘 파악하고, 대학 자체적으로도 교수 지원을 받을 수 있도록 노력을 많이 기울여 정부를 설득하는 것도 중요하다.

정부는 사회가 요구하고, 사회에서 필요로 하는 인재들의 교육에 대한 투자에 인색해서는 안 되며, 새로운 분야에 대한 교수의 증가에 소홀해서도 안 된다. 한 나라의 미래는 교육에 달려 있다. 잠시라도 머뭇거릴 수 없다. 새로운 시대에 적합한 교육을 받지 못한 학생들은 다음 세대를 짊어지고 갈 수 없다. 그리고 경쟁에서 이길 수 없다. 무한 경쟁에서 이기기 위해 다음 세대를 살아갈 젊은 학생들에게 새로운 교과 과정을 개설함으로써, 자신의 전공 분야를 확실하게 가질 수 있게 해주어야 한다. 이미 세계는 하나의 무한 경쟁의 장이 되었다. 그렇기에 대학에서의 교육은 시간이 지날수록 더욱 중요한 의미를 가질 것이다.

:: 석좌교수 연구소 ::

2012년 10월 19일 오후, 오하이오 대학교의 석좌교수로 있는 한국인 이성규 교수의 연구소를 방문했다. 이 교수는 애크런 대학교(University of Akron)와 미주리 대학교 컬럼비아 캠퍼스(University of Missouri-Columbia) 등에서도 석좌교수를 지냈으며, 2010년부터 오하이오 대학교의 석좌교수로 있다. 현재 화학 및 생명분자공학과 교수이며, 지속 가능 에너지 및 재료 연구소(SEAM, Sustainable Energy and Advanced Materials Laboratory)의 소장으로 있다.[28]

제자들의 박사 논문들이 꽂혀 있는 책장 앞에서 찍은 사진. 연구에 관련된 많은 자료들은 다른 곳에 두지만, 제자들의 박사 논문들은 자신과 학생들의 아이디어와 연구 결과를 내기 위한 노력이 녹아 있는 가장 값진 것이기에 연구실 안에 둔다고 한다.

미국 대학에서는 연구의 업적으로 확실하게 대학을 빛낼 수 있는 사람을 석좌교수로 영입하고 많은 연구비 수주를 기대한다. 석좌교수를 영입할 때 연구에 필요한 공간을 제공하고, 높은 연봉을 제시하는 것은 대학이 석좌교수로부터 얻을 수 있는 유형 및 무형의 이익이 많기 때문이다. 학과에 석좌교수가 있다는 것 자체가 학과의 홍보효과를 높여준다. 유명한 교수가 대학에 있다는 것은 대학을 선택하는 학생들에게나 재학생들에게도 매우 긍정적인 영향을 미친다. 석좌교수는 보통 학과의 정규 수업도 맡게 된다. 이것은 수업을 듣는 학생들이 매우 원하는 것 중의 하나다. 장차 학생들의 좋은 본보기가 될 수 있기 때문이다. 현재 이 교수는 일주일에 6시간 학부 2개의 교과목(Heat Transfer, Fuel Cell) 강의를 하고 있다.

이 교수는 오랫동안 에너지와 고분자 재료에 관련한 연구를 해오고 있다. 11권의 전공 서적을 썼으며, 관련 전공분야의 백과사전도 편찬하였고, 140여 편의 논문과 350여 편의 학술 논문(Proceedings)을 썼다. 그리고 32건의 미국 특허, 80여 건의 국제 특허를 보유하고 있다. 그가 가장 자랑스러워하는 것은 여러 대학에서 세 번의 'Best Teacher'상을 받은 것이라고 한다. 1994년 서울대 공과대학에서 '자랑스런 공대 동문상'을 수상하기도 했다.

이 교수가 오하이오 대학교의 석좌교수로 올 때, 공과대학에서는 연구소로 내어줄 만한 충분한 공간이 없었다. 그래서 대학과 떨어진 에텐스 시내에 있는 일반 건물을 계약하여 일정 기간 동안 사용할 수 있게 배려했다. 이 교수에게 제공한 공간의 크기는 약 450평이다. 건물의 연간 사용료는 약 2억 4천만 원 정도가 되며, 사용료는 대학에서 지불한다. 대학 내 새로운 건물이 완공이 되면 옮기기로 되어 있다고 한다.

이 교수의 연구소를 방문하면서, 석좌교수에 대한 미국 대학의 예우 수준을 볼 수 있었다. 대학은 그만한 가치가 있는 연구 업적이 뛰어난 사람을 석좌교수로 영입하고 있으며, 필요한 공간이 대학 내에서 부족할 경우, 일정한 기간 동안 개인이나 법인이 가진 일반 건물을 계약하여 제공하기도 한다.

:: 성과연봉제 ::

부산대학교 공과대학에 '스포츠공학과'가 있다고 가정하자. 그리고 다음과 같은 분들이 이 학과의 교수로 있다고 가정하자. 야구 선수 박찬호, 피겨 스케이팅 선수 김연아, 수영 선수 박태환, 등산가 엄홍길, 씨름 선수 이만기, 마라톤 선수 이봉주, 외국인 교수로 골프 선수 타이거 우즈. 이런 화려한 경력을 가진 분들이 교수로 구성된 학과에 현재 대학에서 시행되고 있는 교원 성과 연봉제를 적용한다면 어떻게 될까? 모두들 자기 분야에서 최고의 기량과 능력을 가지고 있는 사람들이다. 이들 교수의 업적에 어떤 평가 기준들을 만들어 적용하여, 이 중에서 누가 최고 등급인 S등급을 받고, 누가 최저 등급인 C등급을 받을 것인가? 이렇게 구성된 학과 교수 중 어떤 사람에게는 반드시 최고 등급을 주어야 하고, 어떤 사람에게는 최하위 등급을 줄 수밖에 없다면 이는 무엇인가 잘못되어 있는 것이다.

대학에서 학과는 하나의 교육 목표를 위해 다양한 분야의 교수들이 필요한 집단이다. 다양한 분야들은 서로 유기적인 관계를 가지고 사회에서 필요한 사람을 길러내고자 교육을 하는 곳이다. 예를 들어, 공과대학의 한 학과인 산업공학과에는 생산시스템, 통계, 생산관리, 시뮬레이션, 경영과학, 대기이론, 제조공학, 인간공학, 작업관리와 같은 분야의 강의가 필요하며, 이들 강의를 위한 교수가 필요하다. 학생들은 이런 여러 가지의 교과목에 대한 교육을 마친 다음에 올바른 산업공학도로서의 역할을 할 수 있다.

이런 다양한 학문 분야는 제각각 그 특성이 다르다. 각 학문의 특성 및 교육 방법, 교수의 강의 방법, 학문을 위한 실험 실습의 종류 등이 다르다.

교수들의 업적은 보통 교육, 연구, 봉사로 평가된다. 교육 관련 점수는 강의를 위한 교재 개발, 강의 시간 수, 학생과의 상담 횟수 등으로 평가되며, 연구 관련 점수는 연구 논문의 수, 연구 논문 게재지 수준, 석사 및 박사 배출 실적 및 특허 수로써 평가된다. 그리고 봉사 점수는 학교 내 보직자로서의 봉사 및 학내외 여러 위원회 참여 횟수, 학술 관련 학회 이사로서의 활동, 외부 기관의 교육서비스 등에 의해서 결정된다.

전공이 다르고 전공마다 그 특성이 뚜렷하여 서로 평가가 불가능한 상황을 생각해본다면, 비록 한 학과에 있는 교수들이라 하더라도 하나의 평가 기준으로 교수들의 성과를 평가할 수는 없는 것이다.

필자가 독일에서 공부를 할 때 있었던 일로, 독일의 아헨 대학교(RWTH Aachen)의 경우를 예로 들어보자. 공과대학에서 생산 공학(Production Engineering)을 전공하고 있는 D교수 밑에는 100여 명이 넘는 박사과정의 학생과 200여 명이 넘는 석사과정의 학생이 있는 반면, 전자공학과에 있는 초음파에 관련된 연구를 하고 있는 E교수 밑에는 한 명의 박사과정 학생과 한 명의 석사과정 학생이 있다. D교수는 일 년에 15~20여 명의 공학 박사(Dr.-Ing.)를 배출한다. E교수는 3~5년에 한 명의 공학 박사를 배출한다. D교수나 E교수의 연구 분야는 독일의 생산 기술의 한 부분을 이끌어 가는 데 크게 기여하고 있었다. 독일 사회에서 D교수의 분야도 필요하고, E교수의 연구 결과도 필요하기에, 경쟁적으로 두 교수의 서열을 세우지 않는다. 독일의 대학과 사회에서는 교수가 가진 서로의 연구 분야를 사회를 받쳐주는 힘으로 인정해주는 것이다.

대학의 다양한 연구 결과는 한 나라와 사회가 발전하는 데 꼭 필요하다. 대규모의 연구단이 필요한 경우도 있고, 그렇지 않은 소규모의 연구 분야도 필요하다. 산업 발전에 필요한 분야가 있는 반면 자연 과학의 발전에 없어서는 안 될 분야도 있고, 인문 사회 과학을 위한 분야가 있어야 하듯이, 매우 다양한 분야의 연구가 대학에서 이루어져야 한다. 이를 통해 각자의 연구 분야에서 길러진 학생들이 장차 한 나라를 짊어지고 나갈 역군이 되는 것이다.

다양한 연구 결과를 도출하기 위해서는 연구의 자율성을 보장하고, 연구의 과정을 학생들에게 보여주어야 한다. 또한 그 결과가 사회에 기여할 수 있는 풍토를 만들어주기 위해서는, 대학에서 학생들을 가르치고 연구하는 교수들을 평가할 때 보다 신중해야 하며 많은 연구를 해야 할 것이다.

:: 학점의 상대평가 ::

중간고사와 기말고사를 치고 난 후, 교수는 학생의 점수를 산정하여 학점을 부여한다. 학점을 줄 때 중간고사와 기말고사 점수 외에 출석 점수도 학점에 넣어 계산하는 교수도 있고, 리포트 점수와 한 학기 동안 수행하는 과제인 Term Project 점수도 전체 점수에 넣는다.

대학에서 교수들이 학생들에게 학점을 부여하는 방법에는 크게 '상대평가'와 '절대평가'가 있다. '상대평가'란 한 강좌를 수강하는 학생들을 평가할 때, 학점의 등급(A, B, C, D, F)을 학생들에게 일정한 비율로 부여하는 것을 말한다. 예를 들어, A 학점은 수강한 학생의 30% 이하, A와 B 학점은 70% 이하, C 학점 이하는 수강한 학생의 30% 이상으로 학생들에게 학점을 부여하는 것이다. 이에 반해 '절대평가'는 학생들이 받는 점수에 따라 학점을 부여하는 방법이다. 즉, 고정된 비율 없이 수업을 맡은 교수가 자율적으로 학생들을 평가해서 학점을 주는 것을 말한다.

오하이오 대학교나 대부분의 미국 대학에서는 학생들을 평가할 때, 보통 상대평가를 하지 않는다. 그러나 우리나라의 많은 대학에서는 상대평가를 하여 학점을 주도록 대학의 성적 처리 지침이나 규정에 명시되어 있다.

참고로 부산대학교 성적관리지침 중 '3. 성적평가 방법'에는 '전공 · 교양과목 중 이론 교과목, 직업능력개발과정은 상대평가를 원칙으로 한다.'라고 되어 있으며, 서울대학교 학업성적 처리 규정의 '제4조 성적등급의 부여'에는 '학사과정 교과목의 성적 등급은 A는 20~30%, B는 30~40%, C 이하는 30~50%의 비율을 기준으로 성적을 부여한다.'라고 되어 있다.

절대평가를 잘못 시행하게 되면 교수가 학생들에게 너무 후한 학점을 주어서 학점의 인플레이션이 생기는 경우가 있지만, 상대평가 제도에는 더 많은 문제가 있을 수 있다. 즉, 한 강좌를 듣는 학생들이 모두 열심히 공부해서 좋은 점수를 받아도 일부는 강제로 낮은 학점을 받게 되는 것이다. 역으로, 수업을 듣는 학생들이 모두 열심히 하지 않고 시험 성적이 낮아도 일정한 비율의 학생들은 받은 점수보다 높은 학점을 받는다.

대학에서 학점은 강의를 맡은 교수가 학점을 자율적으로 줄 수 있도록 해야 한다. 대학에서 강좌를 듣는 학생들이 모두 다 열심히 했고 점수가 좋으면 모두 A학점을 주고, 반대로 강의를 듣는 학생들 모두가 못하면 전부 D나 F를 줄 수 있게 되어야 한다.

대학에서 수업을 들은 학생들에게 학점을 부여하는 것은 교수의 자율에 맡겨야 하며, 강제할 사항이 아니다. 대학에서 교과목에 대한 학점 부여는 한 학기 동안 받은 수업 내용을 얼마나 많이 알고 있는지 표시하는 것이다. 수업 중에 내주는 과제나 중간고사 및 기말고사로 학생이 교과목에 대한 지식을 얼마나 습득했는지 파악하는 일은 수업을 맡은 교수만이 할 수 있다. 이러한 이유로 수업을 맡은 교수가 학생들의 학점을 자율적으로 주는 것은 지극히 상식적이다.

:: 곤충학에서 힌트를 얻다 ::

2012년 9월 5일 웨스트버지니아 대학교를 방문하여, 농과대학에서 부교수로 근무하는 박용락 교수를 만나 농과대학의 미래에 대해 이야기를 나누었다. 박 교수는 곤충학을 전공하고 있다. 그의 이야기 속에서 농과대학이 나아가야 할 발전 방향을 볼 수 있었다. 웨스트버지니아 대학교의 농과대학은 크게 5개 분야인 동물 및 영양과학(Animal & Nutritional Sciences), 계획 및 판매(Design & Merchandising), 산림 및 천연 자원(Forestry & Natural Resources), 식물 및 토양 과학(Plant & Soil Science), 자원경영(Resource Management)으로 나누어져 있다.[29]

웨스트버지니아 대학교 중앙도서관에서 박용락 교수와 함께

농과대학의 교육 및 연구 분야가 너무 넓기 때문에 자연대학의 생명과학과 약학대학, 공과대학 및 의과대학과 함께 융합적으로 이루어져야 할 필요가 크게 대두되고 있다. 이를 통해 새로운 연구 분야의 개척이 가능할 것이다.

곤충학을 예로 들어 생각해보면, 수많은 곤충의 특성을 분석하고 연구할 때 곤충이 가진 특성을 인간 사회에 접목하기 위해 타 분야에 종사하는 연구자들과 함께 연구를 함으로써 시너지 효과를 높일 수 있다. 곤충학과 융합 연구가 가능한 분야로는 생명과학 분야, 공학분야, 약학분야, 의학분야 등이 있다.

곤충들이 갖는 몇 가지 특성을 생각해보면, 우리 인간에게 매우 유용하게 이용할 수 있을 것이다.

우리가 먹는 곡식과 과일 중에는 곤충이 없으면 수확할 수 없는 것들이 많다. 호박꽃에 벌이 들어가서 수정을 시켜주지 않으면 가을에 잘 익은 누런 호박을 볼 수 없으며 맛있는 호박죽을 먹을 수 없다. 감나무에 감꽃이 피고 나서 벌이나 다른 곤충들이 수정을 해주지 않으면, 감꽃은 곧장 떨어지고, 가을을 빛내주는 붉은 감은 열리지 않는다.

이렇듯 여러 종류의 곤충은 식물이 열매를 맺게 해주는 중요한 역할을 한다. 이를 통해 우리의 삶을 지속할 수 있는 중요한 곡식, 과일 그리고 채소들이 생산될 수 있게 한다.

개미의 몇 종류는 인간에게 피해를 준다고 알려져 있지만, 가는 허리를 가진 개미의 신체 구조로 어떻게 자신의 몸무게의 수십 배에 해당하는 물체를 옮길 수 있는지를 연구한다면, 인간에게 유용한 정보를 얻을 수 있을 것이다.

인간이 싫어하는 곤충 중에서 체외 기생충의 한 종류인 벼룩이 있다. 인간을 포함한 포유류의 피를 빨아먹고 사는 유해한 곤충으로 알려져 있는 벼룩은 자신의 몸길이 200배 이상의 높이를 가볍게 뛰어오른다. 뒷다리의 힘이 매우 좋아서 가능하겠지만, 뒷다리의 구조와 근육의 특성으로 이와 같은 신기에 가까운 뛰어오르는 능력을 보여준다. 벼룩에 대한 연구로 우수한 기계적인 동작 장치나 재료를 만들 수 있을 것이다.

많은 곤충 학자들과 공학자들이 잠자리 날개의 움직임과 근육의 형태 등에서 아이디어를 찾기 위해 연구하고 있다. 잠자리가 날아다니는 메커니즘을 연구하여, 이들로부터 얻은 자료를 이용해 소형의 무인 정찰비행체를 만드는 기술도 개발되고 있다.

모기를 좋아하는 사람은 없지만, 아마도 인간에게 유익한 좋은 정보를 가르쳐줄 것이다. 모기가 자신의 침을 사람 피부에 꽂을 때 마취제 성분의 물질을 함께 내어놓기에 우리는 모기가 무는 줄 모른다. 모기가 분비하는 이 물질의 성분이 무엇인지에 대한 연구가 진행되고 있으며, 이 물질은 장차 훌륭한 외과 수술용 마취제로 사용이 가능할 것이다.

파리를 좋아하는 사람도 없을 것이다. 그러나 의료용으로 사용되는 파리의 유충인 구더기는 죽은 세포만을 먹기 때문에 괴사성 당뇨 수술에 이용하기도 한다.

식사를 하기 위해 밥상을 차려두면 어디에선가 이를 알고 날아오는 파리를 보고 매우 귀찮아하지만, 파리들이 과연 어떻게 해서 멀리 떨어진 곳에서 나는 냄새를 맡고 오는지 신비롭다. 과연 파리들에게는 어떤 종류의 센서가 있을까? 이들에 대한 연구를 통해 성능이 아주 우수한 센서를 개발할 수 있을 것이다.

꽃을 찾아다니며 꿀이 있는 꽃에 앉았다가 가는 곤충들은 냄새를 통해서, 아니면 형태를 통해서 꿀이 있는 꽃을 잘 찾아낸다. 이를 이용하여 높이

날고 있는 전투기에서 아군의 탱크와 적의 탱크를 식별하는 방법을 찾을 수 있을 것이다.

거미는 낮은 곳이나 높은 공중에 거미줄을 치는데, 여기에 작은 곤충들이나 잠자리가 걸려 거미의 밥이 되곤 한다. 가느다란 거미줄은 어떤 물질로 되어 있기에 무거운 무게를 지탱할 수 있을까?

집 안에서 만나는 바퀴벌레는 쓸모없는 해충으로 알려져 있지만, 이 바퀴벌레가 농작물을 갉아먹는 나비 유충을 잡아먹는다. 바퀴벌레를 이용하여 농작물의 작황을 높이는 방법에 대한 연구도 활발히 하고 있다.

이러한 예들처럼 농과대학과 여러 단과대학들이 협력해서 새로운 기술이나 소재들을 개발할 수 있을 것이다. 이것은 인간 생활을 보다 윤택하게 만들어줄 것이다.

여기서 예를 들어 생각해보았던 곤충학 분야는 농과대학의 일부분이다. 농과대학의 식물, 동물, 원예, 식품, 자연 환경, 조경, 농업경제 분야 등에서도 타 단과대학과 함께 공동으로 수행할 수 있는 연구 분야들이 많을 것이며, 이를 통해 새로운 교육과 연구 분야를 찾을 수 있을 것이다.

농과대학의 교육 및 연구는 인간이 지구 상에 존재하는 한 필요한 학문 분야이며, 갈수록 중요성이 높아지는 분야이다. 많은 연구 분야는 지구의 지속가능성(Sustainability)을 높여주는 데 초점이 맞추어져 있는 경우가 많다. 인구의 증가와 자연의 훼손으로 인한 농작물 피해 등은 앞으로 멀지 않은 장래에 우리들에게 어려움을 줄 것이다. 이런 다양한 문제를 해결하기 위해 우리들이 가지고 있는 지혜와 힘을 모아야 할 때라는 생각이 든다.

:: 교과목 평가 ::

대학에서 교수가 강의를 한 후 자신이 수행한 교과목에 대한 문제점을 찾는 것은 그렇게 간단한 것이 아니다. 여기서 문제점이라는 것은 강의를 한 교수와 수강한 학생들 사이에서 일어날 수 있는 것, 예를 들어 강의 수준, 학생의 이해 정도, 강의 중 과제물의 양, 강의 목표의 달성 정도 등에서 발생할 수 있다. 강의를 담당하는 교수는 수년 동안 강의해왔기에 자신의 강의록과 강의 내용에 이상이 없을 것이라고 생각하기가 쉽다. 새로운 이론이나 새로운 과학기술의 경우 기존의 것들과 뚜렷한 차이가 있기 때문에 교재 내용에 포함되어 있는지 여부는 보다 쉽게 파악될 수 있겠지만, 그렇지 않을 경우 스스로의 강의 내용에서 문제점을 발견하여 고치는 것은 쉽지 않다.

이런 문제점을 파악하기 위해서 오하이오 대학교의 공과대학 산업공학과에서는 '교과목 자기 평가(Course Self-Evaluation)'를 실시한다. 학과 전공 교수는 강의가 이루어지고 난 후, 자신의 교과 과정에 대한 평가를 한다. 즉, 한 학기 동안 강의한 내용, 학생의 이해 정도, 과제물의 양, 중간 및 기말 고사 점수 등을 가지고 자신의 교과목을 분석한다.

다음 해에는 같은 학과 다른 교수가 자신이 수행했던 강좌를 평가한다. 이를 통해 자신이 발견하지 못했던 것을 발견한다. 교수가 동료 교수의 강좌를 평가한다는 것이 쉬운 일이 아니지만, 강의 내용 자체의 문제점보다는 수강한 학생의 강의 이해 정도와 강의를 수행한 교수의 생각의 차이를 발견하고자 하는 데 초점을 맞춘다면, 평가는 그렇게 어렵지 않을 것이다.

이렇게 2년 동안 평가한 자료를 가지고 학과 교수 회의에서 무엇이 문제인지를 토의하여, 학생들의 이해를 도와주는 데 필요한 자료들을 추가하여 충실한 교과 내용이 되도록 한다.

교과목 평가를 위해서 강의를 담당하는 교수가 다음과 같은 자료를 모아 두어야 한다. 강의록, 강의 중에 학생들에게 내어주었던 과제물의 문제 및 학생이 제출한 답안지, 퀴즈 및 학생 답지, 중간 및 기말 문제지와 답안지 등이다. 즉, 한 학기 동안 강좌에 사용되었던 모든 자료들을 모아두어야 한다. 이를 가지고 강의 담당 교수는 자신의 교과목에 대한 평가 보고서를 자기 스스로 작성한다.

그러나 평가 보고서의 결과는 강의를 담당하는 전공 교수의 업적 평가에 들어가지 않는다. 이렇게 하는 이유는 교과목에 대한 평가는 강의를 수행한 교수를 평가하는 것이 아니며, 누가 그 교과목을 맡아 강의를 하든지 간에 교과목 내용 및 운영에 대한 문제점을 찾아 개선함으로써 보다 나은 강의를 학생들에게 제공하는 데 목적이 있기 때문이다.

:: 교직원 체력 단련장 ::

오하이오 대학교에는 학생과 교수들이 체력을 단련할 수 있는 공간이 많다. 교직원뿐만 아니라 일반 시민들도 이용이 가능한 골프장과 국제 규격의 수영장까지 갖추고 있다.

이 대학에서 볼 수 있는 여러 시설 중 멋진 공간이 하나 있다. 대학원생과 교직원뿐만 아니라, 이 도시의 주민들도 이용이 가능한 체력 단련장(Fitness Center)인 'Well Works'가 그곳이다.[30]

교직원을 위한 체력 단련 시설인 Well Works의 내부

교육대학(Patton College of Education) 내의 레크리에이션 및 스포츠 교육학과(Department of Recreation & Sport Pedagogy)에서 이 시설을 이용하여 운동 프로그램을 제공하고 있다.[31]

'Well Works'란 교직원들이 체력을 단련해야 좋은 연구와 좋은 교육을 할 수 있다는 뜻을 지닌 이름이다. 교육과 연구로 운동이 부족한 교직원들에게 다양한 운동 프로그램들을 소개하고 참여하게 하여, 건강한 대학 구성원으로 만들고자 하고자 하는 것이다. 일 년 회비는 교직원에 한해서 175달러이며, 시민들의 이용 요금은 275달러이다.

이곳에서는 정기적으로 건강 검진을 받을 수 있는 시설도 함께 갖추고 있어 운동을 시작할 때부터 그 사람이 가지고 있는 건강 상태가 운동을 진행함으로써 어떠한 성과로 나타나는지를 체크할 수 있다. 이렇게 함으로써 사람들에게 계속해서 운동을 하는 것이 자신의 건강을 지키는 것이라는 인식을 갖게 한다.

이 공간은 그렇게 크지는 않지만, 이용하는 데 편리하도록 학교의 중앙에 위치한 건물인 'Grover Hall'에 위치해 있다. 건물에는 수영장도 같이 있어서 편리하다. 교직원들은 수업 시간이 빌 때나 한가한 시간이 있을 때, 운동 프로그램의 시간표에 따라 체력을 보강하는데, 교직원들의 체력 단련을 위한 소규모의 공간이지만 이런 시설이 있어 학교의 느낌을 좋게 할 수 있다.

1년 동안 회원으로 100회 이상 이용할 경우, 다음 해에는 회비를 내지 않고 1년을 무료로 이용할 수 있다. 이 규칙은 많은 구성원들이 지속적으로 운동을 하도록 유도하기 위한 것이다. 이곳에서 일하는 여러 운동 전문가들은 각종 프로그램을 개발하여 대학 구성원이 지속적으로 운동할 수 있도록 참여를 유도하고 있다. 이 프로그램들은 운동을 잘하는 사람이나 초보자들도 운동을 할 수 있도록 한 것이 특징으로, 이용자들은 나이와 숙련 정도 등에 따라 구분되어 있는 그룹에서 운동을 할 수 있다. 운동을 잘하는 사람들만을 회원으로 하는 시설이 아니라, 대학 구성원들에게 건강을 제공하고자 하는 취지로 운용되고 있음을 잘 보여준다.

이곳의 이용 시간은 주중에는 아침 5시 45분부터 오후 8시까지이며, 주말인 토요일과 일요일에는 아침 9시부터 오후 6시까지이다. 이렇게 주말에도 사용할 수 있게 함으로써 편리함을 더해주었다.

오하이오 대학교에서 레크리에이션 및 스포츠 교육학과의 여러 가지 운동 프로그램과 시설들을 보면서 다음과 같은 것들을 생각해보았다.

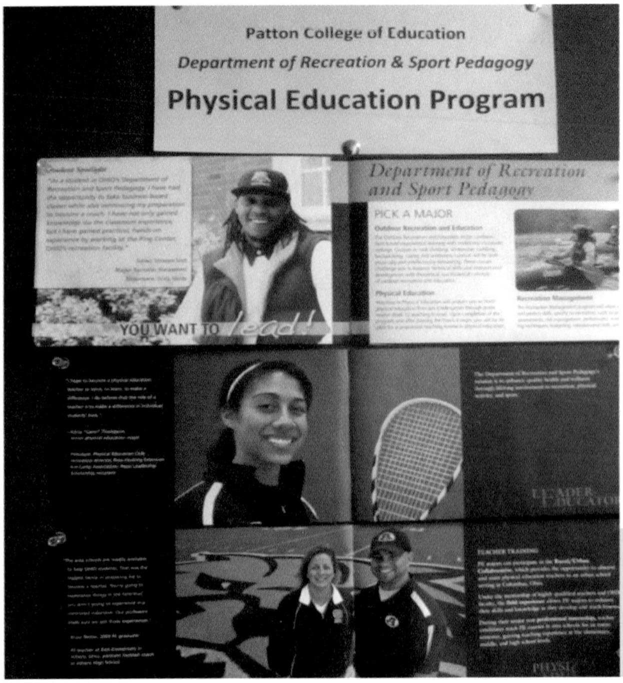

운동 전문가들이 개발한 각종 프로그램이 소개되어 있는 게시판

부산대학교에는 대운동장 옆에 경암체육관이 있다. 교직원들을 위해 보다 활성화할 수 있는 방법이 있으면 좋겠다는 생각이 들었다. 1170여 명의 교수와 550여 명의 직원 등 총 1700여 명 이상이 있는 집단인데, 여기에는 건강상 운동이 필요한 사람들이 많이 있을 것이다.

대학을 위해서 교직원들의 체력을 강화하기 위한 운동 프로그램을 개발할 필요가 있다. 프로그램을 개발할 때에는 많은 사람들의 참여를 유도하기 위해서 반드시 다음과 같은 것들을 고려해야 한다. 사람들이 관심을 가질 만한 운동에는 농구, 테니스, 탁구, 배구, 마라톤, 수영, 배드민턴 등이 있다. 운동에 참여하는 사람들의 연령과 성별에 따라 프로그램의 내용이 달라야 할 것이다. 앞에서 언급했듯이, 여기서는 운동을 잘하는 사람들만의 프로그램을 개발하는 것이 아니다. 프로그램을 개발할 때에는 이용자의 수준에 따라 잘하는 사람, 중간 정도 실력을 가진 사람, 그리고 처음 시작하는 사람으로 구분해야 한다.

또 중요한 것은 운동에 참여하는 교직원들에게 경제적인 부담을 주지 않을 수 있는 방법을 찾는 것이다. 이를 위해서는 대학에 있는 인적자원을 활용하는 방법이 있을 것이다. 체육교육과 학생들과 자원봉사자들의 도움을 받는 방법이 있을 수 있다.

이와 같은 교직원을 위한 운동 프로그램을 통해서 대학을 위해 일하는 교직원들의 체력을 향상시킬 수 있을 것이다. 교수와 직원들의 체력이 향상될 경우 대학을 위한 서비스의 질적 향상도 기대할 수 있다. 이러한 운동 프로그램은 일시적인 프로그램이 되어서는 안 되며, 구성원들이 지속적으로 운동할 수 있는 체계를 갖추어야 한다. 그리고 운동 프로그램을 운영함으로써 얻을 수 있는 부수적인 효과로 교직원들 서로 간의 원활한 소통도 함께 얻을 수 있을 것이다.

:: 교육 혁신 ::

대학 교육은 살아서 움직이는 생명체여야 한다. 한 시간도 머물러 있어서는 안 된다. 사회는 복잡 · 다양해지고 있으며, 자연과학 및 기술에 대한 발전 속도는 빠르다. 이에 따라 대학의 교육도 함께 변해야 함은 두말할 필요가 없다.

변해가는 사회의 다양성과 자연과학 및 기술에 대학의 교육시스템과 교과과정을 어떻게 맞출 수 있을까?

대학에는 아주 다양한 학문 분야들이 존재한다. 과거의 역사를 연구하고 인간 사회의 문제점들을 연구하는 학문 분야뿐만 아니라 첨단 과학기술 분야까지 연구하고 있나. 시대의 흐름에서 진리를 찾는 분야를 탐구하는 데 조금의 지연이나 주저함이 있어서는 안 된다. 대학이란 곳은 이와 같은 것을 준비하는 곳이다. 미래에 사회가 필요로 하는 사람들을 교육시키는 곳이기 때문이다.

우리나라 대학은 미래 사회의 주인을 양성할 책임이 있다. 이 사회를 이끌어갈 학생들을 위한 교육시스템을 어떻게 준비하면 될 것인가?

이를 위해 대학에서는 새로운 '교육시스템'과 '교과과정'에 대해 준비를 해야 할 것이다. 교육시스템에 대한 준비라 함은 현재의 여러 교육시스템이 다가오는 미래 사회에 적합한지를 검토하여 그 미비한 점을 보완하고자 하는 것이다. 그리고 교육과정에 대한 준비는 새로운 사회에 필요한 여러 종류의 사람들을 어떠한 교육 트랙으로 적응하게 할지를 검토하고 보완하는 것이다.

새로운 교육시스템을 바꾸는 데에는 많은 시간과 노력이 필요하다. 새로운 교육 제도를 일시에 시행하였을 때 문제가 생기면 시간적인 지연이나 경제적인 손실이 많기에, 다양한 자료를 가지고 분석하여 올바른 방향을 찾아야만 한다.

현재 우리의 대학에서 실시하고 있는 교육시스템은 미래에 적합한 교육 시스템인지, 우리의 교육시스템에 문제는 없는지 검토하고 있는가? 그리고 우리의 교육과정이 시대의 변화에 잘 따라가고 있는지 많은 고민을 하고 있는가? 새로운 교과목 준비는 다 되었을까?

오하이오 대학교에서는 2012년 가을 학기부터 지금껏 시행해오던 교육제도인 'Quarter제'를 'Semester제'로 바꾸기로 했다. 오랫동안 시행하던 Quarter제를 포기하고 Semester제를 채택하게 된 것에는 여러 가지 분석과 토의가 있었을 것이다. 처음에는 Quarter제의 장점이 부각되어 실행하다가, 지금의 여러 가지 현실적인 문제를 검토한 결과 Semester제가 나을 것이라는 결론을 얻었을 것이다.

2012년 가을 학기부터 Quarter제에서 Semester제로 바뀌는 교과과정 변경표. 학생들이 다음 학기를 준비하도록 도와준다.

학생을 다양한 사회에 적합한 사람으로 교육하기 위해서는 여러 가지 특징에 따라 다른 전공을 위한 교육 트랙을 설정해야 한다. 한 분야에 필요한 사람을 길러내는 데에도 여러 가지 학문들이 필요하다. 이를 위해 새로운 사회에 필요한 인재를 길러내는 데에는 새로운 학문의 분야들을 보충해야 한다. 뿐만 아니라 기존의 학문에서도 사회의 다양성이나 자연과학 기술의 발전에 대한 내용들이 교과과정에 추가적으로 들어가야 할 것이다.

이를 위해서는 전공이 같은 사람들로 위원회를 만들어 토의하거나, 한편으로는 사회의 다양성에 대한 고려 차원에서 다양한 분야의 전공자들로 구성된 위원회를 만들어 미래에 필요한 교육 과정에 무엇이 추가적으로 필요한지를 연구해야 한다. 필요할 경우 학문의 융합도 함께 생각해야 한다.

공학 분야에서 예를 들면, 현재 자주 회자되면서 미래 사회에 중요한 개념인 지구의 '지속 가능성(Sustainability)'을 여러 공학 분야에 접목시켜 미래의 학문을 준비하게 할 수 있다. 지구의 지속가능성을 위해 인간에게 필요했던, 그리고 현재까지 제품을 설계하던 방법에서 다른 팩터(Factor)들을 고려하여 설계를 바꾸어야 한다. 제품을 생산하는 과정에서도 기존의 방법에서 탈피하여 또 다른 무엇인가를 고려해서 생산해야 한다. 재료를 연구하는 학문 분야에서도 '지속성'이라는 개념에 초점을 맞추어 새로운 물질을 발견하든지 만들어내야 한다.

이와 같이 미래 사회에 필요한 새로운 교육시스템과 교육과정은 필요한 개념에 맞추어 바뀌지 않으면 안 된다. 우리 대학에서도 이에 따라 주저함 없이 미래 사회에 적합한 인재들을 육성하기 위해 준비하는 마음으로 현재의 교육시스템과 교육 과정을 새로운 관점에서 바라보아야 한다. 따라서 지금이 교육 혁신이 필요한 때이다.

:: 교직원 자녀에 대한 혜택 ::

오하이오 주에는 많은 주립대학들이 있다. 이들 중 1804년에 오하이오 주 에텐스 시에 설립된 오하이오 대학교와 1870년에 오하이오 주도인 컬럼버스 시에 설립된 오하이오 주립대학교가 주를 대표하는 주립대학들이다.

에텐스 시에 있는 오하이오 대학교에서는 대학의 교직원 자녀가 본 대학에 진학을 할 경우 자녀의 등록금 전액을 면제해준다. 이 제도는 미국 주립대학에서 일률적으로 적용되는 것이 아니라, 시행하는 대학과 그렇지 않은 대학이 있다. 주립대학들 중에는 교직원 자녀에게 장학금을 주는 대학도 있고, 등록금을 할인해주는 대학도 있으며, 아무런 혜택을 주지 않는 대학도 있다. 또 대학에 따라 교직원이 아니더라도 부모가 졸업한 대학에 진학하면 장학금을 주거나 등록금을 할인해주는 대학도 있고, 형제가 같이 다니면 할인해주는 대학도 있다. 이와 같이 등록금 할인에 대해서는 각 대학이 자율적으로 시행한다.

오하이오 대학교에서는 왜 이 제도를 시행하여 교직원 자녀들에게 등록금 면제의 혜택을 줄까? 주립대학의 최고 의결 기구인 '이사회(Board of Trustees)'가 원해서일까? 오하이오 주지사가 원해서일까? 아니면 이 대학의 총장이 시행하게 하는 것일까? 이 제도를 시행하게 되면 분명 대학의 예산이 줄어들기에 이사회나 주지사 혹은 총장은 이 제도의 시행을 싫어할 수도 있다. 대학에 필요한 사업을 하는 데 차질을 초래할 수도 있을 터인데, 이 제도를 시행하는 이유는 무엇일까?

이 대학에서 교직원 자녀에게 등록금을 면제해주는 제도를 시행하는 데에는 큰 뜻이 있다. 첫째는 등록금 면제 혜택을 받은 교직원의 자녀가 이 대학을 다님으로 해서 교직원 가족이 흩어지지 않고, 대학에 근무하는 교직원은 보다 안정적인 마음으로 대학을 위해 봉사할 수 있기 때문이다. 즉 교직원 복지 차원에서 시행하고 있는 것이다.

둘째는 우수한 성적을 가지고 있는 교직원의 자녀가 이 대학에 진학하게끔 동기를 부여한다는 것이다. 우수한 학생들은 장차 대학을 빛내주는 자원이다. 한 명의 우수한 학생도 중요하게 생각하는 대학 차원의 배려라 생각한다.

셋째로, 이 제도를 시행하는 이유는 단지 금전적인 문제만을 고려한 것이 아니다. 미국에서는 몇몇 기관이 대학을 평가해서 서열을 매기고 있지만, 학생들은 반드시 서열이 높은 대학에 진학하겠다는 마음이 그렇게 강하지 않기 때문에, 우수한 교직원 자녀들이 부모가 살고 있는 지역의 대학에 진학하는 것이다.

넷째로, 미국 대학에서는 여러 가지 이유 때문에 교수들이 다른 대학으로 이동하는 경우가 비교적 많은 편이다. 연구 실적이 우수한 교수들은 타 대학으로 스카우트되어 가는 경우가 많다. 이 제도는 우수한 교수가 대학에 오랫동안 근무하게 하는 데에도 기여를 한다.

다섯째는 부모가 근무하는 주를 떠나 타 지역의 대학으로 진학할 경우, 학비의 부담이 많기 때문이다. 즉, 타 주의 대학으로 진학할 경우 약 2배 정도 더 많은 학비를 내야 한다. 대부분의 미국 대학생들은 은행으로부터 돈을 빌려서 학비를 충당하고 나중에 졸업을 하고 나서 갚아야 하기 때문에 학비가 싼 자기 주의 대학으로 진학을 하는 경우가 많다.

위와 같은 여러 가지 장점들이 있기 때문에, 미국에서는 학생들이 내는 등록금 수입에 약간의 차이가 있다 하더라도 이 제도를 시행하고 있다. 이것은 학생들에게 주는 장학금 개념으로 이 제도의 장점을 살리고 있는 것이다.

부산대학교에서도 오래전에 이와 같은 제도가 있었는데, 언젠가 감사에 지적된 후로 폐지되어 교직원 자녀에 대한 학자금 보조가 없어졌다. 이 제도를 시행함으로써 얻을 수 있는 장점이 단점보다 대학에 더 큰 영향을 미친다면 시행을 다시 검토해보는 것도 좋을 것 같다.

학생들을 외국에 가서라도 뽑아 오려고 하는 이때, 대학에서는 적극적으로 이 제도의 시행을 검토해볼 필요가 있다. 이와 함께 다양한 장학 제도를 만들어 대학에 진학하는 학생들에게 많은 경제적 혜택을 지원할 수 있도록 하는 것이 중요하다. 이것이 대학에서 우수한 학생들을 뽑을 수 있는 지름길이다.

:: 교육 · 연구 · 봉사 ::

현재 대부분의 미국 대학에서는 교수의 업적 평가를 할 때, 1년 동안 쌓은 실적으로 세 가지 항목인 교육, 연구, 봉사 부문의 성과를 평가한다. '교육(Teaching)'은 학생을 가르치는 교수의 기본 기능이며, 학생들이 사회에 필요한 사람이 되게 하기 위한 지도는 교수의 존재 이유를 나타낸다. 미국에서 '교육'의 항목을 'Teaching'이라고 표기하는 것을 보면 알 수 있다. '연구(Research)'는 새로운 분야에 대한 연구를 통해 얻어진 경험과 연구 절차들이 교육을 위한 기초 자료로 사용되기 때문에 교수에게 요구되는 사항이다. '봉사(Service)'는 대학이 속해 있는 지역 사회나 자신의 전공 지식을 필요로 하는 곳에 제공해줌으로써 사회를 보다 윤택하게 해주는 것이라 꼭 필요한 사항이다.

이들 세 가지 항목인 교육, 연구, 봉사를 얼마나 해야 하는지는 각 단과대학, 각 교수마다 다르다. 한 대학 내에서도 각 단과대학마다 평가 기준이 다르며, 심지어 한 단과대학 내의 각 학과마다 모두 다르다.

보통 조교수(Assistant Professor)에게는 연구를 열심히 해야 한다는 취지에서 교육, 연구, 봉사의 비율을 35:45:20 정도로 하며, 부교수(Associate Professor)에게는 비율을 35:35:30 정도로 하며, 교수(Full Professor)에게는 봉사의 항목에 많은 비중을 두어서, 비율을 대략 30:20:50 정도로 한다.

여기 제시된 수치는 대략적인 지침이며, 모든 교수들이 꼭 따르는 것은 아니다. 세 항목의 비율은 각 학과의 학과장이 교수 개인과 의논을 하여 정하고 있다. 예를 들어 세 항목 중에 연구 비율만을 100%로 하는 교수가 있는 반면, 교육 비율을 100%로 잡는 교수도 있다. 세 항목에 대한 서로 다른 비율들은 각 학과에서, 특히 학과장이 인정해주고 있으며, 교수들은 정해진 비율을 달성하기 위해 노력한다.

봉사 항목의 경우에도 교수의 전공 분야가 모두 다르기에 지역 사회에 존재하는 다양한 기관들이나 학술 단체, 지역 주민들을 위한 교육, 혹은 국가에 봉사하는 경우들이 다 다르고, 봉사 유형도 다르다. 그렇기 때문에 각 교수들이 수행하는 봉사의 기준을 일률적으로 적용하는 것이 불가능하다.

평가라는 것은 어떤 일들이 일어난 후에 시행하는 것이기에, 1년 동안 교수들이 이룬 성과물을 정리할 때 보통의 경우 학과장은 교수 개인에게 유리하도록 적용해주려고 하는 분위기이다. 이렇기 때문에 교수 개개인은 교육이나 연구 그리고 봉사 항목에 대해 자신이 일정 기간 동안 이룬 성과를 성의껏 정리해서 제출해야 한다. 업적 평가를 위해 제출된 자료들은 업적 평가 위원회에서 평가된다.

우리나라에서도 이제는 한 학과 내에서도 각 교수들의 다양한 전공 분야를 인정해주어야 하며, 서로 특성이 다른 학과들도 있다는 것을 인정해주어야 한다. 더더욱 정체성의 차이가 뚜렷한 각 단과대학의 특성을 인정하여, 각 교수들에 대한 업적 평가를 할 때 일률적으로 평가하는 것을 지양하고, 보다 합리적이고 다양한 방법과 기준으로 평가해야 할 것이다.

대학에서는 교수 업적을 올바르게 평가할 수 있는 방법에 대해서 보다 많은 연구를 해야 한다.

:: 논문 표절 ::

2012년 4월 우리나라 국회의원 선거에서 당선된 A씨의 논문 표절 사건으로 인해 신문 지상에서는 연일 여러 가지 의견들로 시끄러웠다. '표절'이란 다른 사람이 쓴 작품이나 논문 등 글의 일부 또는 전부를 베끼거나 모방하여 마치 자기가 쓴 것처럼 하는 행위를 말한다. 논문 표절은 다른 연구자의 연구 결과를 훔치는 것이며, 매우 비도덕적이며 양심 불량적인 것이다. 대학마다 약간의 차이는 있겠지만, 대체로 각 대학의 연구윤리위원회가 논문 표절에 대한 기준을 가지고 있다.

논문 표절로 이렇게 말들이 많은 이유는 A씨가 대학 교수이기 때문일 것이다. 대학의 교수란 학생들에게 자기가 알고 있는 지식을 전달하는 사람일 뿐만 아니라, 다른 사람의 논문 결과를 반드시 존중해야 하는 사회생활의 모범을 보여야 하기 때문이다. 이를 통해 학생들을 올바른 사회의 구성원으로 되기 위한 교육을 시키는 곳이기 때문일 것이다.

오하이오 대학교에서는, 아니 대부분의 미국 대학에서는 학위 논문 표절에 대하여 매우 엄격한 기준을 가지고 있다.

오하이오 대학교에서 대학원생들의 학위 논문은 심사 절차의 규정에 따라 반드시 '학위 논문 검증시스템(Plagiarism Checker)'을 거쳐야 하는데, 이 검증시스템은 대학에서 인정한 시스템이어야 한다. 논문 심사에 필요한 서류들을 제출하기 전에 우선적으로 대학원생이 논문 작성을 끝낸 후 학교 도서관에서 지정한 표절 검증프로그램을 사용해 원고의 표절 유무를 확인하도록 하고 있다. 이러한 검증을 받지 않고서는 논문 심사를 받을 수 없다. 즉, 논문 표절 검증시스템을 통과한 논문만이 논문 심사 위원회에 제출될 수 있다.

논문 표절 검증시스템은 대학도서관에서 계약해 사용하고 있으며, 검증 시스템을 사용하여 논문을 내는 학생들에게 금전적인 부담이 없게 한다.

학위 논문 표절 검증시스템을 사용하면 표절 리스트에 사소한 표절 및 악의적인 표절 등 표절에 해당되는 다양한 사항들이 자동으로 나타난다. 이를 가지고 논문 지도 교수는 학생과 같이 논문을 수정해야 한다.

학위 논문은 대학의 이름하에 출간되어 나오는 연구 결과물이기 때문에 대학에서 책임을 진다. 만약에 대학원생의 학위 논문이 표절로 결정되면 해당 학위가 취소(Callback)된다. 이 논문을 지도한 교수에게는 강한 벌칙이 주어지는데, 앞으로 대학원생의 지도권이 박탈될 수 있다. 이는 석사나 박사 학위를 갖는 학생을 배출할 수 없음을 뜻한다. 이와 함께 타 논문을 심사하는 심사 위원으로서의 자격도 없어지게 된다.

만약에 대학 교수가 쓴 논문이 표절로 결정되면, 해당 교수는 대학으로부터 교수직을 박탈당한다.

학위 논문 표절의 여부는 해당 단과대학의 학장이 책임지고 결정한다. 학장을 도와주는 부학장(교무 담당 부학장)이 위원장으로 있는 연구윤리위원회에서 여러 가지 자료를 비교하면서 논문 표절 여부를 심사한다. 논문의 표절 여부를 결정하는 심사 위원이 누구인지는 철저히 비밀로 되어 있다. 이를 통해 심사 위원들은 자유롭고 독립된 분위기 속에서 오로지 심사 규정에 따라 표절 여부만을 판단할 수 있게 된다.

오하이오 대학교에서 학생들의 학위 논문 표절을 매우 중요하게 다루는 이유는 학위 논문 표절이 비단 한 개인의 명예뿐만 아니라, 대학과 전체 학위 논문의 명예와도 직결되어 있기 때문이다.

우리나라 대학에서도 논문의 표절 여부를 심사할 수 있는 소프트웨어를 대학 본부(대학원이나 도서관)에서 책임지고 개발하거나 구입하여, 논문 심사에 들어가기 전에 표절 여부를 우선적으로 검사해야 할 것이다. 학생들이 쓴 논문이 표절의 기준에 드는지를 쉽고 빠르게 파악할 수 있는 방법이 필요하기 때문이다. 이와 함께 남의 연구 결과를 쉽게 베끼지 말아야 한다는 윤리의식을 고취시키는 교육도 중요한 일이다. 매 학기마다 졸업하는 대학원 학생들이 많기 때문에, 매번 이러한 조치를 하지 않으면 나중에 대학의 명예에 커다란 손실을 가져올 수 있다.

:: Collaborative Innovation Center ::

펜실베이니아 주의 피츠버그 시에 있는 또 다른 명문 대학인 카네기멜론 대학교에는 'Collaborative Innovation Center'라는 곳이 있다. 이 센터는 4층 건물로 면적은 약 12,600m^2이며, 건설하는 데 2,790만 달러가 소요되었다. 이 센터는 소프트웨어 기술과 바이오 메디컬 연구, 그리고 로보틱스에 대한 연구를 미래의 미국 및 세계 경제를 이끌어갈 사업으로 여기고, 이들에 대한 투자가 필요하다고 생각한 카네기멜론 재단, 피츠버그 카네기 박물관, J. J. Gumberg Co. 등에 의해 생겨나게 되었다.

센터의 설립 목적은 혁신적인 개념과 시장에 내놓을 제품에 대한 새로운 아이디어를 창출하기 위함이다. 이 공간은 카네기멜론 대학교의 교수들과 기술을 중요하게 생각하는 기업들에게 사무실과 연구실을 제공하고 있다.[32]

여기에 참여한 기업들이 피츠버그 시에 건실한 기업으로서 뿌리내릴 수 있기를 바라며, 이를 통해 카네기멜론 대학 및 대학원을 졸업하는 학생들에게 일자리를 제공하여, 펜실베이니아 주의 남서부 지역의 경제 활성화를 이루기 위해서이다.

서로 다른 기업 직원들이 '함께 모여' 새로운 문제에 대한 해결 방법을 의논하면서 아이디어를 교환하는데, 개인의 연구실은 있지만 공간을 분리하는 벽은 없다. 사무실과 연구실의 벽이 없으므로 서로가 연구하고 있는 일들을 보면서 좋은 생각이 떠오를 때 모여 토의를 한다.

우리나라에서도 서로 다른 기업의 임원들이 함께 토의하며 앞으로 나아갈 방향을 결정하는 개념에서 다시 출발한다면, 한 단계 높은 기술을 개발할 수 있을 것이다. 예를 들어, 가전제품을 만드는 LG전자와 삼성에서 일을

카네기멜론 대학교에 있는 Collaborative Innovation Center

하는 제품 설계자들이 같이 둘러앉아 다가오는 미래에 내놓을 제품에 대해 의견을 나누는 것이다. 생각만 해도 신나는 일이 될 것이다. 많은 국내 기업들이 서로 경쟁하며 등을 돌려 앉은 상태가 아니라, 기업 간에 벽이 없는 기술 협력 관계를 구축하여, 세계의 무한 경쟁 체제에서 이겨나갈 수 있는 길을 찾아야 할 것이다. 이를 통해 시장을 이끌어갈 새로운 제품을 내놓을 수 있을 것이다.

대학의 중요한 역할 중 하나는 이렇듯 기업들과의 협력 체계를 구축하는데 중간자 역할을 하는 것이다. 이를 통해 국가의 새로운 부와 일자리를 창출할 수 있을 것이다.

:: 부산대학교의 블루 오션 ::

부산대학교가 내세울 수 있는 블루 오션은 무엇이 있을까? 어떠한 연구 분야에서 블루 오션을 찾을 수 있을까?

학문에서도 블루 오션이 꼭 있을 것인데, 이를 발굴하기 위해서는 어떻게 해야 할 것인가? 다른 대학의 다른 교수들이 하지 않으면서 우리가 잘할 수 있는 것이 있을까? 다른 연구소나 다른 연구자들이 하지 않으면서 우리 대학 교수들이 잘할 수 있는 것이 무엇일까?

교수 개인의 역량도 중요하겠지만, 같은 분야 혹은 다른 분야의 교수와 팀을 만들어 답을 찾을 수는 없을까? 예를 들어, 신소재를 사용한 기계 부품 산업, 조선 해양 플랜트 산업, 방사선을 이용한 의료 산업, 항공 우주 산업, 자연 친화적인 소재 산업 등이 대상이 될 수 있다.

인류가 존재하기 위해 꼭 필요한 것은 무엇일까? 인간에게 가장 필요하면서 많이 모자라는 것은 무엇일까? 지구를 지속 가능하게 하는 것은 무엇일까? 이 중 우리 대학에서 잘할 수 있는 분야는 무엇일까? 이상과 같은 질문에서 새로운 연구 분야를 찾을 수 있을 것이다.

순수과학에 대한 뒷받침과 학문 간 융합이 필요한 분야에 대해서는 대학 차원에서 종합적인 연구 계획에 따라 체계적인 지원 방안들을 작성해야 한다. 여러 연구 분야에 관련된 교수들을 중심으로 팀을 만들어 연구한다면 앞으로 우리가 살아가는 데 꼭 필요한 기술을 찾을 수 있을 것이다.

인간에게 가장 중요하며 꼭 필요한 연구 분야는 크게 에너지, 자원, 지구 환경에 관련되어 있을 것이다.

인류는 에너지를 얻기 위해 화석 연료에 많이 의존하고 있지만, 화석 연료는 자연 환경에 미치는 악영향이 있고, 고갈될 상황에 놓여 있어, 대체 에너지들에 대한 연구를 많이 하고 있다. 따라서 새로운 에너지를 얻을 수 있는 방법에 대한 연구가 절실하다.

지구가 가진 자원은 유한하다. 천연자원의 중요성이 증가되고 있지만, 지구 상에 있는 전체 자원의 양은 한정되어 있다. 생활에 필요한 상품을 만들 때에는 여러 가지 자원이 필요하다. 시간이 흐를수록 소비재 생산이 증가됨에 따라 우리가 가진 자원의 고갈 시기는 앞당겨질 것이다. 새로운 자원을 찾는 길이 비록 어려운 문제이기는 하나, 반드시 그 방법을 찾아야 한다.

지구 환경을 깨끗하게 지키는 것은 매우 중요한 문제이다. 지구를 이루고 있는 공기와 물, 그리고 토양을 본래 상태로 유지하는 것은 쉬운 일이 아니다. 개발이라는 명분 아래 지구 환경은 많이 파괴되었다. 공장에서 나오는 폐수와 오염된 공기, 가정에서 나오는 폐수 등으로 자연의 파괴는 날이 갈수록 심각해지고 있다. 한번 파괴된 자연을 복구하는 데에는 많은 시간과 돈이 필요하다. 지구의 지속성을 높이기 위해서는 기존의 제품 설계 및 사용되는 재료들이 자연 친화적으로 바뀌지 않으면 안 된다. 지구의 지속 가능성을 위한 개념의 도입은 곧 현실화되고 있고, 따라서 지속 가능성에 기초를 둔 연구가 반드시 필요할 것이다.

앞으로 지구가 온전히 보전되기 위해 꼭 필요한 세 가지 분야인 에너지 연구 분야, 자원에 관련된 분야, 지구 환경을 보호할 수 있는 연구 분야에 집중함으로써, 우리는 미래에 우리 대학만이 가질 수 있는 블루 오션 같은 연구팀을 가질 수 있으리라 생각한다. 대학 본부에서는 교수들의 연구 분야를 분류하고, 관련 기술을 가진 교수들과의 그룹을 형성할 수 있게 도와주며, 필요한 지원을 해야 할 것이다. 이를 위해 대학 내에 '연구처'나 '연구 기획처'와 같은 조직의 신설이 필요할 것이며, 대학에서는 이러한 연구팀을 발굴할 수 있는 체계적인 연구를 잘 기획해야 할 것이다.

이 점에서 부산대학교가 2013년 3월 1일부터 행정조직 개편을 단행하여, 연구처에 해당하는 'R&D미래전략본부'를 신설한 것은 다행이라 여겨진다.

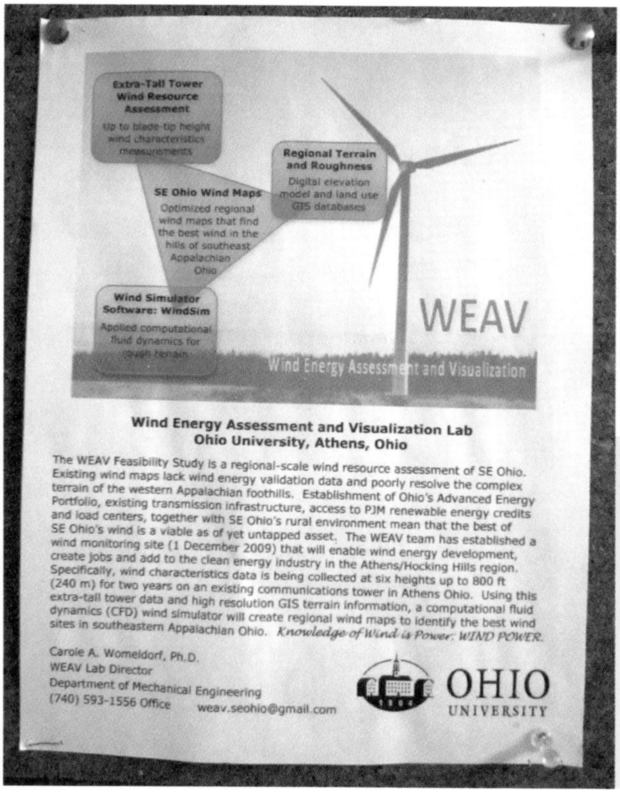

오하이오 대학교의 공과대학 기계공학과에서 진행 중인 풍력 발전에 대한 연구 방향을 보여주고 있다. 미국 내 많은 대학이나 연구소에서는 대체에너지에 대한 연구가 활발하게 이루어지고 있다.

2012년 9월 25일 점심 식사를 하고 오하이오 대학교 공과대학 토목공학과 사무실 앞을 지나가고 있을 때 학과 게시판에 있는 두 장의 포스터가 눈에 들어왔다. 클랙슨 대학교(Clackson University)에서 만든 '석 · 박사 대학원 학제 간 교육의 기회를 제공하는 환경 지속 연구소(Institute for a Sustainable Environment Graduate Educational Opportunities in Interdisciplinary Environmental Programs-M.S. and Ph.D. Degrees)'라는 제목의 포스터와 카네기멜론 대학교에서 제작한 '토목 · 환경 공학의 대학원 교육 및 연구(Graduate Study and Research in Civil and Environmental Engineering)'라는 제목의 포스터다.

클랙슨 대학교의 지속 가능한 환경을 위한 연구소 소개 포스터

두 대학에서 새로운 학문으로 고려된 것이 '지구 환경의 지속 가능한 공학'이다. 이 연구 분야에서 대학원생들을 모집하고 있는데, 앞으로 이 분야에 대한 교육과 연구는 갈수록 증가할 것이기 때문에 이에 대한 전문가를 양성하기 위해서이다.

이미 몇 년 전부터 세계 여러 나라의 많은 대학에서 관심을 가지고 연구를 하고 있다. 이 학문 분야의 핵심은 깨끗한 지구 환경을 지속적으로 유지하기 위해서는 많은 분야들이 협력해야 좋은 결과를 얻을 수 있다는 것이다.

'지구 환경의 지속 가능한 학문'은 어느 한 전공만이 필요한 것이 아니라 많은 학문 분야가 함께 필요한 '융합 학문'이다. 즉, 환경을 깨끗이 유지하기 위한 정책을 연구하는 사회과학 분야, 지구 환경 및 지질 특성에 대한 연구 및 동·식물에 대한 연구를 하는 자연과학 분야, 원자재로부터 제품을 생산하고 재활용할 수 있는 기술에 대한 연구를 하는 공학 분야, 제품의 사용과 소재가 인체에 미치는 영향을 분석하는 의·약학 분야, 대체에너지 관련 분야 등 다양한 분야가 모여 '지구 환경의 지속 가능한 학문'을 발전시켜야 한다.

이와 함께 원소재를 얻을 때부터 생겨날 수 있는 환경에 관련된 제반 문제뿐 아니라 제품을 만드는 과정에서 생겨날 수 있는 오염 물질의 배출 및 환경에 영향을 미치는 정도 등도 함께 파악해야 한다. 지구 환경을 깨끗이 정화하는 방법 중 미생물의 이용 또한 중요한 분야이며, 사용한 제품의 재활용을 위한 연구도 중요하다. 즉, 인간의 의식주를 해결하는 데 소요되는 여러 가지 제품들을 생산할 때는 많은 소재를 사용하고 수많은 생산과정을 거치게 되는데, 이 과정에서 생기는 유해 요소를 제거하는 분야에 대한 보다 깊은 연구가 이루어져야 한다.

이 두 대학에서 제공한 포스터의 공통분모는 지구 환경의 지속 가능성을 위한 대학원 과정을 개설하고자 하는 것이다. 이 과정을 대학원에 두는 이유는 학부 과정에서 기초 전공 분야를 충분히 배우고, 대학원 과정에서 타 학문 분야와의 융합을 위해 보다 깊이 있는 교육과 연구를 하고자 하는 것이다. 즉, 하나의 전공 분야에 깊은 지식을 가진 상태에서 타 학문 분야에 대한 지식을 흡수해야 융합이 가능하기 때문이다.

지구 환경은 한번 파괴되면 다시 복원되는 데 걸리는 시간이 매우 길다. 대학에서는 인간이 살아가는 데 필요한 지구의 자연 환경이 파괴되기 전에, 지구를 보호할 수 있는 방법에 대한 연구를 해야 하며, 파괴된 지구의 환경을 복원에 필요한 기술에 대한 연구도 해야 한다.

다가오는 미래를 준비하는 마음으로, 우리 인간이 지구 상에 존재하는 한 필요한 분야가 무엇이 될 것인지를 연구하고 이들에 대한 학문들을 체계적으로 준비하여, 미래 사회를 이끌어갈 학생들에게 종합적인 교육을 시켜야 할 것이다.

이것이 미래의 성장 동력이 될 것이며, 이러한 학문 분야를 찾는 것이 대학의 몫이라 생각한다.

카네기멜론 대학교의 토목 및 환경공학 대학원 학생 모집을 위한 포스터

:: 석유공학과(Petroleum Engineering) ::

미국에서는 대학의 학과 명칭에 대학이 속해 있는 주의 주력 산업과 연계된 분야를 나타내는 경우가 많다. 대학의 학과 명칭에 지역의 특징을 나타내는 산업이나 천연 자원의 이름을 붙이는 것이 조금은 이상한 것같이 생각되었다. 그러나 이를 통해 학과의 특성을 나타내고, 특화된 분야에서 보다 깊은 교육과 연구를 수행하여 그 연구 결과를 바탕으로 연구비를 확보하는 데 우선권을 가질 수 있다는 장점이 될 수 있다. 이것은 대학과 학과를 키우는 또 다른 전략일 수 있다.

피츠버그 대학교의 공과대학 행정실 입구

피츠버그 대학교의 화학 및 석유공학과 대학원에서 학생들을 모집하는 포스터가 오하이오 대학교 공과대학의 게시판에 붙어 있다.

2012년 8월 9일에 방문했던 피츠버그 대학교에서는 현재 전 세계적으로 많은 관심을 가지고 있는 에너지 관련 분야에 대해 많은 연구와 교육을 하고 있었다. 공과대학(Swanson School of Engineering) 안에 '화학 및 석유공학과(Department of Chemical & Petroleum Engineering)'를 만들어, 이 지역에서 많이 생산되는 지하자원과 연계해 오랫동안 에너지에 대한 많은 연구를 수행하고 있다.[33]

피츠버그 대학교가 있는 도시 주위는 천연자원인 석탄과 철광석이 많이 나는 지역으로, 오래전부터 에너지에 대한 관심이 많았으며 대학에서도 이와 관련된 연구를 많이 해오고 있다.

또 다른 예는 2012년 9월 5일에 방문했던 웨스트버지니아 대학교의 공과대학 명칭 '벤자민 스테틀러 광물자원공과대학(Benjamin M. Statler College of Engineering and Mineral Resources)'인데, 단과대학의 명칭을 통해서 지역 특산물인 광물 자원에 대한 연구를 많이 하고 있음을 나타내고 있다.

이 공과대학은 안에 에너지 연구에 특화된 학과인 '석유 및 천연가스 공학과(Department of Petroleum and Natural Gas Engineering)'를 두고 있으며, 학생들에게 이 주에서 많이 생산되는 석탄과 천연가스에 대해 집중적으로 교육시키고 있다.[34]

방문해보지는 못했지만, 석유가 많이 생산되는 지역에 있는 텍사스 주의

웨스트버지니아 대학교의 공과대학 입구.
대학 이름 앞에 붙은 'Benjamin M. Statler'는
대학의 발전을 위해 기부금을 가장 많이 낸 사람으로,
이 사람을 기리기 위해 단과대학 이름 앞에
그의 이름을 붙였다.

텍사스 A&M 대학교(Texas A&M University)에도 '석유공학과(Harold Vance Department of Petroleum Engineering)'가 있어, 에너지 관련 연구를 집중적으로 하고 있음을 알았다.[35] 그리고 캔자스 대학교(University of Kansas)에서도 '화학 및 석유공학과(Department of Chemical & Petroleum Engineering)'가 있으며,[36] 휴스턴 대학교(University of Houston)에서도 '석유공학전공(Petroleum Engineering Major)'을 개설하여 운영하고 있다.[37]

미국뿐만 아니라 한국과 가까운 이웃 나라 중국에서도 2005년부터 교육부 직속으로 '중국 석유대학(China University of Petroleum)'을 세워 석유 관련 기업체와 협력해서 고등 교육과 연구를 실시하고 있다. 베이징에 있는 석유대학의 교육과정으로는 47개의 석사과정(Master Programs), 13개의 박사과정(Ph.D. Programs), 25개의 학부과정(Bachelor Programs)이 있다.[38] 석유대학에서는 석유 생산 공정, 광산 조사 및 탐사, 가스 저장 및 운송, 지질 공학, 환경공학, 토목 및 화학공학, 기계 및 전자 제어공학 등을 집중적으로 교육하고 있다.

피츠버그 대학교와 웨스트버니지아 대학교를 직접 방문하면서 느꼈던 것은 세 가지였다. 첫째는 앞으로 가장 관심을 가지고 연구해야 할 분야들 중의 하나는 에너지 관련 분야라는 것이며, 둘째는 지역의 주력 산업과 연계된 분야 중 특화시킬 수 있는 분야를 집중 발굴할 필요가 있다는 것이다. 셋째는 대학에서 지역 산업과 연계된 분야에 새로운 교육 프로그램을 집중적으로 개발하고, 이에 따른 고급 인력 양성을 위한 교육 체계를 구축하여, 사회에 필요한 인력을 공급해야 한다는 것이다. 이러한 것들이 대학의 중요한 역할 중의 하나라고 생각하게 되었다.

:: 면접고사 ::

2012년 11월 8일 우리나라에서 대학 진학을 위해 고등학교 3학년 학생들과 재수생들이 수학능력고사를 쳤다는 기사를 인터넷 신문으로 보았다. 올해도 어김없이 찾아온 수능 관련 기사인데, 한 문제를 틀리면 1등급이 못 된다는 말은 매년 되풀이되나 보다. 대학 입시철이면 입시생들은 자신의 성적으로 여러 대학에 입학 원서를 제출하고, 대학에서 제시한 날짜에 정해진 장소에서 면접고사를 본다.

이곳 오하이오 대학교에 있는 교수들과 점심 식사를 하는 시간에, 신입생들을 뽑을 때 면접고사는 어떻게 치는지를 물었다. 이곳에서는 신입생을 뽑을 때 교수들이 일절 관여하지 않는다고 했다. 교수들은 뽑힌 학생들의 교육을 책임지고 있지만, 학생들을 선발하는 일에서는 자유롭다. 신입생들을 뽑는 일은 입학사정관이 독립적으로 한다고 했다.

이 이야기를 듣고 우리나라에서 신입생을 뽑기 위해 실시하는 면접고사를 없앨 수는 없을까를 생각해보았다. 아니면 다른 방법은 없을까?

우리나라의 많은 대학에서 신입생을 뽑을 때 면접고사를 본다. 부분적으로 면접을 보지 않는 대학도 있지만, 대부분의 대학에서는 면접고사를 본다. 면접고사는 각 대학마다 조금씩 다른 형태로 운영되고 있다.

부산대학교의 경우, 면접고사를 치기 위해서 면접에 사용되는 문제(전공 관련 문제, 인성 문제 등)를 출제한다. 각 학과에서는 2명 정도의 교수들이 참여하는데, 대학 전체에 80여 개가 넘는 학과가 있기에 면접고사에 참여하는 많은 교수들과 직원들이 출제된 문제를 인쇄하고 분류하기 위해 함께 모여 일을 한다.

면접고사가 있기 하루 전날에 많은 교수들이 합숙하며 문제를 출세한다. 교수들은 문제 출제가 끝났어도 각자의 집으로 갈 수 없다. 문제의 유출을 막기 위한 수단으로 모두 한 곳의 숙소로 자리를 옮겨 하룻밤을 보낸다. 출제가 끝나면 직원들이 문제지를 인쇄하여 봉투에 넣고 봉한다. 면접고사가 있는 날, 문제 출제에 참여한 교수들은 학교에 있는 대기실에서 면접고사가 시작되는 시간까지 기다려야 한다.

면접고사가 시작되면 입시생들에게 약 10분간 시간을 주고 문제를 풀게 하는데, 시험관인 학과의 교수들 앞에서 풀었던 문제에 대해서 구두로 답하기도 하고, 칠판이나 화이트보드에 답을 적기도 한다.

입학 관련 서류에 나타나지 않는 학생들의 태도를 볼 수 있다는 것이 면접고사의 장점으로, 면접 중 드물게 이상한 성격의 학생들이 발견되기도 한다. 그러나 몇 년 전 면접고사의 비중이 높을 때도 있었지만, 면접고사는 입학시험에서 당락을 결정할 정도의 변별력을 가지고 있지 않는 경우가 많다.

면접고사가 대학 입학의 합격을 좌우할 정도의 변별력을 가지고 있지 않다면, 그리고 극히 적은 숫자의 이상 성격 소유자를 찾기 위함이라면 면접고사를 없애든지, 아니면 현재의 면접고사를 대체할 수 있는 방법을 찾아야 할 것이다.

이에 대한 한 가지 방법이 입학사정관제를 확대 적용하여 신입생들을 모두 선발하는 것이다. 대학을 지원하는 학생들의 고등학교 생활기록부, 수학능력시험 성적서, 자기소개서 등을 참조하여 학생이 가지고 있는 잠재 능력과 대학의 설립 이념 및 대학의 특성에 맞는 학생들을 선발하고자 하는 것이 입학사정관제이다. 숨은 인재를 발견하여 신입생으로 뽑는 것이다.

미국의 거의 모든 대학에서는 학부(Undergraduate) 신입생을 뽑을 때 교수들이 관여하지 않는다. 교수들은 학생을 뽑는 일에서는 자유롭다. 입학사정관들이 학생이 제출한 서류를 보고 직접 만나거나, 전화 혹은 화상통신으로 면접을 본다.

대학에서 좋은 신입생을 뽑는 것은 중요하다. 대학은 어떤 학생이 실력이 좋은지, 어떤 학생이 잠재 성장 가능성이 높은지, 어떤 학생이 공부가 아닌 또 다른 능력이 있는지, 어떤 학생이 대학의 학과와 잘 맞는지, 어떤 학생이 즐겁게 대학에 다닐 수 있는지 등을 잘 파악하여 학생들을 선발해야 한다.

좋은 신입생을 뽑는 데는 현재 우리나라 대학에서 학과 교수들에 의해 이루어지는 면접고사 대신 서류 전형과 입학사정관제로도 충분할 것 같다. 현재의 입학사정관제에 문제가 있다면 보완을 해야 한다. 입학사정관의 자격을 강화하고 학생들을 평가하는 방법에 대해 더 많은 연구를 하여 학생 선발 과정을 보다 체계적으로 정립한다면, 대학 신입생을 뽑는 업무를 입학사정관에게 독립적으로 맡기는 것이 좋을 것 같다. 경험이 쌓인 특화된 입학사정관들은 지원한 학생들의 여러 가지 서류를 좀 더 면밀히 검토할 수 있을 것이며, 학생과의 면접을 실시할 경우에도 제출한 서류에서 보지 못한 특성들을 잘 발견할 수 있을 것이다.

학생을 선발하는 업무를 많은 경험을 가진 입학사정관에게 맡기면서 대학의 입학 시험으로부터 교수들을 자유롭게 해주는 것이 대학을 위해서나 교수를 위해서 좋을 것이란 생각이 들었다.

:: OSU의 동물학과 ::

오하이오 주립대학교(Ohio State University, OSU)의 농과대학(College of Food, Agricultural and Environmental Sciences, cfaes)에는 매년 약 500여 명의 신입생이 입학하고 있다.[39]

농업 소통 · 교육 · 리더십학과(Department of Agricultural Communication, Education, and Leadership), 농업 · 환경 및 개발 경제학과(Department of Agricultural, Environmental and Development Economics), 동물학과(Department of Animal Sciences), 곤충학과(Department of Entomology), 식용 동물의 건강 프로그램(Food Animal Health Research Program), 식품 · 농업

오하이오 주립대학교 농과대학의 이기춘 교수와 함께

및 생물공학과(Department of Food, Agricultural and Biological Engineering), 식품 과학 및 기술학과(Department of Food Science & Technology), 원예학 및 작물 과학(Horticulture & Crop Science), 환경 및 자연 자원학부(School of Environment & Natural Resources), 식물 병리학과(Department of Plant Pathology) 등 11개 학과 및 학부가 있는 매우 큰 단과대학이다.

미국의 많은 대학교에는 농과대학이 있으며, 이들 농과대학에서는 오래 전부터 가축 및 낙농 산업에 관련된 연구를 많이 해왔다. 농작물 수확의 극대화를 위한 유전자 변형 식물에 대한 연구 및 농작물의 수확에 밀접한 관계가 있는 곤충학에 많은 연구를 하고 있다.

2012년 11월 17일 오하이오 주립대학교의 농과대학을 방문하여, 동물학과에 근무하고 있는 이기춘 교수를 두 번째로 만났다.[40]

동물들을 직접 강의실에 두고 수업이 가능한 OSU의 농과대학 동물학과 대형 강의실

이 학과는 동물에 관련하여 소고기 센터(Beef Center), 낙농 센터(Poultry Center), 돼지 센터(Swine Center), OSU 고기 연구실(OSU Meat Lab), OSU 말 센터(OSU Equine Center), 양 센터(Sheep Center), 소고기 연구 센터(Beef Research Center), 낙농 연구 센터(Poultry Research Center), 양 연구 센터(Sheep Research Center), 칠면조 농장(Turkey Farm) 등의 센터 및 시설들을 보유하고 있다.

현재 이 학과에는 32명의 교수와 17명의 비서가 있다. 이렇게 많은 비서들이 학과 교수들을 지원해준다. 교수 2~4명이 있는 연구실 앞에는 조교 업무를 수행하는 비서가 배치되어 있으며, 이 비서의 일을 도와주는 근로 장학생의 자리가 눈에 들어왔다. 비서들은 교수들의 문서 작업과 학생들의 강의 준비에 관련된 일들을 도와준다.

이 학과를 돌아보니 눈에 띄는 대형 강의실이 있었다. 강의실에는 120여 명이 앉을 수 있는 자리가 준비되어 있으며, 이런 강의실이 바로 옆 공간에도 있어 필요할 경우 칸막이를 걷어내면 두 배로 큰 강의실이 된다. 강의실 앞쪽 빈 공간에는 수업에 필요한 동물들(소, 돼지, 말, 양, 닭, 개, 오리 등)을 데리고 와서 학생들에게 현장감이 넘치는 강의를 한다. 강의실 바닥에는 물이 흘러내려갈 수 있는 배수로가 설치되어 있고, 강의실 벽에는 수도 시설이 함께 있다. 이것으로 강의가 끝난 후 동물들의 배설물을 씻어 내릴 수 있게 한다.

대형 강의실의 뒤쪽에 있는 준비실에는 농장에서 데리고 온 동물들을 잠시 대기하게 할 수 있도록 간이용 우리가 준비되어 있다. 동물들이 먹을 수 있는 사료통들이 있으며, 이 준비실에도 에어컨 시설이 잘 되어 있어 동물들이 긴장하지 않게 해두었다. 필자가 방문했을 때는 11월 중순이라 강의실 외부는 영상 3도 정도 되었지만, 강의실 안의 온도는 20도 정도로 따뜻한 분위

강의실 뒤편에 마련된 동물 대기실(상)과 말에 대한 강의가 가능한 800석이 넘는 대형 강의실(하)

기였다.

이 학과에는 3개의 강의동이 있으며, 또 다른 대형 강의실은 약 75년 전에 지어진 건물로, 말(Horse)에 대해 강의하는 곳이다. 약 800여 명이 들어갈 수 있는 대강당이며, 강의를 맡은 교수의 수업에 이용되는 말이 뛰어다닐 수 있도록 강의실 앞쪽 바닥은 모래로 되어 있다.

연구 분야는 인간에게 유용한 가축들을 대상으로 한 이들의 면역체계, 식용 동물, 유전자 변형, 영양학, 세균학 등 다양하다. 주변의 다른 단과대학인 생명과학대학 및 의과대학과 연계된 분야에 대한 연구도 공동으로 수행하고 있다.

오늘 오하이오 주립대학교 농과대학 동물학과의 방문으로, 농과대학의 학문은 앞으로 인간에게 다가올 식량 문제를 해결하기 위해 많은 연구를 해야 하는 분야라는 생각이 들었으며, 무엇보다 학생들에 대한 강의 지원 체계가 잘 갖추어져 있는 것이 부럽게 느껴졌다.

:: Buyout 제도 ::

미국 대학에는 'Buyout' 제도가 있다. 대학 소속의 교수가 연구 과제를 많이 수행하여 대학에 많은 연구비의 수주 및 금전적인 기여를 했을 경우, 교수가 맡는 강의 시수를 줄여주는 제도이다. 대학본부에서 연구 과제를 많이 수행하는 교수가 연구에 집중할 수 있게 해주며, 맡아야 되는 강의의 수를 줄여주는 것이다. 대학 본부에서는 이 교수에 의해 들어오는 자금으로 시간강사를 쓰며, 학교에 필요한 사업을 할 수 있는 경제적인 여유를 준다. 이는 연구를 많이 수행하는 교수에게나 대학 본부 모두에게 좋은 제도로 보인다.

미국에서는 주립대학이라 하더라도 반드시 맡아야 하는 법정책임강의시수는 정해져 있지 않다. 교수 각자의 강의 시수는 학과장 주도하에 학과에서 정하며, 학과의 재정 상황에 따라 시간강사의 수가 결정된다. 만약에 시간강사가 많이 필요한 경우, 학과에 내려온 예산 중 교육에 들어가는 경비가 많아 학과에 필요한 교육 시설 투자 자금이 줄어들게 된다. 이런 사정으로 학과에서는 시간강사보다는 학과 소속의 전임교수들이 학생들을 위한 강의를 해주기를 바란다.

교수가 대학에 얼마만큼의 금전적인 기여를 해야 강의 담당 시수를 줄여주는지는 각 학과에서 정한다. 이렇게 정해진 규정도 나라의 경제 사정과 기업의 사정에 따라 바뀐다. 한 예로 버지니아텍 대학교의 전기 및 컴퓨터공학과(Department of Electric and Computer Engineering)에서는 교수가 연봉의 1/8을 대학 본부에 내면(기여를 하면), 교과목 하나를 줄여준다고 한다. 교수가 수행하는 연구 과제의 연구비 중에서 일부를 대학에 기부하는 형식으로 내는 것이다.

Buyout 제도가 많은 연구 과제를 수행하는 교수들에게는 강의 대신 연구를 수행하는 데 필요한 시간을 가질 수 있어 좋겠지만, 학생의 입장에서는 반드시 좋다고만은 할 수 없다. 왜냐하면, 학생이 학과를 선택할 때 연구를 많이 수행하는 교수의 이름을 듣고 지원했을 수도 있고, 교수가 학생들에게 질 높은 강의를 제공해야 좋은 학생이 될 수 있기 때문이다. 학생들은 좋은 강의를 들을 권리가 있다.

학생을 가르치고 지도하는 것이 교수의 기본 업무라고 한다면, 교수는 학생들을 위해 강의하는 것을 멀리하면 안 될 것이다. 연구를 통해 얻은 결과와 연구를 수행하는 방법 및 순서들을 학생들에게 소개하고 이를 교육함으로써 보다 질 높은 강의가 이루어질 것인데, 이것은 결코 소홀히 할 수 없는 것이다.

앞으로 대학의 위상을 높이고, 학생들을 위한 좋은 교육환경과 연구시설을 갖추려면 많은 예산이 필요하다. 이를 위해 갈수록 산학협력을 통한 연구 과제 수행이 중요해질 것이다. 한편으로 대학에서는 학생들에게 좋은 강의를 제공해야 하는 책임도 있다.

우리나라 국립대학에서는 교수가 반드시 강의를 해야 하는 최소법정강의시수가 정해져 있기 때문에 이 제도를 바로 받아들이기에는 문제가 있겠지만, Buyout 제도의 장점과 단점을 잘 파악하여, 좋은 활용 방안을 찾아보는 것도 중요한 일일 것이다.

:: 출장 지원 차량 ::

부산대학교 교수들이 출장을 가기 전에 작성하는 출장신청서에는 사용할 차량에 대한 물음이 하나 있다. '관용 차량'을 사용할지를 묻는 부분이다. 교수들이 출장을 가는 중에 관용 차량을 사용하는 경우는 매우 드물다. 대학에 근무한 지 25년이 넘어가지만, 아직까지 관용 차량을 사용해본 적이 없다. 아마 대부분의 교수님들도 마찬가지라 생각된다. 교내 차량을 신청하지 않는 이유는 신청을 하더라도 대학 당국으로부터 사용 허가를 받기가 쉽지 않을 뿐만 아니라, 사용할 관용 차량이 충분하지 않을 것이라고 생각하기 때문이다.

오하이오 대학교에는 여러 종류의 출장 지원 차량이 있다.

오하이오 대학교에서는 다르다. 이곳 대학의 관용 차량만을 세워두는 주차장에는 수십 대의 차들이 있다. 대학에서 보유하고 있는 차량은 승용차, 미니 밴, 미니 버스, 대형 버스, 심지어 구급 차량까지 매우 다양하다. 많은 차량의 보수 유지를 위한 차량 수리 센터뿐만 아니라, 중대형 차량을 운전할 기사까지 고용해두고 있는 상황이다.

이곳에서는 많은 교수들이 출장을 갈 때 관용 차량을 이용한다고 한다. 이것은 출장 중에 차량에 대한 문제(차량 간 접촉 사고 등)가 발생했을 때 보험 처리 문제로 교수의 추가적인 시간이 들어가지 않으며, 추가적인 경비 부담이 되지 않기 때문이라고 한다. 교수 개인의 차량으로 출장을 가면서 문제가 발생될 경우, 보험 처리 과정이 훨씬 복잡해진다. 즉, 출장을 가는 교수가 자신의 차량으로 출장을 가다가 사고가 나면 교수가 가입한 보험회사와 학교 당국 간의 문제가 되어, 이 문제를 해결하기 위해 해당 교수가 시간을 추가로 들여야 한다.

이런 점들을 생각해볼 때, 교수들의 공무 출장 지원을 위한 차량이 대학 차원에서 공식적으로 준비되어 있을 필요성을 느낀다. 출장 중에 발생할 수도 있는 차량 접촉 사고 등의 문제가 발생했을 경우, 문제를 해결하기 위해 교수들의 시간이 소비되지 않는 '교수를 위한 지원 시스템'이 학교 내에 구축되어야 할 것이다.

:: 대학 소속 차량 ::

오늘은 오하이오 대학교 내를 오고 가는 대학 소속의 차량이 눈에 띄었다. 현재 대학에 있는 수백 대에 달하는 다양한 차량은 주 정부의 소속으로 되어 있으며, 이것들을 주립대학에서 사용하는 것이다. 주로 흰색의 차량으로 표지판에는 붉은색으로 글자가 인쇄되어 있다. 자동차의 차체 옆 빈 공간에는 대학의 이름과 로고가 보기 좋게 인쇄되어 있다.

대학 본부가 이렇게 많은 차량을 보유하는 이유는 대학의 여러 가지 시설 및 건물 등을 관리하는데 많은 차량이 사용되며, 또 교수나 대학원생들의 출장이나 여러 가지 행사를 지원하기 위해 필요하기 때문이다.

차량의 문에 'Transportation and Parking Service'라고 프린트되어 있다. 이 차량은 운반이나 주차 단속 및 주차 요금 미터기를 관리하는 부서에 속해 있다.

항공공학과 소속 차량(좌)과 교육대학 소속 차량(우)

학교 내 조경 담당 부서의 차량, 학교 내 정원과 나무를 관리하는 사람들이 이용하고 있다. 대학 내 잔디밭이나 나무들의 관리를 위해 사용되는 차량이다. 이외에도 학생들이 단체로 현장 견학(Field Trip)을 갈 경우를 대비해서 대형 버스도 보유하고 있다.

일부 차량은 각 단과대학 소속으로 되어 있다. 대학 본부에서 각 단과대학별로 차량을 배치하는 것은 단과대학의 특성상 차량이 있음으로 해서 그 대학의 기능을 더 잘 발휘할 수 있을 뿐만 아니라, 외부 차량을 사용하는 것보다 경제적이라는 결론을 얻었기 때문이다. 이럴 경우 차량을 배정받은 각 단과대학에서는 이런 차량을 운용하는 최소 경비를 대학 본부에 지불한다.

차량이 배치되는 단과대학은 대외 및 대내 행사를 많이 하는 대학, 차량이 있으므로 많은 효과를 낼 수 있는 프로그램을 개발하여 운영하는 대학 등이다.

이와 같이 각 단과대학의 기능과 프로그램에 따라 차량이 지속적으로 필요한 경우, 대학 본부에서 각 단과대학이나 학과의 수요를 파악하여, 그 단과대학에서 단독으로 사용할 수 있는 차량을 배정하여 계속 사용할 수 있게 해준다.

우리나라 대학에서도 이제는 각 단과대학의 교육과 연구 등에 차량이 필요한지를 검토하고, 앞으로 단과대학의 운영상 필요한 차량을 정부의 예산 지원으로 구입할 수 있도록 요청해야 할 것이다. 정부에서도 대학 교육의 내실화를 위해 차량이 필요할 경우, 차량의 구입에 소요되는 예산을 편성할 필요가 있을 것이다.

:: 교수의 출장과 수업 ::

많은 미국 대학에는 교수들의 출장에 대해 한 학기 혹은 일년에 며칠을 넘으면 안 된다는 규정이 없다고 한다. 즉, 국내 출장이든 해외 출장이든 교수가 필요한 출장에 대해 특별히 제한하는 규정은 없다. 교수가 자신의 수업에 지장을 주지 않는 범위 내에서 가면 된다.

오하이오 대학교의 교수가 출장을 갈 때에는 학과에 출장 신청을 하게 된다. 출장을 가고자 하는 교수가 출장의 목적과 필요한 일정 및 출장비, 연구 과제 등을 학과 사무원에게 제출하면, 학과 행정원이 이를 기초로 출장 서류를 작성하여 학과장에게 제출한다.

출장신청서 양식에는 다음과 같은 질문이 두 개 있다.

"Class times missed: ___YES ___NO"
"If YES, how will classes be covered during absence? ___________"

출장으로 인해 수업을 할 수 있는지 없는지를 묻고, 만약 없다면 출장 기간 동안 수업을 어떻게 할 것인가를 묻는다. 이 칸에는 출장을 가는 교수가 자신의 보강 계획을 적든지, 학과 내 유사한 전공을 가진 교수가 대신 수업을 맡아 할 것이라는 사실을 적으면 된다. 이 출장신청서는 학과를 통해 단과대학 학장실로 올라가서 결재를 맡게 된다. 이러한 절차로 교수의 출장이 승인을 받는다.

이와 같은 과정을 거치기 때문에 교수의 출장으로 빠진 수업 시간만큼 보충 강의(보강)를 함으로써, 미국 대학에서 학생들이 수업을 받지 못하는

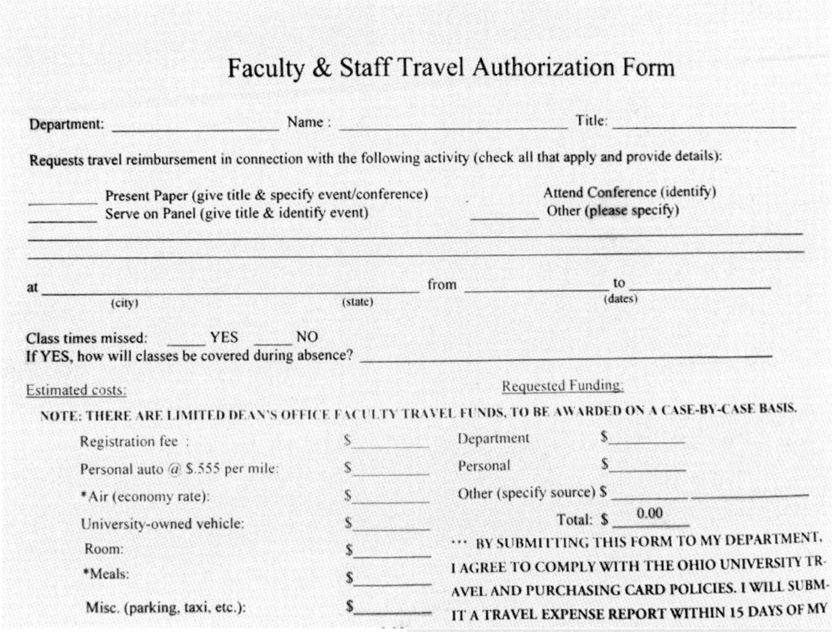
Faculty & Staff Travel Authorization Form

Department: ____________ Name : ____________ Title: ____________

Requests travel reimbursement in connection with the following activity (check all that apply and provide details):

_______ Present Paper (give title & specify event/conference)   Attend Conference (identify)
_______ Serve on Panel (give title & identify event)   _______ Other (please specify)

at ____________ (city) (state) from ________ to ________ (dates)

Class times missed: _____ YES _____ NO
If YES, how will classes be covered during absence? ____________

Estimated costs: Requested Funding:

NOTE: THERE ARE LIMITED DEAN'S OFFICE FACULTY TRAVEL FUNDS, TO BE AWARDED ON A CASE-BY-CASE BASIS.

Estimated costs		Requested Funding	
Registration fee :	$ ______	Department	$ ______
Personal auto @ $.555 per mile:	$ ______	Personal	$ ______
*Air (economy rate):	$ ______	Other (specify source)	$ ______ ______
University-owned vehicle:	$ ______	Total:	$ 0.00
Room:	$ ______		
*Meals:	$ ______		
Misc. (parking, taxi, etc.):	$ ______		

*** BY SUBMITTING THIS FORM TO MY DEPARTMENT, I AGREE TO COMPLY WITH THE OHIO UNIVERSITY TRAVEL AND PURCHASING CARD POLICIES. I WILL SUBMIT A TRAVEL EXPENSE REPORT WITHIN 15 DAYS OF MY

오하이오 대학교의 교직원 출장 신청서 양식

경우는 없을 것 같다. 교수들은 반드시 보강을 하고 있다. 교수와 학생이 의논해서 보강 시간이 정해지기는 하지만, 수업을 듣는 학생들도 시간표에 들어 있지 않은 시간에 보강을 함으로써 다른 할 일을 하지 못하고 시간을 조정해야 하는 불편함이 뒤따른다.

보강하는 시간은 주중에 학생들의 강의 시간과 겹치지 않는 시간을 찾거나, 방과 후의 저녁 시간이나, 아니면 수업이 없는 주말을 이용한다. 수업을 듣는 학생들이 많을 경우 주중의 빈 시간을 찾기란 쉬운 일이 아니다. 학부인 경우, 학생 개개인이 한 학기에 적어도 5과목 이상 수업을 듣고 있으므로 여러 학생들이 동시에 빈 시간을 찾기는 정말 쉽지 않다.

가장 큰 문제는 학기 말에 보강을 받은 학생들이 강의평가서에 교수의 출장으로 인해 자신들이 정해진 시간에 수업을 받을 권리가 침해되었다는 불만을 많이 표시할 경우, 이에 대한 책임을 강의 담당 교수가 지는 것이다. 강의평가서에 이러한 학생들의 불만이 많을 경우 학과장은 강의 담당 교수를 불러 이에 대한 주의와 대책을 물어본다.

대학에서 학생은 중요한 고객이다. 학생이 있어야 대학이 있기 때문에 미국 대학 교수들은 학생들의 불만을 미리 방지하기 위해 노력하고 있다. 보강으로 인한 학생들의 불만은 교수에 대한 강의평가에 바로 반영이 되며, 교수의 업적 평가 중 교육 부분에 나쁜 영향을 준다.

미국 대학에서 교수들은 자신이 맡은 강의 시간을 학생과 맺은 약속의 시간으로 여기고 정해진 강의 시간을 지키려고 한다. 시간을 정해 보강을 하더라도 학생들은 학기 말에 실시하는 강의 평가서에 수업에 대한 불만을 적는다. 학생들은 수업료를 내고 강의를 듣기 때문에 자신들에게 '약속한 시간에 수업을 들을 권리(학습권)'가 있다고 생각한다.

학생들도 학기 초에 정해진 수업 시간 외의 시간을 자신의 스케줄대로 생활하고자 한다. 교수들은 학기 중에는 학생들에게 주어진 수업 시간을 지키기 위해 선별적으로 학회나 학술 활동에 참석하고 있다. 교수는 가능한 한 정해진 수업 시간을 지키려고 한다.

미국 대학에서는 교과목 담당 교수의 출장 중 수업을 받는 학생들에게 불편을 주지 않게 하고 교수 계획표대로 진도가 나가기 위해, 전공 분야가 같거나 유사한 학과 내의 다른 교수가 수업을 맡아 진행하기도 한다. 이것은 수업 시간을 지키기 위한 한 방편이다. 이것에 대한 학생들의 불만은 별로 없다고 한다. 수업을 맡길 때에는 사전에 강의를 맡은 교수에게 학생들에게 강의를 해야 하는 분량을 전해주어야 한다.

미국에서 '대학의 교수'는 학생들에게 강의를 해야 한다는 것을 최우선으로 여기고 있다. 미국 대학에서는 새로 부임한 신임 교수들에게 '교수 강의법'이나 '학생 심리학'과 같은 세미나를 꼭 듣게 하여, 교수로서의 마음가짐을 가질 수 있게 해준다. 여기는 학부 신입생들에게 있는 오리엔테이션 시간이 신임 교수에게도 있는 것이다.

대학 교수는 자신의 전공 분야를 열심히 연구하여 '교수'로 발령은 받았지만, 학생들을 가르치는 '선생(Teacher)'으로서의 마음가짐은 약한 편이다. 교수는 학생들을 교육하기 위해 대학교로 왔다. 학생들을 가르친다는 것은 결코 쉬운 일이 아니다. 학생이라는 상대의 상황에 따라 강의를 하는 순간순간에 교수의 강의 태도가 바뀔 수 있기 때문이다. 사범대학은 중학교나 고등학교 '선생'을 양성하는 것을 목표로 하기에, 사범대학을 다닐 때 '학생들을 가르치는 방법 및 과정'과 학생들의 심리학 등에 대해 교육을 받는다. 그러나 대학의 '교수'는 학생을 가르치는 과정에 대해 배운 적이 없이 자신의 전공 분야의 연구자(Researcher)에서 '학생을 가르치는 신분'으로 바뀌었기에, 학생들의 심리 상태와 남을 가르치는 방법들에 대한 교육을 받을 필요가 있을 것이다.

교수(Professor)에게는 학생을 가르치는 일(Teaching)과 자신의 전공 분야에 대해 연구(Research)를 하는 업무가 함께 주어진 것이라 생각한다. 이에 덧붙여, 사회에서는 교수에게 자신의 전공 분야를 살려 사회에 봉사(Service) 하도록 권하고 있다. 이런 이유로 매년 실시하는 교수 업적을 평가하는 세 가지 항목이 '교육', '연구', '봉사'로 되어 있다.

지금도 생각이 난다. 저자는 지난 2008년 9월에 부산대학교 상남국제회관에서 국제학술행사(Global Conference on Sustainable Product Development and Life Cycle Engineering)를 개최했는데, 이 학술행사에 미국 미시간 대학교의 기계공학과 교수인 스티브 스켈로스(Steve Skerlos) 박사가 참석을 했다. 학술 행사는 월요일부터 수요일까지였다.

행사 중에 나는 스켈로스 교수에게 "한국의 1500여 년 된 아름다운 고도(古都) 경주가 부산에서 가까우니, 학회가 끝난 다음 날 구경하고 가시라"고 권했다. 이 교수는 "금요일 미시간 대학교에서 수업이 있어 목요일 아침에 바로 가야 된다"라고 했다. 이 답변에서 학생들을 상대로 하는 수업 시간을 꼭 지키려고 하는 미국 대학 교수의 모습을 보았다. 미국에서 한국까지 왔다가 하루도 휴식 시간을 갖지 않는 모습에서 교수는 수업을 해야 된다는 많은 부담을 가지고 있음을 느낀 반면, 이것이 학생을 가르치는 '선생님'의 모습이라는 생각이 들었다.

첫 번째 줄 왼쪽에서 열한 번째 서 있는, 키가 작고 안경을 쓴 사람이 스켈로스 교수이다.

:: 온라인 프로그램 ::

오하이오 대학교의 산업공학과(Department of Industrial & Systems Engineering)에서는 4년 전부터 'On-Line Program'이라는 대학원 학위 과정을 개설하여 운영하고 있다. 이는 부산대학교에 있는 특수대학원의 하나인 산업대학원과 비슷한 과정이다. 큰 차이는 모든 수업이 온라인으로 이루어진다는 것이다. 이 과정은 정규 대학원 과정으로 약 3년 정도의 수업 연한을 필요로 한다. 이 과정의 학생에게는 강의에 사용되는 파워포인트 강의록과 강의 시 설명할 내용이 들어 있는 노트를 온라인상으로 공급한다.

학생들은 온라인상으로 과제물을 제출하고, 교수는 이에 대한 추가 설명을 달아서 올려준다. 중간고사와 기말고사도 온라인상으로 이루어진다. 졸업을 하기 위해서는 논문을 작성하는 것이 아니고, 학점을 취득해야 하는데, 마지막 학기에 Term project를 수행하여 결과를 담당 교수에게 제출해야 한다.

학생들이 공부를 하다가 생겨난 문제들을 담당 교수에게 온라인상으로 질문을 하면, 담당 교수는 이에 대한 설명을 세밀하게 해주어야 한다. 이 부분은 이 과정의 성패를 좌우할 정도로 중요하다.

학과 차원에서 이 과정을 개설하는 이유는 앞으로 시민들에게 평생교육을 제공하고, 교육의 기회를 온라인으로 확대하기 위한 것이다. 즉, 직장을 다니는 사람들이 학기 중에 대학에 등교하여 일정한 기간 동안 수업을 받는 것이 아니라, 자신의 전공 분야에 대한 새로운 지식의 충전이 필요하고 본 과정의 수업이 자신의 발전에 도움이 된다고 생각할 때, 직장을 다니면서 온라인으로 수업을 들을 수 있도록 하는 것이다. 이를 통해 대학이나 학과에서 학과 운영비를 확보할 수 있는 장점도 있다. 온라인 강의의 특징은 학생 자신의 시간에 따라 스스로 공부할 수 있는 것이다. 정해진 시간에 수업을 듣지 않아도 되는 장점이 있다.

이 과정의 강좌는 대부분 기업의 업무를 수행하는 데 도움을 받을 수 있는 교과목으로 짜여진다. 현업에 맞지 않은 강좌는 제외된다. 즉, 실무 문제를 해결하는 데 도움을 줄 수 있어야만 본 과정은 살아남을 수가 있다. 학생들도 이와 같은 강좌 개설을 원하고 있다.

부산대학교의 특수대학원인 산업대학원 학생들은 일주일에 두 번 오후 7시에 출석하여 수업을 받는데 회사를 마치고 등교한 학생들의 대부분은 피곤함을 느껴 학습의 효율이 떨어지는 면이 많아, 앞에서 소개한 온라인 프로그램과 같이 운영 방법을 바꾸는 것을 적극 검토해보아야 할 것 같다.

본 과정을 맡은 교수는 강의하기 전에 한 학기 분량의 강의 내용을 이 과정을 담당하는 대학 내 부서 혹은 강좌의 진행을 맡아줄 외부 기관에 제출한다. 온라인 강의가 많을 경우, 대학의 어느 한 부서에서 일률적으로 온라인 과정 전체를 관리하는 것이 효율적일 것 같다. 강의록을 시간에 맞추어 올려주고, 학생들에게 내준 리포트 관리를 할 수 있도록 하며, 중간고사 및 기말고사의 관리를 맡길 수 있을 것이다. 등록한 학생에 한하여 주간별 강의록을 온라인상으로 접속하여 다운받을 수 있도록 해준다.

온라인 프로그램은 강의를 하는 교수와 수업을 듣는 학생들에게 많은 장점을 제공하고 있기에, 많은 대학에서 이 같은 강의 방법을 활성화시키고자 할 것이다. 우리나라의 대학에서도 이에 대한 준비를 할 필요가 있다. 현재라도 온라인 강의가 가능한 학과에서는 이를 시행하고 생겨나는 문제점들을 보완하여, 학생들이 바라는 보다 질 높은 교육 서비스가 될 수 있게 하는 것이 중요하다. 앞으로 새로운 형태의 대학으로 발전될 가능성도 매우 높다.

:: 신임 교수 선발과 대학경쟁력 ::

미국 대학의 경쟁력은 어디에서 오는가? 미국 대학에서는 신임 교수를 뽑을 때부터 다음과 같은 두 가지 성질에 의해 대학의 경쟁력이 생기는 것을 알 수 있다. 첫 번째는 신임 교수 채용에 대한 평가 결과의 투명성이고, 두 번째는 교수들의 자율성이다.

부산대학교에서는 어떻게 신임 교수를 선발하는가? 각 학과마다 혹은 각 대학마다 신임 교수 지원자를 정량적으로 평가할 수 있는 평가표가 있다. 평가표에 따라 별 어려움 없이 신임 교수 지원자를 평가하여 우선순위가 정해진다.

각 단과대학마다 약간의 차이는 있겠지만, 신임 교수 채용평가표에 '학위 받은 논문과 학과에서 뽑고자 하는 분야의 일치 여부'를 묻는다. 이 물음에 '일치하지 않음'이라고 하면, 더 이상 평가가 이루어지지 않는다. 이 부분에서 심사위원의 주관이 들어갈 수 있는 여지가 있다. 이 물음을 통과하고 나면, 평가표에 따라 기계적으로 점수화되는 것이 대부분을 차지한다. 학과에서 필요로 하는 분야에 대한 토론 점수는 적은 편이다.

대표적인 것이 다음과 같은 것이다. SCI 논문이 몇 편이며, 몇 사람과 같이 논문을 작성했는지에 따라 점수가 주어진다. 극히 산술적으로 평가가 이루어진다. 이 작업은 전공 교수의 도움 없이, 심지어 논의조차 할 필요 없이 점수화시킬 수 있는 것이다.

신임 교수 지원자들을 평가하기 위해 정량화되어 있는 평가표에 따르지 않으면, 학과의 몇몇 교수에 의해 평가가 공정하지 못할 것이라고 걱정하는 경우가 많다. 이제는 이런 걱정을 가지지 않아도 될 때가 되었을 것이다. 학과의 발전 자체가 자신의 즐거움이라고 생각한다면, 보다 훌륭한 사람을 뽑으려고 할 것이기 때문이다.

학과의 신임 교수를 뽑을 때 다음과 같은 의문을 가져보았다. 비록 한 편의 논문만을 작성한 지원자는 정말 교수로서의 자격이 없을까? 혹은 다른 지원자보다 논문 편수가 적은 지원자가 논문의 질로 높이 평가받을 수는 없을까?

무엇보다 중요한 것은 신임 교수 채용 평가에 들어가는 교수들의 평가에 투명성 확보다. 개인적인 사심이 들어 있을 경우 평가에 참여하는 다른 교수들이 이를 쉽게 알 수 있도록 하자는 것이다. 심사에 참여하는 교수의 개인적인 사심을 쉽게 발견할 수 있다면, 그러한 사심이 평가에 반영되기란 쉽지 않을 것이다. 학과에 필요한 사람을 뽑기 위해서는 학과 교수들 간의 토의가 꼭 필요하다.

미국 대학에서는 신임 교수 채용 시, 지원자 중 면접 대상자와 세 번 정도 면접을 갖는다. 첫 번째는 소속 학과 교수들과 일대일 면접을 실시한다. 한 사람당 30~40여 분 정도 면접을 하며, 전공 분야에 대해 토의한다. 이러한 개별 면접을 하고 나서, 보통 학과 전체 교수들끼리 모여 지원자와 주고받았던 내용들을 공유한다. 두 번째 면접은 학과 교수들을 서너 그룹으로 묶어 면접을 실시한다. 첫 번쌔 면접에서 주고받았던 내용을 서로 크로스 체크하는 성격도 있다. 세 번째는 학과장과 학장과의 면접을 거친다. 미국에서 학과장은 학과를 운영하는 데 많은 힘을 가지고 있다. 따라서 면접 대상자 중 최종 신임 교수 임용 대상자는 학과 교수들의 의견과 심사위원들의 평가표를 보고, 학과장의 추천으로 학장이 결정하는 것이다.

우리나라에서 신임 교수를 뽑을 때, 신임 교수 채용 평가표에 들어 있는 정량화된 기준들에 따라서 평가가 이루어진다. 행정 편의주의적인 느낌이 많이 있다. 신임 교수를 뽑는 데 참여한 심사 교수들은 여러 지원자 중에서 대학의 발전을 위해 경쟁력이 있는 사람을 뽑아야 한다.

우수한 교수란 한 학문 분야에서 업적을 남길 수 있는 사람, 여러 학자들에게 그의 지식과 연구 결과를 전해줄 수 있어, 이러한 연구 결과를 참조하여 여러 사람이 보다 나은 학자로 태어나게 해줄 수 있는 사람을 말할 것이다. 미래에 우수한 교수가 될 사람을 이미 이룬 연구의 결과뿐만 아니라 앞으로의 성장 가능성을 보고 뽑을 필요가 있다.

교수들에게 기본적으로 주어진 자율성은 신임 교수를 어떻게 뽑을 수 있느냐에서부터 출발할 것이다.

지원자와 학과 교수들이 논의하고 또 논의해서, 교수이기 이전에 한 분야의 전문가로서 양식과 양심을 가지고 신임 교수를 뽑을 수 있는 자율성이 대학의 경쟁력을 향상시킬 수 있는 지름길이지 않을까 생각해본다. 교수의 자율성 보장이 대학의 경쟁력을 더 높일 것 같다.

:: 문서 교정 서비스(Library Service) ::

오하이오 대학교의 공과대학 본부가 있는 건물에서 생명과학 연구소로 향하는 복도를 따라가면 특별한 곳이 눈에 띈다. '문서 교정 서비스(Library Services)' 사무실이다. 이곳은 교수들이 작성한 서류의 문장에서 문법이나 문맥의 흐름이 어색하거나 틀린 부분을 바로잡아주는 곳이다.

사무실에서 일을 보는 두 사람이 일주일을 이틀과 사흘씩 나누어서 근무한다. 월, 수, 금요일에는 공학 분야에 대해 메건 토메오(Megan Tomeo, Engineering Librarian) 씨가, 화요일과 목요일에는 자연과학 분야에 대해 앤드류 스튜어트(Andrew Stuart, Science Librarian) 씨가 문서의 교정 작업을 도와준다. 이곳에 오기 전에 반드시 예약을 해야 하고, 정해진 시간에 상담을 받을 수 있다.

이곳 사무실에 근무하는 사람들은 일반 행정 직원이 아니고 전직 신문기자 출신이거나 문학 활동을 한 작가 출신의 사람들이다. 공과대학 교수들이 작성하는 많은 연구과제 신청서나 연구실 관련 안내 책자 및 단과대학 소개 팜플렛 등에 들어 있는 다양한 영어 문장을 정확하게 작성하는 것을 도와주기 위한 곳이다.

정말 중요한 일이다. 교수가 작성한 문장에도 여러 가지 문제나 틀린 부분이 있을 수 있다. 교수 자신이 작성한 문장에서 잘못을 찾기는 쉽지 않다. 특히 공과대학에 근무하는 교수들의 글은 실험 보고에 치중한 나머지 영어 문장의 잘못을 파악하기는 쉽지 않을 수 있다.

문맥상 사용되어야 하는 적절한 단어, 문법에 어긋나는 문장, 시제가 애

매한 경우, 문장에서 가장 적당한 동사, 형용사나 전치사의 선택, 문장의 길이, 수동태로 해야 할지 의문이 드는 문장 등 글을 쓸 때 생기는 잘못을 지적하고 올바른 문장을 작성하도록 도와주는 것은 정말 중요한 일이다. 이러한 문장 수정 작업을 거쳐 결함이 적은 좋은 글이 완성되는 것이다. 좋은 문장, 좋은 글이란 이러한 노력과 반복된 교정 작업에 의해서 이루어지는 것이다.

'Library Services'는 교수들에게 제공되는 어느 서비스보다도 더 중요한 서비스라는 생각이 들었다.

문서 교정 사무실 근무시간은 월요일부터 금요일, 낮 1시에서 3시까지임을 알려주는 작은 게시판이 문 앞에 있다.

:: 강의 평가 ::

대학에서는 강의가 거의 끝나가는 시점에 강의를 듣는 학생들이 수강하고 있는 강좌에 대해서 평가를 실시한다. 강의 평가의 목표는 강의의 내용을 학생들에게 확실하게 전달하는 데 있어 생겨날 수 있는 여러 가지 문제점을 파악하여, 보다 질 높은 강좌를 제공하기 위함이다. 미국에서도 학생들의 강의 평가는 중요한 자료로 취급되고 있다.

부산대학교에서는 한 학기가 끝나는 시점에 학생들이 자기의 성적을 확인하기 위해 반드시 수강한 교과목에 대한 강의 평가를 실시해야 한다.

강의를 들은 학생들이 매기는 강의 평가 점수가 교수들의 업적 평가에 이용된다는 것을 학생들이 알 경우에, 즉, 학생들이 자신들의 평가가 교수들의 업적에 영향을 미친다는 것을 알 경우, 강의를 하는 교수를 바라보는 학생들의 눈이 순수한 감정에서 다소 다르게 바뀔 가능성이 있다.

강의를 듣는 학생들은 '학생들의 강의 평가가 교수의 업적 평가에 영향을 미치니 우리들의 요구 사항을 잘 들어주겠지'라는 생각을 할 수 있다. 그리고 강의를 담당하는 교수들도 '강의를 어렵게 하거나 과제물을 많이 내어주면 학생들이 싫어하겠지, 그리고 어려운 수학이 있는 것을 피하고 보다 쉽게 강의를 해야지, 학점도 너무 낮게 주면 나쁘다고 소문이 나겠지, 학점도 잘 주어야지'라는 생각을 할 수 있다.

이러한 생각에서 강의를 맡은 교수들은 강의에서 꼭 다루어야 할 주요 내용을 빼거나 간략하게 다룰 수 있고, 반드시 주어져야 할 과제물의 개수는 줄어들고, 학생들이 수업 시간에 요구하는 사항들을 쉽게 뿌리치지 못하게 될 것이다. 이에 따라 학점을 너무 잘 주는 경향, 학점의 인플레이션이 일어날 수 있다.

이곳 오하이오 대학교에서는 강의 평가의 세부 항목들이 교무처장(Provost)의 주관하에 만들어진다. 강의 평가 항목은 크게 두 가지로 나누어져 있다. 강의 평가 항목의 40~50% 정도는 '강의와 직접 관계'된 항목들이고, 50~60%는 '강의와 간접적으로 관련'된 항목으로 되어 있다. 강의에 간접적인 항목으로는 강의실의 크기, 강의 시 사용하는 장비의 유용도, 한 강의의 학생 수에 따른 집중도 등이 있다.

따라서 강의 평가에서 얻은 자료 중 강의와 관련된 직접적인 요소만을 담당 강의 교수들에게 알려주고, 간접적인 평가값들은 대학 본부에서 활용한다. 즉, 다음 년도에 강의를 할당할 때나 강의의 집중도를 높일 수 있는 방안을 검토할 때, 그리고 강의실 배정이나 강의실 신축의 우선 순위를 정할 때에 사용한다.

오하이오 대학교의 각 단과대학마다 약간의 차이는 있지만, 강의 담당 교수가 강의 평가 점수를 5점 만점에 2.2 이상을 받으면, 그것으로 강의에 대해서는 더 이상 문제 삼지 않는다. 만약 강의 평가 점수가 2.2 미만일 경우, 학과장이 교과목 담당 교수에게 다음에는 강의에 더 많은 신경을 써줄 것을 요구하며 경고를 준다.

강의 평가에서 우수한 점수를 받은 교수는 'Best Teacher'로 선정되어 상을 받는 것이 이곳 교수들에게 커다란 영광이자 인센티브에 해당된다. 그리고 신임 교수가 첫 학기에 수행한 강의에 대해서는 강의 평가가 면제된다. 이는 새로 부임한 학교에 적응할 수 있는 시간을 신임 교수에게 주기 위해서이다.

여기에서 강의 평가는 교수들을 평가해서 줄을 세우기 위한 것이 아니라, 학생들을 잘 가르치기 위해 무엇이 필요한지를 찾고자 하는 것으로 인식되어 있다. 강의 평가를 하는 학생들도 이를 통해 강의에 대한 자신의 권리를 찾는 것이라 생각한다.

PART

3

학생을 위한 서비스

:: 대학생의 프라이드 ::

대학에 다니는 학생들의 프라이드는 어디에서 나올까? 이곳 오하이오 대학교에 다니는 대학생들은 여러 종류의 대학 로고가 들어간 옷을 입고 다닌다. 대학의 영문 이니셜은 'OU'인데, 여러 가지 형태로 사용되고 있다. 로고와 영문 이니셜이 들어간 모자를 쓰고 다니는 모습을 보면 아마도 수십 종류는 족히 될 것 같다. 여러 종류의 대학 로고가 들어간 티셔츠를 입고 학교 식당에서 아르바이트를 하는 학생들, 인터넷 서비스를 도와주는 학생들도 대학을 상징하는 녹색의 로고가 들어간 옷을 입고 있다.

학생들이 대학을 상징하는 로고가 인쇄된 옷을 입고, 학교의 로고가 들어간 보사를 쓰는 이유는 무엇일까? 학생들 마음속에 학교를 사랑하는 마음이 커서일까? 얼마나 사랑하기에 이런 옷을 입고 모자를 쓰고 다닐까?

대학에서는 어떤 서비스를 학생들에게 제공해주었을까? 학교를 좋아하고 사랑하는 마음은 어디에서 왔을까?

대학은 여러 가지 방법으로 학생들이 대학을 사랑하도록 유도하고 있다. 그중 하나는 우수한 운동 팀을 갖기 위한 많은 투자다. 이것은 대학을 다니는 학생들을 하나로 묶고, 이를 통해 대학을 사랑하는 마음이 들게 한다. 그래서 많은 돈을 들여 우수한 선수들을 스카웃해 오며, 훌륭한 코치를 데리고 온다. 그리고 연구 실적이 우수한 교수도 영입해 온다. 교수들은 강의를 통해 학생들에게 자신도 장차 훌륭한 사람이 될 수 있다는 꿈을 키워주기도 한다.

2012년 10월 13일 토요일 12시경에 오하이오 대학교 도서관 부근을 행진하는 사람들을 보고 사진을 찍었다. 이날 오후 1시부터 대학 운동장에서

행진 속에 눈에 띄는 차량이 한 대 있다. 차량 위에는 대학의 로고인 'Ohio'가 새겨진 옷을 입고, 차량 옆에는 'Ohio University Alumni Marching Band'가 쓰여진 현수막을 달고, 행진하는 사람들을 따라가고 있다. 이 대학 졸업생들이다.

미식축구 경기가 있기 때문에 많은 사람들이 운동장까지 행진하는 것이다. 유모차를 밀면서 따라가는 사람도 있다. 이 대학의 출신들이 즐거운 마음을 가지고 미식축구 경기를 보러 가고 있다. 재학생들과 졸업생들이 함께 대학의 행사에 참여하는 모습에서 대학을 사랑하는 마음을 보았다. 졸업생들이 학교 행사에 참여하는 모습을 보고 재학생들도 차츰 대학을 사랑하는 마음을 가질 수 있게 될 것이다.

미국이나 한국의 대학생들은 인터넷을 통해 자신이 다니는 대학에 대한 여러 가지 자료들을 보고 있다. 신문이나 TV에서도 대학에 대한 많은 정보들이 보도되고 있다. 이런 많은 정보들로부터 학생들은 스스로 자기가 다니는 대학의 위상을 알 수 있다.

이 대학은 분명 미국 내에서 매우 높은 위치에 속하는 대학은 아니다. 그렇지만 이 도시 어디를 가든 많은 대학생들이 OU로고가 들어간 옷을 입은 모습을 볼 수 있다. 이것은 자신이 다니는 대학을 충분히 사랑하는 마음이 있는 것이다.

이런 것을 보면서, 앞으로 우리나라 대학들이 해야 할 중요한 과제 중의 하나가 대학을 다니는 학생들의 마음속에 대학에 대한 프라이드를 심어줄 수 있는 방법을 찾는 것이라는 생각이 들었다. 대학생들이 정말 바라는 것이 무엇인지를 알아야 한다. 예를 들어, 대학 내에 건물을 하나 세울 때에도 미적인 감각을 가지고 설계를 하고, 학교 조경을 하더라도 조잡하게 하지 말아야 한다. 대학의 교육 환경도 어디를 가든지 자부심을 가질 수 있도록 해주어야 한다. 신입생을 뽑을 때도 앞으로 대학이 나아갈 방향에 맞는 잠재력이 있는 학생들을 선발할 수 있어야 한다. 가능하다면 유명한 교수들도 영입해서, 학생들 마음속에 자신이 가야 할 모습을 보여주는 노력도 해야 한다.

대학에 대한 높은 자긍심을 갖고 졸업한 학생들은 모교에 많은 발전이 있기를 바라는 마음으로 대학을 지켜볼 것이다. 자신이 졸업한 대학에 대한 프라이드가 없다면, 비록 자기가 졸업한 대학이더라도 사랑하는 마음이 약해지는 것이다.

:: Three-Strike-Out 제도 ::

대학생들이 대학에 진학해서 강의를 듣고 수업에 관련된 과제물들을 제출하며 중간고사와 기말고사를 치고 나면 교과목 담당 교수들은 학생들의 성적을 낸다. 학생들은 좋은 성적을 받기 위해 열심히 공부하지만, 생각보다 잘 안 나올 때가 있다. 성적이 잘 안 나오는 경우는 보통 두 가지 이유가 있다. 강의를 듣고 열심히 공부를 하지 않았거나, 강의를 들을 정도의 기본 실력이 없는 경우이다.

'Three-Strike-Out 제도'는 오하이오 대학교 내의 모든 학과에서 적용되는 것은 아니지만, 한 강좌에 세 번 수강 신청을 하여 소정의 성적을 얻지 못하면, 현재 다니고 있는 학과에 더 이상 다닐 수 없게 하는 제도이다. 이 제도는 학과의 전공을 공부하는 데 필수적인 교과목에 한하여 적용하고 있다.

하나의 교과목을 세 번 신청하여 일정한 성적을 받지 못하는 경우는 그 교과목에 대한 기본 실력이 없거나 그 교과목이 자신의 적성과 맞지 않아서 더 이상 학업의 성취를 기대할 수 없는 경우가 대부분이다. 이럴 경우 학생은 전공을 바꾸어야 할지를 깊이 고민해야 한다.

이 제도는 학생에게 무척 잔인한 제도로 보일지 모르지만, 길게 보면 학생을 위한 제도라 생각한다. 학생이 대학을 진학할 때에는 많은 생각을 하며 전공을 선택한다. 자신이 잘할 수 있는 분야가 있음에도 불구하고, 전공을 택할 때에는 사회적인 평판이 좋거나 장래 취업에 유리하다거나, 사회적으로 선망의 대상이 될 수 있을 것이라는 생각으로 택하는 경우가 많다. 이럴 경우, 선택한 전공 분야를 잘하기 위해서 각별한 노력이 필요하다.

학생이 먼저 선택한 전공을 잘할 수 없을 때는 교육적인 차원에서 전과를 권유하고, 다른 전공에서 자신의 능력을 발휘하고 흥미를 찾아 앞으로의 진로를 찾아가게 하는 것이 학교의 역할이라 여겨진다. 한 교과목을 세 번이나 신청하여 소정의 성적을 얻지 못한 학생에게 그 학과를 계속 전공하게 하는 것은 맞지 않을 수 있다.

그러나 한 학과에서 이러한 Three-Strike-Out 제도가 적용되는 교과목의 수가 많아선 안 될 것이라 생각한다. 전공 하나에는 반드시 수강해야 할 필수 교과목의 수가 약 12과목 정도 되고, 한 학과 안에서도 세부 전공으로 나누어진다. 이럴 경우를 생각한다면, Three-Strike-Out 제도를 적용하는 교과목은 전공 필수 교과목 중에서 선정해 운용하되, 그 교과목의 수를 최소로 지정해서 운영하는 것이 좋을 것 같다.

대학 교육의 목표는 국가나 사회가 필요로 하는 훌륭한 인재를 육성하는 것이다. 대학은 입학한 학생이 대학 생활 중에 학업을 포기하지 않고 자신의 적성과 잘 맞는 전공을 택할 수 있도록 도와주어야 한다. 그리고 학생들이 주어진 전공 교과목을 훌륭히 마칠 수 있도록 잘 지도하는 것이 대학에 주어진 어느 무엇보다 중요한 책무이다.

:: 대학에서의 윤리 교육 ::

2012년 8월 31일자 'The Boston Globe' 뉴스가 미국 명문 대학인 하버드 대학교에서 125명의 학생들이 시험 부정행위를 저질러 이슈의 가운데 섰으며, 대학 당국자는 지난 5월 기말고사 때 부정행위를 저지른 혐의로 조사를 받고 있는데 이는 역대 최대 규모라고 밝혔다.[41]

뉴스에 따르면 매튜 플랫(Mattew Platt) 교수의 'Government 1310: Introduction of Congress' 수강생 중 절반 가량이 부정행위를 했다고 한다. 대학원생 조교들이 학부 학생들의 답안이 비슷하다는 것을 알고 담당 교수에게 알리면서 표면화되었다. 학생들이 집에서 답안을 작성(take-home final examination)할 때, 서로 협력하여 답안을 베낀 것으로 드러났다. 학교 당국은 학생들의 부정행위에 휴대전화 등이 사용된 것으로 추정한다.

이 대학의 시험 지침서(introduction on the exam)는 답안을 작성할 때 학생들 간의 토의나 다른 사람의 지도를 금하고 있다.("The exam is completely open book, open note, open internet, etc. … More specially, students may not discuss the exam with others-this includes resident tutors, writing centers, etc.")[42]

부정행위가 확인된 학생들에게 중징계를 내릴 수 있으며, 이를 계기로 대학 당국은 재발 방지를 위해 대책을 마련할 것이다.

미국도 인간 사회이기 때문에 명문 대학이라 하더라도 이러한 문제는 언제든지 생겨날 수 있다. 평소에 윤리에 대한 교육이 되어 있었지만, 학생들의 짧은 생각으로 이런 일이 일어날 수 있다. 여기서 우리가 눈여겨볼 것은 이런 명문 대학에서 시험 부정 사건이 일어났을 때 부정행위를 한 학생들에게 어떤 조치를 내리는지이다. 이 대학에서, 더 나아가 미국 전체 대학에서 이를 계기로 앞으로 유사한 일이 일어나지 않게 하는 것이 무엇보다 중요하기 때문이다.

이 사건을 기사로 접하면서 대학생들에 대한 윤리 교육의 필요성을 생각해보았다. '윤리(倫理, ethics)'라 하면, 사전적인 정의로 '사람으로 마땅히 지키거나 행해야 할 도리나 규범, 인간의 행위에 관한 여러 가지 문제와 규범 따위를 연구하는 학문'이라 할 수 있다. 윤리에 대한 교육은 인간이 세상을 살아가는 데 꼭 필요한 교육이다.

우리는 평소에 많은 곳에서 '윤리'가 들어간 말들을 듣고 있다. 기업 윤리, 윤리 경영, 산업 윤리, 직업 윤리, 사회 지도층 윤리, 사이버 윤리, 의료 윤리, 국민 윤리, 사회복지 윤리 등 우리 생활의 많은 곳에서 윤리란 말들이 사용되고 있다.

현재 미국 대학에서는 연구 윤리 의식에 대한 교육을 철저히 시킨다고 한다. 각 대학마다 새 학기가 시작되는 시점에 자체적으로 윤리에 대한 교육을 한다. 윤리 교육은 대학마다 약간의 차이가 있어 윤리 교육에 필요한 시간이나 방법 등은 각 대학이 자체적으로 계획해서 실시하는 것으로 되어 있다.

대학에서는 강의와 관련된 숙제를 리포트로 제출한다. 일부 학생들은 다른 학생들이 한 리포트를 일부 수정하여 자신이 한 것인 양 별다른 죄의식 없이 수업 담당 교수에게 제출하는 경우가 있다. 중간고사나 기말고사 때 옆 사람의 답안을 보고 적는 경우도 가끔 발견한다. 시험 공부는 적게 했고, 성적은 잘 받고 싶은 마음에서 여러 가지 방법을 동원하여 옆 사람의 답안을 베껴서 적는다.

그리고 대학원생들이 논문을 작성할 때, 다른 사람들이 실험하고 내어놓은 결과를 인용 표시 없이 자기가 한 것처럼 발표하는 경우도 있다. 다른 사람들이 밤새워 실험하여 얻은 결과를 아무런 보답이나 인용한다는 말없이 사용하는 것은 일종의 범죄 행위에 해당된다.

이러한 것들은 스스로의 노력 없이 다른 사람들이 열심히 시간을 투자해서 얻은 결과를 아무런 대가를 치르지 않고 가져오는 아주 나쁜 행동이다. 대가를 치르지 않고 죄의식을 가지지 않은 채 남의 결과를 가로채는 행위는 사회 질서를 해치는 행위이다. 죄의식을 느끼지 못하고 남의 결과를 사용하는 것이 용납된다면, 우리가 살아가는 사회는 무질서로 인해 무너질 것이다.

사회의 너무 많은 곳에서 우리의 상식에 반하는 행위를 하는, 즉, '사람으로서 지켜야 할 규범'을 지키지 않는 일들이 일어난다. 이러한 일들이 우리 주위에서 쉽게 일어나는 것은 우리가 지켜야 할 규범에 대한 교육이 안 되어 있기 때문일 것이다.

이러한 행위를 금지하고 인간 사회의 규범을 지키기 위해, 우리는 '윤리'라는 교육을 하고, 받기도 한다. 인간이라면 지켜야 할 규범을 지키는 것이 사회를 유지시키는 힘이다.

대학에서 학생들이 과제물을 작성할 때 다른 학생 것을 보고 베끼지 않도록 교육하며, 시험에 부정을 저지르지 않도록 교육하고, 자기 논문을 작성할 때 다른 사람들의 논문을 무단으로 복제하지 않도록 교육해야 한다. 이러한 행위들이 사회의 기본을 무너뜨리는 것임을 교육해야 한다.

이런 교육을 받은 사람들은 기업에서 제품을 만들 때 소비자의 건강을 생각해서 유해한 재료를 사용하지 않을 것이며, 생산 현장에서 일하는 작업자들을 위해 쾌적한 작업 환경을 꾸며줄 것이며, 작업자의 노동으로 많은 이윤을 얻은 기업주들은 사회에서 주는 고마움을 표시하기 위해 자신의 재산을 사회에 자연스럽게 환원할 것이다.

윤리에 대한 교육은 가정에서나 학교에서나 사회에서 스스로 익힐 수 있도록 해야 하겠지만, 사회에 나가기 전 마지막 단계인 대학에서 체계적으로 정리해줄 필요가 있다. 각 전공 분야에서 생겨날 수 있는 윤리에 대한 요구사항들을 사례 중심으로 설명하고 몸에 익힐 수 있는 과정이 필요하다. 현재 많은 대학에서 윤리에 대한 교과목을 교양 선택 교과목으로 지정하여 운영하고 있다.

따라서 각 단과대학에서는 학문의 성격에 따라 약간씩 차이는 나겠지만, 예를 들어, 자연대학과 농과대학에서는 생명 윤리, 의과대학에서는 의료 윤리, 법과대학에서는 법조인 윤리, 약학대학에서는 약학 윤리, 공과대학에서는 공학 윤리, 사회과학대학에서는 사회 윤리 등과 같이, 사회에서의 역할과 연계하여 학생들에게 전공에 필요한 윤리를 교육해야 한다. 독립된 교과목으로 할지, 아니면 교과목 속에 윤리에 관련된 내용을 의무적으로 넣을 것인지를 선택하여 새로운 학기가 시작될 때마다 학생들에게 교육해야 할 것이다. 이를 통해 '사람으로 마땅히 지키거나 행해야 할 도리나 규범'이 살아 움직이는 건강하고 사람의 향기가 나는 사회가 될 수 있다.

:: 축구팀 해단식 ::

2012년 11월 15일 저녁 6시 30분에 오하이오 주 에텐스 시에 있는 에텐스 고등학교(Athens High School, AHS)의 축구(Soccer)팀 해단식이 있었다. 이 고등학교에는 특별 활동으로 배구, 농구 치어리더, Cross Country, 골프, 축구, 미식축구, 소프트볼, 수영, 테니스, 육상, 레슬링 팀들이 있어 많은 학생들이 방과 후 활동을 한다. 지난 8월부터 정규 시즌에 접어들어서 홈경기와 원정 경기 등으로 고등학교 학생들의 여가 활동을 돕고, 신체의 발달을 도와주고 있다.

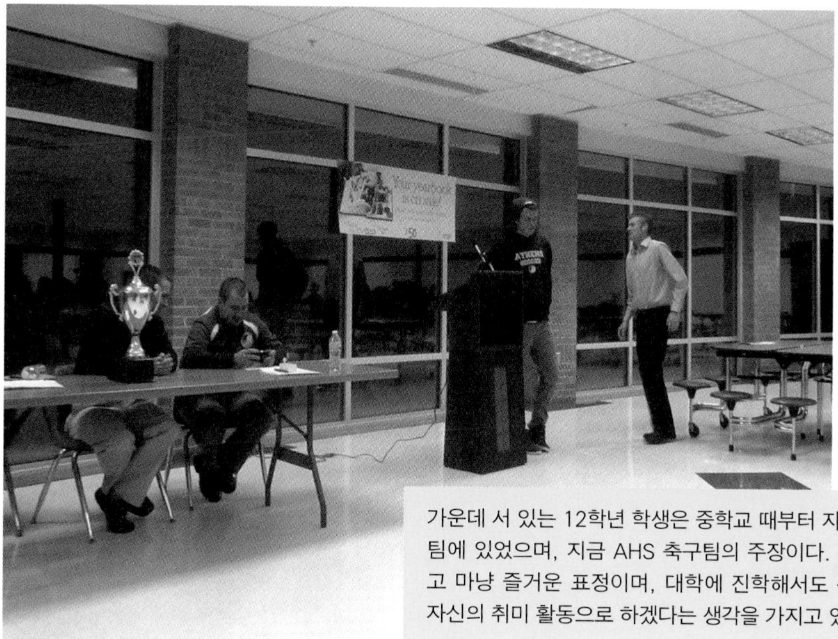

가운데 서 있는 12학년 학생은 중학교 때부터 지금까지 축구팀에 있었으며, 지금 AHS 축구팀의 주장이다. 털모자를 쓰고 마냥 즐거운 표정이며, 대학에 진학해서도 축구를 계속 자신의 취미 활동으로 하겠다는 생각을 가지고 있었다.

이날 저녁 해단식은 축구팀에 속해 있는 38명의 학생들에게 축구팀 소속을 나타내는 증명서를 나누어 주고, 코치를 맡고 있는 사회 교과목 담당 선생님(Mr. Thomas)이 지난 한 학기 동안 있었던 이야기를 하면서 진행했다.

해단식에는 38명의 학생들과 학부모들, 그리고 코치 선생님 3명이 참석했다. 많은 학부모들이 준비한 간단한 음식을 함께하며, 축구팀에 속해 있는 학생들의 특징에 관해 코치 선생님의 말씀이 두 시간 정도 이어졌다. 이런 행사가 각 학생들이 준비한 음식(예를 들어, 케이크, 빵, 샐러드, 과자 등)으로 이루어지는 모습과, 코치 선생님이 자원봉사로 학생들을 지도하고 팀을 이끄는 모습은 학부모로서 보기 좋았다.

이 축구팀에는 12학년(고등학교 3학년) 학생 5명이 있었다. 내년에 어느 대학으로 진학하느냐고 물었더니 두 명의 학생은 이 도시(Athens)에 있는 오하이오 대학교에, 또 한 명의 학생은 이 도시에서 80마일 떨어진 콜럼버스에 있는 오하이오 주립대학교에 진학할 것이라고 했다. 이들은 모두 즐거운 표정으로 대답을 했다.

우리나라 고등학교 3학년 학생들이 축구팀, 농구팀, 배구팀, 미식축구팀, 테니스팀 등에서 일주일에 2~3번의 경기와 1~2번의 연습으로 방과 후의 시간을 보낼 수 있을까? 다른 고등학교에서 갖는 원정 경기 때에는 보통 밤 10시경에 학교에 돌아오며, 학부모들이 학생들을 데려와야 하는 상황을 한국의 부모들이 이해할 수 있을까? 어떻게 해서 미국에서는 대학에 들어가는 것이 이렇게 학생들에게 스트레스를 주지 않는 것일까? 어떻게 이곳의 학생들은 자기가 살고 있는 집 주위의 대학에 진학하는 것을 아무렇지 않게 생각할 수 있는 것일까?

여러 가지 생각을 하면서 AHS 축구부 해단식에 앉아 있었다. 우리나라도 고등학교 학생들이 자신의 취미 활동을 할 수 있게, 그리고 학생들이 더

고등학교 식당으로 사용하는 강당에서 축구부 해단식을 겸한 수료식을 하는 모습. 앞에 AHS의 축구코치 선생님이 서 있다.

서로 준비해 온 음식을 나누어 먹는 학생들

욱 건강하게 자랄 수 있도록 학생들과 학부모들의 대학 입시 스트레스를 풀어줄 수 있는 대책이 빨리 세워졌으면 좋겠다. 여기에서 느껴지는 안락함을 우리나라 고3이 있는 가정과 고3 학생들에게도 느끼게 할 수는 없을까?

학생이 자신이 거주하는 지역에 있는 국립대학에 진학하는 경우—미국의 주립대학과 같이—등록금을 매우 저렴하게 해주면 좋겠다는 생각을 했다. 이렇게 되기 위해 지역에 있는 대학들은 다른 대학과의 차별화를 이루어 대학을 졸업하는 시점에 일할 직장을 잡는 데 어떤 어려움도 없도록 해서, 고등학교를 졸업하는 학생들이 어느 대학을 가더라도 괜찮다는 생각을 가질 수 있도록 하는 제도적인 뒷받침이 필요하다.

미국에서는 대학 입학시험인 SAT(Standardization test for college admission in the United States)와 ACT(American College Testing) 시험을 일 년에 여러 번 볼 수 있는 기회가 있으며, 시험 준비가 잘된 학생들은 11학년(고등학교 2학년)에서 시험을 끝내고 학교 활동으로 즐거운 시간을 보낼 수 있기 때문에, 이와 같이 고등학교 학생들의 얼굴에서 여유를 느낄 수 있나 보다.

저녁 시간에 있었던 미국의 한 고등학교의 축구부 해단식에서 우리나라에서 대학에 진학하고자 하는 학생들을 위해 대학에서 무슨 일을 해야 하는지를 생각해보았다.

:: 대학 투어 ::

2012년 4월 11일 아침, 복도에서 4명으로 구성된 한 가족을 만났다. 부모님들과 약 18세와 7세 정도 되는 두 아들이 있는 가족이다. 이번에 고등학교를 졸업할 예정인 큰아들이 오하이오 대학교의 입학 허가서를 받고 나서 대학에서 입학 허가를 받은 학생과 가족에게 대학을 구경시켜 주는 행사인 'College Tour'에 참여한 것이다.

미국에서 고교 졸업 예정자들은 대학의 입학 허가를 보통 3~4곳에서 받는다. 어느 대학으로 갈 것인지를 결정하기 전에 각 대학에서 제공하는 이러한 대학 투어를 이용한다.

대학 투어는 대학에서 입학 허가를 받은 학생에게 제공하는 서비스로, 고등학교 졸업을 앞둔 학생에게 최종적으로 대학을 결정하는 데 도움을 주고자 하는 것이다. 이를 통해 진학 예정의 학생이 진학하고자 생각했던 대학에 관련한 자료나, 인터넷 속에서 보았던 여러 가지 교육 및 기숙사 시설 등을 실제로 볼 수 있는 기회를 제공해준다. 이뿐만 아니라, 대학의 비전 및 대학 졸업 후의 진로 등에 대한 소개도 직접 받는다. 이를 통해 대학을 선택하기가 보다 편리해진다. 입학 허가서를 받은 학생과 그 가족이 정해진 날짜에 학교로 오면 학교의 홍보대사(Ambassador)로 일하는 학생의 안내를 받으며 학생이 보고 싶어 하는 학교 및 학과 시설뿐만 아니라 학교의 중요한 교육 환경을 둘러보는 시간을 갖는다. 홍보대사로 일하는 학생은 이 대학의 학생으로 평균 수준 이상의 학점을 받은 장학생들이다.

학생은 가족(특히 학부모)과 함께 대학을 방문하고 대학의 여러 곳을 소개받으면서 자신이 느끼지 못했던 부분을 부모와 의논할 수 있고, 부모는 부

에스컬레이터 맨 앞에 서 있는 노란색 상의를 입은 여학생이 오늘 이 팀을 안내하는 홍보대사 역을 맡고 있다. 이 여학생은 학생과 학부모들에게 대학에 대한 소개를 하며 다른 곳으로 이동하고 있는 중이다.

모의 경험에 비추어 미래에 대한 충고를 고교를 졸업하는 자기의 아들이나 딸에게 해줄 수 있다.

대학에서는 대학 투어에 참여한 학생 및 가족에게 왕복 교통비를 제공하고 학교 기숙사 혹은 게스트 하우스(Guest House)에서 숙박할 수 있도록 해준다. 대학에서는 고등학교 졸업 예정자들을 위해 일정한 기간(약 2개월 정도)을 정해 이 제도를 시행한다.

오하이오 대학교에서는 입학 허가를 받은 고등학교 학생이 어느 특정 교수, 즉 신문 지상이나 TV에 출연한 유명한 교수를 만나고 싶다고 대학에 신청을 하면, 그 교수에게 연락을 하여 시간을 낼 수 있는지를 물어보고 학생과 만날 수 있도록 주선도 한다. 이런 부탁을 받은 교수들은 좋은 고교생을 본 대학에 오게 해야겠다는 교육자적인 책임감에서 기꺼이 응한다. '연구 때문에 바빠서…….'라며 학생을 만나는 것을 꺼리는 일은 가능한 한 하지 않는다고 한다. 좋은 학생을 뽑는 것은 대학의 좋은 자원을 확보하는 일이며, 이것은 대학의 미래와 연결되기 때문이다.

부산대학교에서는 고교 3학년을 대상으로 수능 시험을 치고 난 다음, 부산대학교에 진학을 많이 하는 고등학교를 중심으로 부산 및 경남 지역에 있는 고등학교에 대학 입학 홍보 안내서를 보낸다. 고등학교별로 초청 날짜를 정해 연락을 주고받으며, 고등학교 단위로 단체로 대학을 방문하게 한다. 대학의 여러 학과에서는 이날 고등학생들에게 대학 및 학과를 소개한다.

이 방법은 한꺼번에 너무 많은 학생들이 몰리기에 대학 홍보에 어려움이 있고, 홍보의 효과에도 의문이 들며, 개인적으로 알고 싶어 하는 관심 분야(장학 제도, 연구 분야, 장래 발전 가능성 등)에 대해 물어볼 수 있는 기회도 매우 적다. 고교생들도 친구들과 재미로 그냥 한 번 대학에 왔다 가는 방문이 되는 경우가 많다.

대학에 진학을 하고자 하는 학생들에게 어떠한 방법으로 홍보를 하는 것이 좋은지 많은 연구를 해야 할 것이다. 많은 미국 대학에서 하고 있는 '대학투어(College Tour)' 같은 방법도 좋을 것 같다. 홍보를 하고자 하는 대학과 대학을 진학하고자 하는 학생들 간에 '마음의 소통'이 일어날 수 있는 방법을 찾아야 한다. 더 많은 연구를 해서 실제적인 대학 홍보의 효과가 나는 방법을 찾아야 할 것이다.

:: 컴퓨터 서비스 공간 ::

오하이오 대학교에서 학생들이나 교수들의 왕래가 많은 곳인 식당 혹은 도서관에서 쉽게 볼 수 있는 것이 공용으로 사용하는 컴퓨터와 프린트가 설치되어 있는 곳이다. 언제 어느 곳에서든 필요한 자료를 출력할 수 있게 되어 있다. 학생들의 식당과 컨벤션 센터, 학생들의 편의 시설이 있는 'Baker University Center' 중앙 통로의 한 공간을 할애하여, 대학 구성원이면 누구나 사용할 수 있도록 컴퓨터와 프린트를 비치했다. 이 센터는 이 대학을 대표하는 건물 중의 하나다.[43]

현재 많은 사람들이 개인용 컴퓨터나 노트북을 사용하고 있지만, 대학에서 이러한 장비들을 학교의 곳곳에 설치해둠으로써 학생들에게나 교수들에게 대학에 대한 만족도를 높일 수 있도록 했다. 이러한 서비스는 학생들에게 편리성을 제공함과 동시에 외부 방문객에게 학교에 대한 좋은 이미지를 전해주는 역할도 하고 있다. 대학을 방문하는 외부인이 학생들을 위한 서비스가 잘되어 있는 대학이라고 느끼게 해주는 것도 중요한 일이다.

도서관 안 여러 곳에도 이러한 설비들이 비치되어 있다. 학생들이나 교수들이 필요한 자료를 그때그때 출력하거나 팩스를 통해 다른 곳으로 전송도 가능하게 해두었다. 이러한 설비들을 사용할 때에는 사전에 쿠폰을 사서 이용한다.

대학의 어느 곳에서든지 대학의 시설을 손쉽고 편리하게 이용할 수 있도록 해두었다. 이와 같이 대학도 이제는 학생들에게 무엇이 필요한지를 사전에 파악하여, 학생들이 요구하기 전에 준비를 해야 할 것이다. 즉, 대학에 다니는 학생들을 고객으로 생각하여, 학생들에게 서비스하는 정신으로 대학을 운영해야 할 것이다.

사진 왼쪽 책상과 의자가 설치되어 있는 곳에서는 인터넷을 통해 필요한 자료들을 검색할 수 있고 다른 한쪽에는 프린터와 팩스기가 준비되어 있다.

도서관 한가운데에 비치된 프린터와 팩스기이다. 도서관 여러 곳의 컴퓨터와 연결되어 있어, 한 곳의 프린터로 자료를 보내면 출력이 가능하다.

대부분의 미국 대학에서는 대학에 들어온 신입생들에게 '학력 테스트(Placement Examination)'를 보게 한다. 학력 테스트를 실시하는 이유는 대학 수업을 받는 데 적절한 실력을 가지고 있는지를 파악하기 위해서이다. 테스트 점수가 낮은 학생들은 전공 교과목을 이수하기 전에 우선적으로 강의를 받고 통과해야 하는 '선수 교과목'이 정해진다. 즉, 선수 과목의 수업을 듣고 실력을 쌓은 후 전공에 관련된 강의를 수강함으로써 올바른 전공자를 만들고자 하는 것이다.

오하이오 대학교에서 학력 테스트 후에 학생들이 들어야 하는 교과목 목록표.

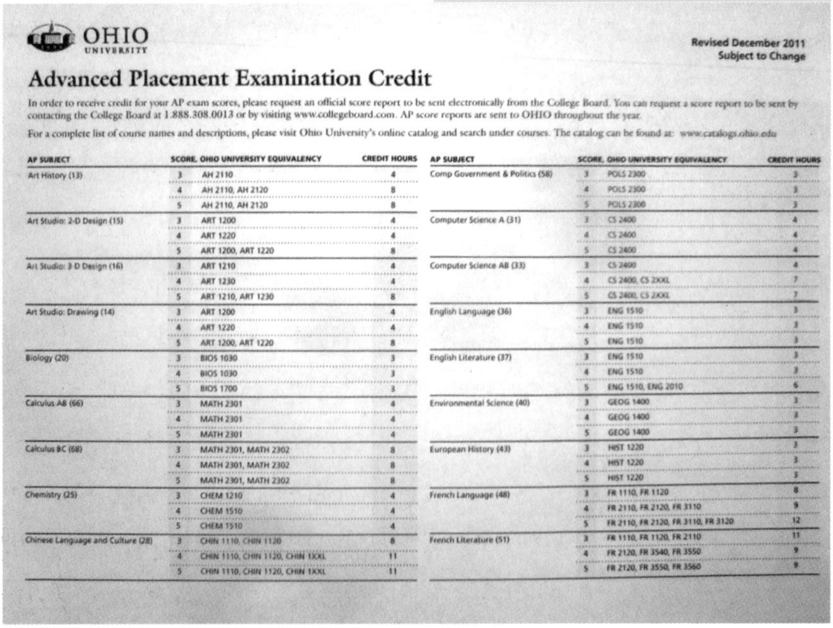

OHIO UNIVERSITY

Revised December 2011
Subject to Change

Advanced Placement Examination Credit

In order to receive credit for your AP exam scores, please request an official score report to be sent electronically from the College Board. You can request a score report to be sent by contacting the College Board at 1.888.308.0013 or by visiting www.collegeboard.com. AP score reports are sent to OHIO throughout the year.

For a complete list of course names and descriptions, please visit Ohio University's online catalog and search under courses. The catalog can be found at: www.catalogs.ohio.edu

AP SUBJECT	SCORE	OHIO UNIVERSITY EQUIVALENCY	CREDIT HOURS
Art History (13)	3	AH 2110	4
	4	AH 2110, AH 2120	8
	5	AH 2110, AH 2120	8
Art Studio: 2-D Design (15)	3	ART 1200	4
	4	ART 1220	4
	5	ART 1200, ART 1220	8
Art Studio: 3-D Design (16)	3	ART 1210	4
	4	ART 1230	4
	5	ART 1210, ART 1230	8
Art Studio: Drawing (14)	3	ART 1200	4
	4	ART 1220	4
	5	ART 1200, ART 1220	8
Biology (20)	3	BIOS 1030	3
	4	BIOS 1030	3
	5	BIOS 1700	3
Calculus AB (66)	3	MATH 2301	4
	4	MATH 2301	4
	5	MATH 2301	4
Calculus BC (68)	3	MATH 2301, MATH 2302	8
	4	MATH 2301, MATH 2302	8
	5	MATH 2301, MATH 2302	8
Chemistry (25)	3	CHEM 1210	4
	4	CHEM 1510	4
	5	CHEM 1510	4
Chinese Language and Culture (28)	3	CHIN 1110, CHIN 1120	8
	4	CHIN 1110, CHIN 1120, CHIN 1XXL	11
	5	CHIN 1110, CHIN 1120, CHIN 1XXL	11

AP SUBJECT	SCORE	OHIO UNIVERSITY EQUIVALENCY	CREDIT HOURS
Comp Government & Politics (58)	3	POLS 2300	3
	4	POLS 2300	3
	5	POLS 2300	3
Computer Science A (31)	3	CS 2400	4
	4	CS 2400	4
	5	CS 2400	4
Computer Science AB (33)	3	CS 2400	4
	4	CS 2400, CS 2XXL	7
	5	CS 2400, CS 2XXL	7
English Language (36)	3	ENG 1510	3
	4	ENG 1510	3
	5	ENG 1510	3
English Literature (37)	3	ENG 1510	3
	4	ENG 1510	3
	5	ENG 1510, ENG 2010	6
Environmental Science (40)	3	GEOG 1400	3
	4	GEOG 1400	3
	5	GEOG 1400	3
European History (43)	3	HIST 1220	3
	4	HIST 1220	3
	5	HIST 1220	3
French Language (48)	3	FR 1110, FR 1120	8
	4	FR 2110, FR 2120, FR 3110	9
	5	FR 2110, FR 2120, FR 3110, FR 3120	12
French Literature (51)	3	FR 1110, FR 1120, FR 2110	11
	4	FR 2120, FR 3540, FR 3550	9
	5	FR 2120, FR 3550, FR 3560	9

대학에 진학한 학생들의 학력 수준이 모두 같을 수는 없다. 한 학과에 들어오는 학생들이라도 실력 차이가 날 수 있다. 대학에서는 이렇게 실력 차이가 많이 나는 학생들을 교육할지에 대해 많은 고민을 한다. 특히 수강을 시작하는 시점에 이러한 학력 테스트를 실시하여, 평균 학력에 못 미치는 학생들에게 전공 교과목을 수강하기 전에 자기에게 모자라는 부분과 전공자가 되기 위해 필수적으로 갖추어야 할 기초 학력 수준을 알려줄 필요가 있다.

자연대학이나 공과 계통의 신입생들은 주로 수학, 물리, 화학 계통의 선수 교과목들이 정해지는데, 이것은 각 학과마다 다르며, 학과 교수 회의에서 학생들이 수강해야 할 교과 과정 내 선수 교과목들이 이미 파악이 되어 있다. 다양한 분야가 있기 때문에 제시하고 있는 선수 교과목도 다양하다.

대학에서는 대학에 들어오는 전체 신입생들에게 학력 테스트를 실시하고 필요한 선수 교과목을 수강하게 하여, 전공 교과목을 이수하는 데 어려움을 줄여주고자 노력하고 있다. 예를 들어, 대학에서 공학을 전공하기 위해서는 수학 교과목인 미적분과 물리의 기본 학력이 필요한데, 학력 테스트에서 수준 이하의 점수를 받았을 경우, 전공 교과목을 듣기 전에 우선적으로 들어야 할 선수 교과목을 지정받는다. 선행 교과목을 듣고 통과해야만, 전공 학과에서 제공되는 역학(Mechanics) 과목을 이수할 수 있다.

이렇게 하는 이유는 한 학과에서 학생들의 실력 차이가 많이 나는 경우 수업의 진행이 불가능한 것을 막기 위해서이다. 이를 통해 공학 교육의 효과 및 성취도를 기대할 수 있게 된다.

이런 선수 교과목을 많이 들어야 하는 경우, 대학을 졸업하는 데 필요한 기간이 그렇지 않은 학과에 비해 늘어나게 된다. 즉 선수 교과목을 이수하지 못해 전공 관련 교과목을 수강하는 데 걸리는 시간이 늘어나는 경우가 많다.

현재 부산대학교 신입생이 대학에 들어온 후 치는 학력 진단평가에는 신입생 전체를 대상으로 하는 영어수준 진단평가와 실용컴퓨터 진단평가, 자연대와 공대 신입생을 대상으로 하는 수학기초학력진단평가 세 가지가 있다.

공학을 공부하려는 학생들은 위 세 가지 평가 외에 추가적으로 더 많은 사항들을 고려해야 한다. 요사이 대학에 들어오는 학생들은 고등학교 때 물리나 화학 등의 수업을 받지 않고 공과대학에 입학하는 경우가 많다. 대학에서 올바른 교육을 받기 위해 고등학교에서 배워야 하는 부분까지 모두 교육할 수는 없지만, 각 학과의 특성에 따라 최소한의 기초 교과목을 이수하게 하는 것은 매우 중요하다. 이것은 올바른 전공자를 양성하기 위한 기초 작업인 것이다.

현재 대학에서 신입생들에게 실시하고 있는 학력 진단평가의 문제점들을 세밀히 분석하여 새로운 학생이 대학에 들어오는 시점에 전공 교과목을 이수하는 데 필요한 기초 학력 테스트를 실시하고, 전공 교과목 수업을 받기 전에 실력이 떨어지는 학생에게 맞는 선수 교과목을 지정해주는 제도를 새롭게 정착할 필요가 있다. 이를 위해 대학에서는 다양한 학문 분야를 고려하여 학문의 선수 교과목을 폭넓게 작성해야 할 것이다.

:: 고객(학생) 서비스 ::

대학에서 학생들은 고객이다. 고객을 최우선으로 하는 기업은 성공한다. 다양한 고객의 요구 사항을 잘 파악하여, 만족시킬 수 있는 방법을 찾아야 한다.

오하이오 대학교에서 학생들은 어떤 존재일까? 고객의 요구 사항들을 모두 만족시키는 데에는 많은 예산이 필요한데, 학생들은 등록금 액수에 합당한 대접을 받고 있다고 생각할까? 대학에서 대학생들은 등록금을 내고 강의를 듣고 학점을 받아서 나가는, 단순한 학생일까?

양탄자가 깔려 있고 여러 세미나실이 있는 공동 휴게실

편안한 강의실 복도에서 강
의 시간을 기다리는 학생들

이 대학에서 학생들이 머물고 활동하는 공동 공간을 본다. 학생들이 같이 앉아서 시간을 보내는 곳은 어느 곳이나 분위기가 좋다. 미국 대부분 대학이 그렇듯 바닥은 양탄자가 깔려 있고, 비록 돈을 주고 사서 마셔야 하지만 머핀과 따뜻한 커피가 준비된 커피숍도 여럿 설치되어 있다.

컴퓨터실은 학생들이 사용하는 데 불편하지 않을 정도의 컴퓨터가 설치되어 있다. 실험 · 실습에 사용되는 소재들은 충분히 공급되며, 한 번에 실습하는 학생 수도 많지 않아 수업을 듣는 데 불편함이 없다. 실습하는 한 반의 크기는 학생 수가 15명 이상이 되면(학과마다 사정이 약간 다르기는 함) 분반이 가능하다.

전기공학 및 컴퓨터공학부 학과 사무실 앞에 있는 학생들을 위한 선반이다.
학생들 개개인의 이름표가 붙어 있다. 학생 개인에게 온 편지나 학교에서 보내는 안내물,
채점된 리포트들을 넣어두는 데 사용되고 있다. 여기서 학생들은 자신에게 온
우편물을 보고, 대학에서 제공하는 세심한 서비스에 고마움을 느낄 것이다.

밖이 아무리 더워도 강의실과 건물 안은 오히려 긴 옷을 입어야 할 정도로 시원하다. 천정에 나 있는 중앙집중식의 에어컨 관으로부터 냉기가 공급되고 있다. 건물 안은 정말 청소가 잘되어 있다. 청소부 아저씨와 아주머니께서 아침 일찍, 그리고 오후에 각 강의실과 연구실, 그리고 화장실 등을 청소하고 있다.

낮 동안에는 필요 없을 것 같은데, 학생들이 사용하는 공간에는 부분 조명으로 분위기를 꾸며준다. 학생들이 사용하는 식당, 복사실, 휴게실 등에는 색깔이 예쁜 전등이 사용되고 있다.

학생들의 안전을 위해 학교에는 대학 경찰(University Police)이 순찰하고 있으며, 곳곳에 비상 전화기가 설치되어 있다. 학생들이 주로 건너다니는 횡단보도에는 학생들이 우선 횡단할 수 있는 권리가 있다. 학생들이 건널 때에는 모든 차들이 횡단보도 앞에 서야 한다. 이러한 것은 주 법(State Law)으로 정해져 있음을 횡단보도에 세워진 간판에서도 알 수 있으며, 이를 통해 도로를 달리는 운전자에게 경고하여 학생들의 안전을 보장해준다.

그리고 학생들이나 교수들이 가고자 하는 곳으로 쉽게 갈 수 있게 해주는 셔틀 버스(University Bus)가 수시로 오고 간다. 시내까지 운임 없이 자유롭게 타고 내리는 모습을 보면 부럽다.

이곳에서는 학생들이 여가 시간을 잘 보낼 수 있도록 하는 시설이 돋보인다. 비록 9홀이지만 골프장이 있고, 국제 경기가 가능한 수영장, 축구 경기장, 테니스 코트, 미식축구 경기장, 야구장 등이 구비되어 있는데, 이들 경기장에는 모두 야간 조명시설이 완비되어 있다. 날씨가 좋은 날, 남학생 여학생 할 것 없이 선탠을 할 수 있는 잔디밭도 잘 정비되어 있다. 잔디 관리인들이 일주일이나 열흘에 한 번 정도 잔디를 깎을 때에는 풀 냄새가 정신을 맑게 해주는 것 같다. 대학의 조경에도 많은 투자를 하고 있다.

이곳 학생들이 가장 좋아하는 것은 미식축구 경기 관람이다. 이에 대한 학생들의 요구를 충족시켜 주기 위해 대학 내에는 미식축구장이 만들어져 있다. 경기가 있는 날에는 많은 학생들과 시민들이 와서 응원을 한다. 야구장도 따로 만들어져 있어 간혹 경기하는 모습을 볼 수 있다.

무엇보다 학생을 고객으로 보고 서비스를 하고 있는 곳은 학과 사무실이다. 이곳은 학생들이 가장 많이 이용하는 서비스 공간이기도 한데, 학과 사무실에서 근무하는 조교 혹은 직원들은 실수가 없을 정도로 일을 잘하는 사람들이다. 연륜과 경험이 많아 일을 처리하는 속도가 빠르다.

학생들이 대학에 다니는 동안, 대학에 대한 고마운 마음이 들 수 있게 해야겠다. 이렇게 함으로써 학생들이 자신이 졸업한 대학을 사랑하는 마음이 더욱 커질 것이다. 현재의 고객인 학생들에게 잘함으로써 미래의 고객인 그들의 후배들에게 좋은 대학의 이미지를 전달할 수 있을 것이기 때문이다. 학생들의 목소리를 듣는 마음을 열어두어야겠다.

:: 비상 전화 ::

오하이오 대학교 곳곳에는 비상 전화가 설치되어 있다. 비상 전화의 종류도 다양하다. 많은 학생들과 교수들이 아침부터 밤늦게까지 생활하고 있는 대학 캠퍼스에는 항상 어떤 일들이 생길 수 있다. 갑자기 학생이 아플 때에나 밤늦게 도움이 필요할 때, 밤늦게 연구실에 있다가 귀가를 위해 타고 왔던 자동차에 시동이 걸리지 않을 때, 그리고 예상치 못한 일들로 구조의 도움을 요청할 때 긴급하게 사용할 수 있는 전화기가 대학 곳곳에 설치되어 있다.

이와 같은 비상 전화기가 대학 캠퍼스 내 여러 곳에 설치되어 있으면 좋겠다. 곳곳에 방범용 CCTV가 설치되어 있기는 하지만, 많은 학생들과 일반인들이 있는 대학 캠퍼스에 어떤 일이 발생할지 모르는 비상 상황에 대해 빠르게 대처할 수 있어야 한다.

부산대학교의 장전동 캠퍼스는 건물들이 많고 도로의 폭이 좁다. 밤에는 으슥한 공간이 많지만 가로등이 학교 전체를 비출 수는 없다. 밤늦게까지 연구실에서 연구를 하는 대학원생들이 많고 학기 초에는 캠퍼스 곳곳에서 행사가 벌어진다. 이와 같은 사정은 양산 캠퍼스와 밀양 캠퍼스도 마찬가지다.

학교 내 설치된 비상 전화가 학교 내에 있는 자체 경비 시스템과 동시에 지역 관할 경찰서에 바로 연결되어 유기적인 비상망을 갖추어야 할 것이다. 학생들의 긴급한 구조 요청에 응할 수 있는 체계가 되어야 하며, 대학 내에서 생길 수 있는 안전사고 대비책에 대한 검토도 함께 이루어져야 할 것이다. 대학 내 학생들의 안전을 위한 서비스가 무엇보다 중요하다.

대학 건물 뒤편에 설치되어 있는 비상 전화다. 이 길은 여러 건물들을 연결하고 있어, 야간에도 학생들이 많이 다니는 곳이다.

대학 병원 앞에 설치되어 있는 비상 전화다. 버튼의 개수가 하나인데, 수화기를 들고 가운데 있는 버튼을 누르기만 하면 안쪽에 있는 직원과 바로 연결된다. 휠체어를 탄 환자도 쉽게 이용할 수 있게 해두었다.

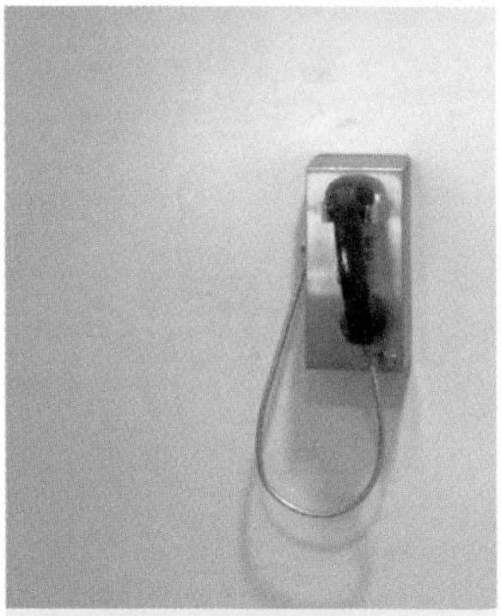

대학 강의실 복도에 설치되어 있는 비상 연락용 전화기다. 많은 학생들이 사용하는 대형 강의실 주위에 이런 전화기가 많이 설치되어 있어 강의실 및 실험실 내부와 통화할 수 있다.

자신의 논리나 이론, 그리고 실험을 통해 얻은 결과들을 글로써 나타내어야 하는 대학생에게 글쓰기 능력을 갖게 하는 것은 매우 중요하다. 글쓰기를 잘하는 것은 전공 공부를 잘하는 것 이상으로 중요한 능력이다. 자신의 연구 결과를 다른 사람에게 나타내지 않으면 그 가치가 없어지기 때문이다.

대학생들이 좋은 글쓰기 능력을 갖게 하기 위해서 대학에서는 어떤 노력을 해야 할까? 여기에 답이 될 만한 공간을 찾았다.

오하이오 주립대학교의 'The Writing Center'는 자신이 작성한 글을 상담하러 오는 학생들로 만원을 이룬다. 자신이 작성한 글을 가지고 와서 어디에 잘못된 점이 있는지 지적을 받고, 보다 나은 문장을 쓸 수 있도록 지도를 받는 곳이다. 이를 통해 학생들의 작문 능력이 향상될 수 있다.

대학생 글쓰기를 도와주는 오하이오 주립대학교의 공간. 환경공학과가 있는 건물에 위치하였다.

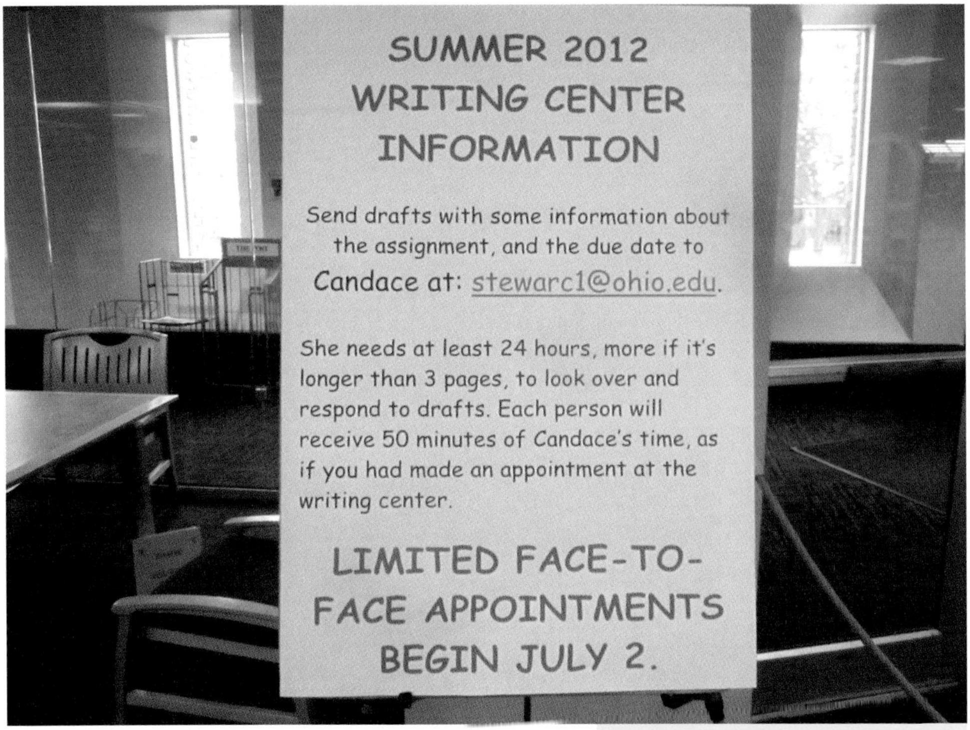

오하이오 대학교 도서관에 마련된 공간. 여기도 대학생 글쓰기를 도와준다.

오하이오 대학교에도 이와 비슷한 곳이 있다. 먼저 글을 3페이지 정도 작성하여 중앙도서관에 있는 'Writing Center' 담당자에게 이메일로 보내고 나서 약속된 시간에 이곳으로 나오면, 자신의 글에 대한 설명과 좋은 문장을 쓸 수 있는 방법을 들을 수 있는 곳이다. 이를 통해 학생들의 글 쓰는 능력이 점차적으로 향상될 것이다.

미국 대학에서는 대학생들의 글 쓰는 능력을 향상시키기 위해 대학 본부나 단과대학 차원에서 많은 노력을 하고 있다. 우리도 학생들에게 위의 두 대학과 같은 서비스를 해주면 좋겠다. 학생들이 작성한 리포트를 보고 '이 리포트는 왜 이렇게 엉성할까?' 하며 탓하기만 할 것이 아니라, 대학 본부에서나 단과대학에서 보다 적극적으로 학생들의 글 쓰는 능력을 향상시켜주기 위해 글 쓰는 방법을 지도해주는 부서를 만들어 지원을 해야 할 것 같다. 비록 대학 1학년 때 교양 필수과목으로 '창의적 사고와 글쓰기', '공학 작문 및 발표' 등이 있긴 하지만, 조금 더 적극적인 방법을 찾아야 할 것이다.

학생들이 졸업하여 사회에 나가기 전에 자신의 생각이나 실험 결과들을 잘 정리할 능력을 가지게 해주어야 한다. 이것은 어떻게 보면 학생에 대한 대학의 책임일 것이다. 학생들에게 있어서 아주 중요한 이 일은 반드시 대학이 준비를 해주어야 할 것 같다. 왜냐하면 대학은 학생들이 사회에 나가기 바로 전 단계이기 때문이다.

:: 대학 경찰(University Police)의 역할 ::

대부분의 미국 대학에는 대학 경찰(University Police)이 있다. 대학이 있는 도시에는 시(City)에 소속된 일반 경찰(City Police)도 있고 보안관(Sheriff)도 있어 시민들의 안전에 신경을 쓴다. 이와는 별도로 대학에도 자체적으로 경찰을 두는 이유는 많은 학생들이 대학이라는 테두리 안에 모여 있어 언제든지 여러 안전사고가 발생할 여지가 있기에, 이를 미연에 방지하기 위해서이다.

2012년 8월 8일에 피츠버그 시에 있는 카네기멜론 대학교를 방문했다. 대학에는 학생들과 학교로 들어오고 나가는 차량들이 많다. 차량으로 인한 사고 방지뿐만 아니라 주차장이 아닌 곳에 주차된 차량 단속, 학교 내 도로

카네기멜론 대학교에 있는 대학 경찰(CMU Police)들이 타고 다니는 대학 경찰차이다.

에서의 교통 신호 위반 차량 단속, 오후 늦은 시간이나 주말에 학교 안을 순찰하는 기능 등을 하는 것이 대학 경찰의 주요 업무이다.

이러한 대학 경찰의 기본 업무 못지않게 중요한 업무는 위급한 상황에 놓여 있는 학생들이 도움을 요청할 때, 즉시 학생들의 안전을 위해 출동하여 학생들의 안전 문제를 해결해주는 일이다.

많은 등록금을 내는 학부모들은 대학 내에서 학생들의 안전에 많은 신경을 쓰며, 대학 내 안전이 보장된 대학에 자녀를 보내고 싶을 것이다. 대학 캠퍼스 내에서의 안전 수준은 대학을 결정하는 학생들과 학부모들에게 많은 영향을 준다.

카네기멜론 대학교의 도서관 뒤에 있는 비상 전화 옆에 세워진 간판 "ESCORT STOP"이 눈에 띄었다. 늦은 시간에 도서관에서 나온 학생들이 비상 전화로 도움을 요청하고 기다리면, 대학 경찰이 와서 집까지 데려다주는 서비스를 제공한다.

우리나라의 몇몇 대학 중에는 대학 경찰을 운영하는 곳도 있다. 대학교에는 상대적으로 한적한 곳이 많으므로 밤늦게 학교에 남아 연구하는 학생들의 안전에 보다 많은 관심을 쏟아야 한다. 대학 경찰들이 대학 캠퍼스 내를 정기적으로 혹은 수시로 순찰하여, 학생들의 안전에 관한 보다 수준 높은 서비스를 제공해야 할 때다.

학생들의 도움 요청이 있을 때 즉각적으로 도움을 줄 수 있는 것이 학생들을 위한 '좋은 서비스'이다.

카네기멜론 대학교 중앙도서관 뒤에 설치된 비상 전화기.
이를 통해 대학 경찰이 집까지 바래다주는 서비스를 한다.

:: 대학 경찰의 도움 ::

2012년 11월 17일 오하이오 주립대학교의 농과대학 동물학과 이기춘 교수의 연구실을 방문한 후, 헤어지기 전에 자동차 열쇠가 차량 안에 있음을 알았다. '이 일을 어떻게 하지?', 'OSU와 지금 살고 있는 에텐스의 집까지는 90마일 정도 되는데, 집에는 어떻게 가나?', '토요일인데 차문을 열 수 있는 사람은 어떻게 찾아서 부르지?', '자동차 보험회사에서 도와줄 수 있을까?', '지난번에 가입한 AAA(미국자동차협회. American Automobile Association)에서 도와줄 수 있을까?' 등등 여

차 문이 열린 차량 앞에 이 교수가 웃고 서 있다. 내 차 뒤에 있는 차량이 대학 경찰의 차량이다. 주립대학 소속의 차량은 모두 주(State)의 소유이며, 차량의 번호판은 다른 일반 차량과 구별되게 이렇게 붉은색이다.

러 가지 걱정을 하고 있는 사이 이 교수가 걱정하지 말라고 하였다. 대학에 있는 경찰(University Police)을 부르면 해결된다는 말씀을 듣고 안심했다.

농과대학 소속 건물을 안내하는 책 속에서 전화번호를 찾아, 오하이오 주립대학교의 대학 경찰에 전화를 했다. 10여 분쯤 지나서 경찰 차량 두 대가 왔다. 대학 경찰은 차량의 문을 열기 전에 자동차에 대한 자료를 추적(본인의 차량인지를 확인)하기 위해 운전면허증을 보여줄 것을 요청하더니, 면허증을 확인한 다음 작은 서류 한 장을 주면서 읽어보고 사인할 것을 요구했다. 이것이 무엇이냐고 물으니 차량의 문을 강제로 여는 동안 차량에 경미한 파손(Damage)이 있어도 법적으로 문제를 삼지 않겠다는 서류였다. '미국은 변호사의 나라이며, 재판의 나라'라는 말이 생각났다. 차량의 문을 강제로 여는 과정에서 생겨날 수 있는 여러 가지 법적인 문제들을 피하기 위해 이런 각서를 받나 보다고 생각하며, 그 종이 위에 사인을 해주었다.

대학 경찰은 간단한 도구로 차량의 안쪽 손잡이를 당겨 차 문을 열었다. 잠시 동안 있었던 걱정이 사라지는 순간이었다. 이렇게 와서 차 문을 열어준 수고료는 받지 않았다.

대학 내 학생들의 안전과 교통질서를 위해 여러 가지 일들을 하고 있는 대학 경찰의 도움으로 이 날의 다른 일정을 무사히 마칠 수 있었다. OSU 대학 경찰의 도움을 직접 받은 기분 좋은 하루였다.

:: Student Health Services ::

학생을 위한 대학의 복지시설로는 어떠한 것이 있을까? 학생들이 대학에 요구할 수 있는 것은 무엇이 있을까? 아니면 학생들을 위해 대학에서는 무엇을 해주어야 할까? 학생들이 대학을 바라볼 때, 대학이 가진 어떤 부분에 관심을 가지고 바라볼까? 학생들은 학문 외적으로 어떤 종류의 서비스를 대학에 바라고 있을까?

학생들의 건강을 체크하고 돌보아주는 공간

2012년 8월 피츠버그 시에 있는 카네기멜론 대학교를 방문했을 때 학생들이 사용하는 기숙사 건물에 'Student Health Services'라고 적혀 있는 곳이 눈에 띄었다.

'Student Health Services'는 대학에 다니는 학생을 위한 공간이며, 일반인을 대상으로 한 의료활동은 하지 않는다. 많은 학생들이 기숙사에 거주를 하는데, 언제 생겨날지 모르는 학생들의 건강 문제를 가까운 거리에서 손쉽게 봐줄 수 있다. 이 같은 서비스 공간이 있어 학생을 기숙사에 맡긴 학부모나 학생들은 대학에 고마워할 것이다. 이러한 작은 공간이 학부모나 학생들의 마음을 편안하게 해주는 곳이라는 생각이 들었다.

대학에서 학생은 매우 중요하다. 미국 대학에서는 보통 1년 단위로 단과대학과 학과를 평가하는데, 가장 중요한 요소 중의 하나가 학생 수이다. 이에 덧붙여 학생 중에서 현재 등록금을 내고 학교에 다니는 학생 수가 더 중요한 요소이다. 학생들이 내는 등록금은 학교를 운영하는 기본 자산이기 때문에, 각 학과나 단과대학에 등록금을 낸 학생 수가 몇 명이냐에 따라 학과나 대학을 지원하는 금액이 차등 지원되고 있다.

단과대학이나 학과에서는 학생 수가 줄어들지 않도록 하기 위해 강의의 질을 높인다든지, 우수한 교수들을 모셔온다든지, 학생들의 취업에 도움을 준다든지, 학교의 교육 및 실험 시설을 새롭게 하는 등 여러 가지 노력을 하고 있다.

미국에서 주립대학의 재원은 주에서 나오는 지원금, 학생들이 내는 등록금, 그리고 연구비 수주 등을 통해 들어오는 간접비와 발전기금 등이다. 이에 반해 사립대학은 학생들이 내는 등록금과 발전기금이 주된 재원이다.

이같은 사정으로 볼 때 대학에서 학생은 매우 중요한 자원이며, 대학이 유지되고 발전하기 위해서 학생에게 양질의 서비스를 제공하고 대학의 이미지를 좋게 만들어 계속해서 많은 학생들이 자기 학교로 진학할 수 있게 하는 것은 매우 중요한 문제이다. 대학의 존재 이유를 실현하기 위해서는 학생들이 대학에 진학해야만 하기 때문이다.

우리나라도 이 같은 사정과 크게 다르지 않다. 이렇기 때문에 대학에서는 학생들이 무엇을 바라는지를 보다 면밀히 파악해야 한다. 학생들이 바라는 것을 소홀히 할 경우나 학생들의 바람이 잘 이루어지지 않을 경우, 학생들에게 대학에 대한 자긍심을 기대하기는 어려울 것이다. 대학에 대한 자긍심을 높여주기 위해서도 학생들을 위한 보다 질 높은 서비스를 해야 한다. 학생들이 가진 대학에 대한 자긍심은 대학을 졸업한 후에 더 중요한 자산이 되어 대학으로 돌아올 것이다.

:: 학습 공동체(Learning Community) ::

교수나 학부모들은 대학에 진학한 학생들이 아무런 어려움 없이 알찬 대학 생활을 보내기를 바란다. 또한 대학은 학생이 품은 뜻이 실현될 수 있도록, 처음 시작하는 대학 생활을 잘할 수 있도록 도와주어야 한다.

신입생이 대학 생활을 잘할 수 있도록 도와주는 오하이오 대학교의 교과목 중 하나로 'Learning Community'가 있다. 이 교과목은 대학 생활을 어떻게 하는 것이 좋을지에 대한 토론 형식의 수업으로, 1학년 학생을 대상으로 1학점이 부여된다. 수강 신청을 한 학생들을 여러 팀으로 나누는데, 한 팀의 학생 수는 보통 15명 정도로 한다. 각 팀별로 교수가 한 사람씩 배정되어, 전공 교과목에 대해서 강의를 하는 것이 아니라 학생들의 '대학 생활'에 대한 전반적인 내용을 다룬다.

대학 본부에서 교과과정을 만들어 각 학과로 내려 보내고 강좌를 맡은 담당 교수는 이것을 참조해서 나름대로 내용을 보충하여 강좌를 이끌어 간다.

이 교과목은 새로 입학한 학생들이 전공 교과목을 수강하기 전에 대학생으로서 갖추어야 할 소양 교육에 대해서 교수들의 경험을 학생들에게 전달하는 아주 중요한 교과목이다. 여기서 자기가 다니는 대학의 역사에 대한 것과 대학의 비전 등을 학생들과 즐겁게 이야기하는 것으로부터 출발한다. 이를 통해 대학에 대해서뿐만 아니라, 한 학과의 학생들을 서로 알 수 있는 좋은 기회로도 이용되며, 학과에 대한 기본적인 정보를 공유하는 기회가 된다.

미국에서도 학생들이 고등학교에서 대학으로 진학할 때 상당히 많은 변

오하이오 대학교에서 2010년 가을 학기 강좌인
Learning Community를 대비해 만든 교재

화를 겪는다. 대학생이 되면 부모 곁을 떠나 생활하는 경우가 대부분이며, 수강해야 할 교과목은 학과에서 정한 교과과정 일람표를 따라 스스로 정하고, 대학 생활에 문제가 있을 때 상담할 수 있는 교수들에 대한 소개도 받는다. 대학 생활 초기에 들려주는 교수들의 조언은 학생들에게 매우 중요하다.

강의 시간에는 대학 생활뿐만 아니라 학과에 대한 소개도 함께 이루어질 수 있다. 대학 1학년생들은 학생 자신이 선택하여 진학한 학과라도 그 학과의 성격을 정확히는 모른다. 자기가 선택한 학과에는 어떤 전공 분야가 있는지, 각 전공 분야에서 어떠한 연구를 하는지, 자기가 선택한 학과가 사회적으로 어떠한 기여를 하는지 등에 대해서 많이 알지 못한 상태다. 'Learning Community' 시간을 통해서 학생이 졸업을 할 경우 앞으로의 진로나 장래에 희망을 꽃피울 수 있는지에 대한 막연한 생각을 구체화할 수 있는 가능성을 발견하는 시간이다.

학생들은 교수들이 제시한 주제에 대해, 한 주 동안 준비하여 일주일에 한 번씩 만나서 자신의 생각을 이야기한다. 담당 교수는 학생들의 이야기를 듣고서, 교수 자신의 전문적인 지식과 대학 생활에 대한 경험을 바탕으로 조언을 한다.

이러한 종류의 교과목은 어느 단과대학, 어느 학과라도 신입생을 위한 중요한 강좌라는 생각이 든다. 대학 생활에 대한 조언은 학생과 교수가 토론하며 '소통의 시간'을 갖는 사이에 학과의 특징을 파악할 수 있다. 이제 막 대학에 들어온 신입생들은 인생을 살아가는 데 필요한 값진 조언을 이 수업 시간을 통해 얻게 된다.

이와 같이, 대학에는 학생들의 대학 생활에 대해 조언을 해줄 수 있는 보다 더 적극적인 제도 혹은 시스템이 있어야 한다. 학생들이 자신의 뜻을 학문적으로 보강하며, 성숙한 사회인으로 성장하도록 하기 위해서는 대학에서 학생들에게 지속적인 관심을 가져야 할 것이다. 대학에서 학생들을 위한 진정한 서비스가 무엇인지 다시 한 번 더 생각해야 할 때이다.

:: Student Union Market ::

대학은 많은 학생들이 생활하는 공간이다. 대학에서 생활하기 위해서는 기본적으로 몇 가지 필요한 시설이 있어야 하는데, 기숙사 시설과 식당이 가장 우선되어야 할 것이다. 이러한 시설이 되어 있는 상태에서 여러 가지 부대시설이 함께 필요하게 된다. 이러한 공간들을 학생들에게 제공하는 곳이 대학의 'Student Union' 건물이다. 대부분 미국 대학에서는 이 같은 이름의 건물들이 있다.

오하이오 주립대학교의 'Student Union' 건물에 있는 'Union Market'. 간단하게 먹을 수 있는 빵과 커피뿐만 아니라, 기숙사에서 간단히 식사를 할 수 있는 먹거리가 준비되어 있어 학생들에게 편의를 제공하고 있다.

대학에서 생활하기 위해서는 필요한 물품들이 많다. 이러한 물품들을 학생들이 생활하는 곳 가까이에서 값싸게 구입할 수 있다면 경제적으로나 시간적으로 학생들에게 많은 혜택을 주는 것이다. 학생들에게 이러한 서비스를 해 주기 위해서 대학에는 'Market'이 필요하다.

Student Union의 여러 공간에는 학생들의 학술 활동에 필요한 공간이 준비되어 있다. 학생들이 학술 및 자치 회의를 할 수 있는 공간뿐만 아니라 간단한 학술 프로그램을 개최할 수 있는 컨퍼런스 공간이 준비되어 있으며, 오디오 시설 및 비디오 시설이 갖추어져 있어 행사에 불편함이 없다. 은행과 영화관도 있어 학생들이 학교에서 학술 활동과 문화생활을 하는 데 어려움이 없게 되어 있다.

Student Union 건물에는 은행, 회의실 및 영화관 등이 있어 학생들에게 편의 시설을 제공하고 있다.

학교를 방문하는 사람들이 학교와 관련된 선물들을 살 수 있는 곳도 필요하다. 대학은 새로운 아이디어를 끊임없이 내어 사람들이 대학과 관련한 선물에 호기심을 가질 수 있게 해야 한다. 대학을 생각나게 만들어주는 간단한 선물을 살 수 있게 만드는 것도 대학의 좋은 이미지를 널리 알릴 중요한 일이다.

우리나라 대학에서도 학생들에 대한 배려가 갈수록 필요할 것이라 생각한다. 대학의 학생들은 일정 기간 수업을 받고 졸업을 하는 단지 스쳐 지나가는 존재가 아니다. '인간은 졸업한 대학에서의 학적을 바꿀 수 없다'라는 말이 있다. 학생은 대학을 졸업하더라도 대학과 지속적인 관계를 가지게 된다. 학생은 대학의 주요한 존재이기에, 학생들이 '대학을 생활하는 공간으로' 생각할 수 있게 여러 가지 시설들이 준비되어야 한다.

:: 새 학기 ::

이곳 미국 대학에서도 신학기가 시작되었다. 오하이오 대학교에서는 월요일인 2012년 8월 27일부터 2012/2013학년의 학기가 시작된다. 미국 대학의 신학기는 우리와는 달라 매년 9월부터 시작하는데, 올해부터는 이 대학에서도 Quarter제(1년을 4단계로 나누어 수업하는 제도)에서 Semester제(학기제, 1년을 2단계로 나누어 수업하는 제도)로 바꾸어 수업을 하기 때문에 학업 일정상 8월 말에 강의를 시작하게 되었다. 작년보다 한 주 이른 시간에 학기가 시작된 것이다.

대학이 있는 에텐스 시내의 일반 가정집들 앞에는 입주하는 학생들로 북적인다. 이런 집에서는 학생들이 몇 명씩 모여 자취를 하는 경우와 하숙을 하는 경우가 있다. 시내 곳곳에 타 지역의 차량 번호판을 단 차량들이 매트리스 등 생활용품들을 내리고 있는 모습을 쉽게 본다. 기숙사 앞 도로에서도 쉽게 짐을 내릴 수 있게 경찰관들도 도로 점유를 허락해준다. 학생들이 지내는 하숙집 앞에서도 이 같은 풍경을 볼 수 있다.

대학에서도 학생들이 머물 기숙사를 정리하는 모습을 본다. 8월 초순에는 특수 차량을 동원해서 기숙사 바깥 벽면을 깨끗이 씻고 있는 모습이 보였다. 어떻게 보면 예산이 많이 들고 쓸데없는 일을 하는 것 같지만, 새로 기숙사에 입주할 학생들에게 조금이라도 깨끗한 환경을 만들어주고자 하는 학교의 배려이다.

대학 내 기숙사에 입주하는 학생들의 차량을 주차할 수 있는 주차장을 안내하는 깃발도 나부낀다. 대학 본부에서 이 깃발들을 만들어 가로등에 걸어두었다. 주차장 안내가 학교의 새로운 기운을 받고자 하는 느낌이 든다.

신학기가 시작되기 전 대학생 기숙사 외벽을 특수 차량으로 청소하고 있다.

다른 지역에서 오는 학생들을 환영하는 'Move in Parking Ohio University' 깃발

여러 주차장 입구 곳곳의 'Move in Parking Ohio University' 깃발은 이 대학에 진학한 신입생들이나 여름방학 동안에 집으로 갔다가 다시 학교로 돌아오는 재학생들을 환영하는 대학의 인사이다.

이 작은 도시는 학생이 있어 즐겁고 웃음이 있다. 긴 여름방학 동안에는 시내 거리가 한산했으며 길거리를 걸어 다니는 사람들이 적었지만, 학기가 시작되는 이 시점은 도시의 축제가 시작되는 것과 다름이 없다. 조용하던 시내가 학생들로 떠들썩해진다. 시내에 있는 음식점들은 학생들로 가득 찰 것이다. 시민들도 그 속에서 젊은 학생들을 보며 즐거워한다.

2012년 8월 넷째 주 여름이 지나가는 이때에, 이 대학에서는 학생들을 마음속으로 환영하고 있는 것 같다. 시내와 대학 곳곳에 붙어 있는 학생들을 환영하는 깃발에서, 방학 동안에 대학 내 정비가 끝난 도로에서 반가운 손님인 학생들을 맞이하고 있었다. 올해에도 보다 활기찬 새 학기를 만들고자 하는 느낌이 전해져 온다.

대학에서 발행하는 신문인『THE POST』에서도 학생들이 대학이 있는 이 도시로 돌아오는 것을 환영하는 사진을 실었다. 사진 속의 동물은 'Bobcat'인데, 오하이오 대학교를 상징하는 동물이며 이 대학의 '대학생'들을 나타낸다.

:: 강의 교재 ::

2012년 8월 마지막 주부터 2012/2013년 신학기가 시작되었다. 많은 학생들이 강의 시간표에 따라 강의실을 찾아다닌다. 미국 대학에서 학생들이 사용하는 교재는 비싸기 때문에 학기를 마치는 시점에 시내 곳곳의 도로가에서 간이 부스를 설치하여 교재로 사용했던 책을 현금을 주고 구매하는 사람들이 많다. 새 책 값은 대체로 120달러에서 200달러 정도로, 헌책 값에 비해 매우 비싸기 때문이다.

2012년 12월 12일 점심 식사를 하고 나서 대학 캠퍼스를 돌아보았다. 대학은 또다시 한 학기를 보낼 준비를 하고 있다. 이번 가을 학기가 끝나고 기말고사 기간이 되자 시내와 대학 캠퍼스가 같이 있는 곳곳에는 한 학기 동안 사용했던 책을 구입하고 있는 부스가 생겼다. 'Cash for Books'란 이곳에서 책을 현금을 주고 구입하겠다는 것이다. 많은 학생들이 사용했던 책을 판다. 이 책들은 다음 학기 때 다른 학생들에게 팔릴 것이다.

헌책을 사고 파는 'Cash for Books'

대학생들은 매 학기마다 강의에 맞추어 새로운 교재가 필요하다. 수업을 많이 듣는 만큼 교재를 구입하는 데 들어가는 부담이 많다. 비싼 교재는 200달러가 넘는 것도 있다. 교재들은 대학 도서관에서 대출해서 한 학기 동안 사용할 수 있지만, 수업을 듣는 모든 학생들에게 대출해줄 수는 없다.

학생들이 사용하는 교재들을 보았다. 파워포인트로 작성된 강의용 자료를 보는 학생이 많았지만, 제본이 된 정상적인 책과 제본이 되지 않은 낱장 교재를 바인더로 철하여 사용하는 학생들이 있다. 교재를 만드는 출판사에서 학생들이 편리하게 사용하도록 이와 같이 낱장으로 된 강의 교재를 만들어 판매하고 있는 것이다. 낱장으로 된 교재가 제본이 된 교재보다 가격이 저렴한 경우가 많다. 이렇게 낱장으로 된 교재는 수업에 필요한 분량만큼 나누어 가지고 다니기에도 편리하다.

도서관에서 공부하고 있는 대학생이 사용하던 낱장으로 된 통계학 교재 『Applied Statistics and Probability for Engineers』. 교재 첫 페이지에는 'LESS EXPENSIVE...MORE CONVENIENT'라는 글이 인쇄되어 있다. 제본된 책보다 저렴하고, 필요한 분량만큼 가지고 다니기에 편리하다는 말이다. 학생들의 입장에서 만들어진 교재라는 생각이 든다.

바인더로 묶인 낱장 교재는 학생들이 수업을 받는 한 학기 동안 사용된다. 필요한 교재가 비싸다고 복사해서 사용하면 교재 속에 있는 사진이나 실험용 데이터를 복사 상태에 따라 잘 볼 수 없는 경우가 있기에, 출판사에서 제공하는 낱장으로 된 교재가 교재의 역할을 충분히 잘하고 있다.

우리나라 대학에서도 학기 초에는 대학 앞에 복사하는 가게에서 필요한 부분을 복사하는 학생들을 쉽게 볼 수 있다. 수업을 듣는 학생들이 단체로 교재 전체를 복사하는 경우도 있다. 이것이 불법 복제란 것을 알면서도 일부 학생들이 교재비를 아끼려고 복사를 한다.

다음 학기에 사용될 교재 준비가 다 되면 대학이나 학과에서 수강생 수를 파악하여 필요한 만큼 일괄 주문해 학생들에게 보다 저렴한 가격으로 교재를 공급할 수 있으면 좋을 것 같다. 한꺼번에 많은 책을 구매하면 교재의 가격을 낮추는 것도 가능할 것이다. 이를 통해 학생들이 개별적으로 교재를 구입하는 데 따른 경제적인 부담을 줄여줄 뿐만 아니라, 불법 복제를 막는 효과가 있을 수 있다.

학생들이 대학 생활을 하는 데 소요되는 경비를 줄일 방법도 찾아야 할 것이다. 대학을 다니는 학생들은 아직까지 경제적인 문제를 해결할 능력이 낮다. 학생들이 매 학기에 필요한 교재비를 줄이기 위해 대학에서 보다 적극적으로 실질적인 혜택이 되는 대안을 찾아보는 것도 매우 큰 의미가 있을 것이다.

:: 학부 4년 ::

학부에서의 4년은 학생들의 인생을 결정짓는 중요한 시간이다. 대학원보다 더 중요한 시간이라 생각된다. 대학생들이 이 시간을 어떻게 보내는가에 따라 얼마나 사회에 유익하고 필요로 하는 사람이 되는가가 결정된다.

현재 부산대학교에서는 단과대학마다 차이는 있지만, 학부 기간 4년에서 5년 동안(약학대학과 공과대학 건축학과 5년) 132학점에서 168학점의 범위 내에서 수업을 받고 학점을 취득하여 학부를 졸업한다. 학생들이 이렇게 많은 수업을 다 이해할 수 있도록 하기 위해 수업을 맡은 교수들은 최선을 다해 학생들을 가르치고 있다.

미국으로 연구년을 나온 지금, 대학에 근무하는 동안 강의실에서 학생들을 대하면서 나 자신에게 했던 질문을 적어본다.

1) 학부 교과목 개설에 대한 질문

- 교과목의 목표를 심도 있게 상세히 생각해보았는가?
- 학부 교과목이 학생들의 장래에 꼭 필요하다는 확신을 가지고 강의를 했던가?
- 학과의 정체성을 깊이 생각하고 교과목을 개설했는가?
- 학과의 교과목들이 하나의 전공자를 교육하는 데 적합한지에 대한 평가는 있었는가?
- 학과에 개설되는 타 교과목 간의 유기적인 관계는 충분히 검토했던가?

이런 질문들을 나 자신에게 하면서 학부 교과복에 대해 준비를 할 때에는 다가올 세대를 준비하는 마음으로 교과목을 구성해야 하며, 교과목 내용도 미래를 준비하는 새로운 내용을 체계적으로 담아야 한다. 한 전공자의 교육에 필요한 분야가 무엇인지, 혹시라도 빠진 부분이 없는지를 잘 검토해야 할 것이다. 학생들이 살아갈 새로운 사회와 조직을 이끌고 갈 수 있는 자질을 갖춘 인재에게 필요한 것을 찾아 교육해야 한다.

2) 학부 강의 시간에 대한 질문

- 학부 과정의 강의는 충실했는가?
- 학생들이 수업의 내용을 잘 이해할 수 있도록 교육 및 강의 방법에 대해 많은 고민을 했던가?
- 학생들에게 꿈을 키울 수 있는 이야기들을 많이 해주었던가?
- 학생들에게 수업 내용을 알아듣기 쉽게 설명을 했던가?
- 강의와 관계없는 내용으로 강의 시간을 허비하지는 않았는가?

강의 시간에 만나는 학생들이 앞으로 이 사회를 이끌고 갈 주인공이란 생각을 한다. 학생들과 주고받는 대화에서 열과 성의를 느낄 수 있게 최선을 다해 강의를 해야 할 것이다. 학생들의 수준에 맞추어서 강의 내용을 이해시킬 수 있는 방법을 많이 연구해야 한다. 학생들이 강의 내용을 이해를 하지 못한 상태를 방치하지 않을 방법은 없는지, 보다 더 흥미를 가지게 하는 방법은 없는지에 대한 고민을 해야 한다. 강의 시간은 교육자로서 갖는 가장 중요한 시간임을 느끼고, 책임을 다하는 자세가 필요하다.

3) 학부 교과목을 맡을 때

• 학부 수업을 대학원 수업에 비해 소홀히 하지는 않았던가?
• 학부 수업 맡는 것을 피하지는 않았던가?
• 학생들의 실력 향상을 위해 선수 교과목에 대해 고민을 했던가?
• 교과목에 실험 및 실습이 꼭 필요한지를 검토했던가?
• 강의실의 제반 시설이 학생들 교육에 적합한지 고민했던가?

학부 수업은 대학원 수업보다 더 중요하다고 생각될 때가 많다. 학생들의 학습 효과를 높이기 위해 새로운 강의 방법을 함께 고민해야 한다. 전공 관련 교과목 수업에는 어느 것 하나 소홀함이 없어야 한다. 학부 4년 동안 받는 수업의 내용을 학생들이 잘 숙지함으로서 한 사람의 '전공자'가 되기 때문이다.

수업을 맡은 교수들은 학생들과 약속한 강의 시간을 최대한 지킬 수 있도록 해야 한다. 학생들과 강의 시간을 지키는 것이 대학의 존재 이유를 설명할 수 있는 길이다. 등록금을 낸 학생들이 가져야 할 '학습권'은 최대한 지켜져야 한다.

4) 수업 외 학생 고민 상담

• 수업 외 학생들의 개인적인 고민이나 고충을 잘 들어주었는가?
• 학생들에 대한 상담에 부담 없이 응했는가?
• 학생들과 상담 시간을 정기적으로 정해두었는가?
• 학생들의 장래 희망에 대해 물었던가?
• 학생의 개인 문제를 학부모와 상의하려고 시도했던가?

2012년 10월 가을 학기, 신입생들의 흥겨운 행사에 많은 학생들이 모여 있다. 여기 모여 있는 학생들도 각자의 전공 분야에서 교수들의 강의도 듣고, 학생들과 함께 즐거운 서클 활동도 하면서 학부 4년을 보낼 것이다.

학생들이 가지는 수업 외적인 부분에 대한 고민을 들어주고 조언을 해주는 것은 중요하다. 교수는 한 전공 분야의 선임자로서, 인생의 선배로서 자신의 경험을 들려주어 학생들이 자신의 문제를 스스로 해결할 능력을 가질 수 있도록 도와주어야 한다. 대학생들은 한 사람의 인격체로서 완성되어가는 과정에 있다. 교수의 올바른 조언은 학생들에게 값진 선물이 된다.

학부를 마친 학생 일부는 대학원에 진학하고, 대부분의 학생들은 기업체나 자신이 선택한 곳으로 취업한다. 따라서 학부의 수업은 대체로 학생의 인생에서 마지막 수업이 된다. 개설된 강좌는 학부를 마친 학생에게는 일생 동안 더 이상 수강할 기회가 없다. 이렇기에 학부의 강의는 매우 중요하다.

학부 학생들은 한 학기에 평균 5~7개 과목의 수업을 받고, 학부 4년 동안 대략 50~70과목들을 수강한다. 매번 새로운 교과목으로 새 학기를 맞으며 중복되는 교과목은 없다. 어떤 교과목은 매우 중요해서 두 학기에 걸쳐 수업을 받지만, 대부분의 교과목은 한 학기 과정이며 중복이 없기에 수업을 듣는 학생에게나 강의를 하는 교수들에게 더더욱 아쉬운 시간들이다.

지나간 시간은 다시 돌아오지 않듯이, 대학생이 갖는 학부 4년은 다시 돌아오지 않는다. 학문을 접할 수 있는 시간은 강의 받는 기간뿐임을 교수나 학생들이 같이 느끼고, 교수는 학생들에게 온 힘을 쏟아 강의를 하면서 꿈과 비전도 함께 불어 넣을 수 있는 기회를 가져야 한다.

학생들은 아직 자신의 삶을 살지 않았다. 대학을 마치기 전까지는 자신의 삶을 살았다고 하기보다는 '그냥 존재했던 시간들'이다. 대학을 마치고 사회로 나갈 때 비로소 자신의 삶을 사는 것이다. 자신의 삶을 살아가는 데 필요한 지식과 사람이 가져야 할 바른 인성을 배워야 할 곳이 대학인 것이다.

대학 4년 동안 대학에서 교수들을 통해 배우는 것들이 중요하기에, 교수는 학생들의 강의 시간에 최선을 다해야 한다. 배우는 학생들에게 우리 교수들이 줄 수 있는 지식뿐만 아니라, 세상을 살아가는 지혜와 따뜻한 정이 흐르는 인간성을 갖도록 최선을 다해 도와주어야겠다. 인간이 살아가는 방법에 대해서도 이야기해주어야 한다. 대학생들에게 대학 4년은 귀하고 귀한 시간이다.

:: 강의실과 TV ::

오하이오 대학교에는 여느 다른 대학과 같이 많은 학생들과 강의실이 있다. 강의실이 있는 건물의 복도 벽에 걸려 있는 큰 TV 화면에서는 2012년 10월 3일에 있을 미국 대통령 후보들의 첫 번째 TV토론에 대한 이야기를 하고 있다. TV 화면 위쪽에는 아나운서들이 하는 말이 자막으로 나타나며, TV의 스피커를 통해 우리의 귀로 전달되는 '소리'는 없다.

이 대학에는 학생들의 왕래가 많은 건물이나 대형 강의실 앞, 식당의 휴게실 등 많은 곳에 TV가 설치되어 있다. 지나가는 학생들이 TV화면을 잠시 보다가 나오는 소식들이 무엇인지를 알았다는 듯이 아무 말 없이 지나간다. TV에서 나오는 말소리는 없다. 소리가 없으니 강의실에서 수업을 하는 데 조금도 방해가 되지 않는다. 화면을 보며 자막을 읽으면 아나운서가 하는 말이 무슨 말인지 알 수 있다.

건물의 복도 다른 쪽 벽면에는 또 다른 작은 TV화면이 있다. 강의실의 특성을 보여주는 장면이 나온다. 강의실에 들어가는 학생들에게 도움을 주기 위해 동영상을 찍어 올려두었다. 이것도 역시 소리는 들리지 않고, 화면을 보여주고 있다.

학생들에게 유익한 많은 정보들이 TV화면을 통해 제공되고 있다. 대학생활에 필요한 뉴스뿐만 아니라 강의실의 특성, 이번 학기에 있을 주요 행사 일정, 초청 강사들의 세미나 일정 및 장소 등 다양한 정보를 학생들에게 주고 있다.

학생들에게 알려주고자 하는 많은 내용들이 소리 없이 전해진다. 정보를 전달하는 데 반드시 '소리'를 이용할 필요는 없다.

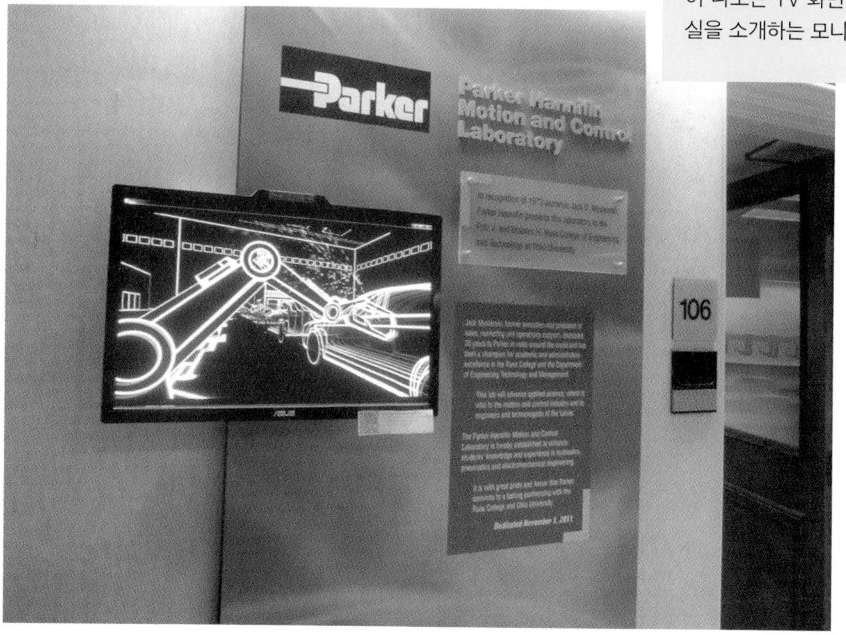

강의실 복도에 있는 CNN 방송이 나오는 TV 화면(상)과 강의실을 소개하는 모니터(하)

대부분의 미국 대학에서는 교내 방송을 귀로 들을 수 없다. 방문했던 몇 대학들에서도 교내 방송의 소리는 없었다. 조용한 가운데 바쁘게 강의실을 찾아다니는 학생들을 위한 배려 차원에서 소리를 지운 것이다. 대학 캠퍼스에 울려 퍼지는 소리가 없어 조용하다. 수업에 관련된 생각을 할 수 있게, 그리고 무작위로 흘러나오는 소리들을 듣고 싶지 않은 학생들을 위한 것이다.

미국 대학 캠퍼스 내에 있는 건물들에는 많은 TV와 모니터 들이 있다. 그렇지만 소리가 나는 TV나 모니터를 만나기는 어렵다. 대학의 캠퍼스는 조용한 것이 좋다. 많은 학생들이 모여 지나갈 때에는 이야기 소리로 떠들썩할 때도 있지만, 학생들이 지나가면 다시 조용하다.

대학은 학생들과 교수들이 생각하며 생활하는 공간이다. 자기가 듣고 싶지 않은 소리는 소음이다. 모든 학생들이 일률적으로 스피커에서 나는 소리를 듣게 하는 것은 좋지 않다. 연속적으로 소음을 들을 경우 짜증이 생기고 학습과 연구의 효과가 떨어진다.

캠퍼스 곳곳에 놓여 있는 벤치에 앉아서, 내리쬐는 햇볕 아래 잔디밭에 앉아서, 복도에 있는 의자에 앉아서, 학생들은 자기가 하고 싶은 공부를 하면 된다. 다른 소리인 '소음'을 들을 수 없기에 마음의 여유를 가질 수 있다. 조용한 가운데 생각이 정리된다.

'소리'가 없는 조용한 캠퍼스 내의 벤치

대학생으로부터 얻을 수 있는 자료에는 신입생으로부터 얻을 수 있는 자료와, 대학을 졸업하는 학생들로부터 얻을 수 있는 자료가 있다. 이들의 자료는 학과 및 대학의 발전 전략을 세우는 데 중요한 자료로 이용된다.

대학에 입학한 학생들의 개인 정보는 대학 교육의 수준을 결정하는 중요한 자료로 이용될 수 있다. 전공 교육을 받을 수준, 전공 교육을 받기 위한 선수 교과목의 습득 정도 등 학생들에 대한 정보와 대학이 가지고 있는 여러 가지 조건들을 함께 파악하여 대학 교육의 목표를 설정한다.

4년간 대학생으로 각 전공 분야에서 많은 강의를 듣고 관련 실험 및 실습을 하고 난 후, 대부분의 학생들은 사회로 나아간다. 이들이 대학을 다니는 동안 받았던 교육은 사회나 기업체에서 만나는 다양한 문제를 풀 수 있는 능력을 제공하는데, 이 능력은 대학 교육의 수준, 교육 방법 및 자신의 노력에 비례한다. 졸업한 대학에서 이수한 교육과정에 대한 학생들의 의견은 학과의 교육과정을 돌아볼 계기를 마련해준다.

학생들로부터 얻어진 자료는 정성적이고 정량적인 분석을 통해 학과 및 대학의 발전 계획을 수립하는 데 기본 자료로 활용하고 있다. 이러한 자료들로부터 학생들에게 경제적으로 도움이 되는 장학금의 크기를 결정하고, 새로운 교과과정의 필요성에 대해 의논하며, 학생을 위한 교직원의 새로운 역할 분담을 정한다. 또 학생들의 대학 생활을 지원할 수 있는 방법을 개선하며, 대학 실험 및 실습에 대한 투자의 크기를 정하고, 학생들에게 인기가 있고 신입생 유치에 도움이 되는 운동 선수를 결정하는 등 많은 분야에 이용되고 있다.

어떤 자료에서 대학의 방향을 찾을 수 있을까? 대학의 방향, 특히 대학의 교육 목표를 수정 및 보완하고 교과목의 특성을 조정할 때, 어떤 자료와 통계에서 대학의 새로운 목표를 찾을 수 있을까?

오하이오 대학교에서는 학생들과 관련된 자료를 모으고 분석하기 위해서 대학 내에 독립된 부서인 '기관 조사국(Office of Institutional Research)'을 두고 있다.[44] 여기에서는 학부와 대학원 학생들에 대한 자료를 모으고 분석하는 업무를 하고 있는데, 교육 인증제를 실시하는 학과에서는 여기서 얻은 자료들을 인증기관(예를 들어, ABET 등)에 제출하는 자료로 활용한다.

기관 조사국에서는 입학한 대학생의 등록 상태, 등록 포기 학생 비율, 취업 정보, 대학별 통계자료, 신입생 자료 등을 파악하고 있다. 예를 들어, 대학 1학년에 대한 자료인 등록학생 상황, 성별, 인종, ACT점수, 고등학교 석차, 대학별 자료, 자국인 · 외국인 학생 여부, 캠퍼스, 주민 여부, 전공의 변경 여부, 전일제 여부 등도 함께 파악하고 있다.

이와 함께 대학을 졸업한 학생에 대한 통계자료도 매우 중요하다. 졸업을 하고 나서 자료 조사 시기를 정해야 하는데, 대학마다 차이는 있지만 졸업하는 시점에 1차 조사를 하고 나서, 4년 내지 5년 후에 2차로 졸업생들에 대한 상황을 조사하고 있다.

졸업 후 4~5년이 경과한 후에 실시하는 조사는 졸업자가 이미 사회의 한 구성원으로 생활하면서 느꼈던 내용에 대해 답하는 것이므로 이들 자료들은 사회가 요구하는, 사회를 이끌어갈 인재 양성을 위해서 대학에서 받았던 교육과정의 성과에 대한 평가의 성격이 짙으며, 이들 자료로부터 교육과정에 대한 개편의 방향을 잡을 수 있다. 교육과정을 개편하는 목표는 학습 성과를 높일 수 있는 방향으로 수정 및 보완하기 위한 것이다.

현재 부산대학교 공과대학 산업공학과에서도 졸업 후 이 같은 조사를 한다. 졸업한 후 4년이 경과한 졸업생들로부터 얻는 정보는 학과 교육목표에 대한 의견, 종합적인 사고를 할 수 있는 기본 소양을 갖추었는지 여부, 실무 해결 능력 여부, 시스템 설계 및 운영 능력, 창의적인 사고 능력, 종합적인 사고 및 조직 내 리더가 될 수 있는 기본 소양, 다양한 학문 분야의 전문 지식, 최신 기술 및 설계 도구 습득 정도, 학과 교육과정과 실무의 연관성, 기업의 실무에 요구되는 능력, 공인 영어 시험 점수, 현재 종사하는 직업 분야의 성격 등이다.

이들 중 특히 교과목에 관련해서 졸업 후에 실시하는 조사에서는 학과의 교육목표, 졸업생의 근무처, 근무처와 전공과의 관계, 전공 교과목 중 가장 활용도가 높은 교과목, 활용도가 가장 낮은 교과목, 학과에 새롭게 신설을 희망하는 교과목, 교과목 중 실험이 필요한 교과목 등을 파악한다. 즉, 졸업생들이 사회에서 학과를 바라보면서 느끼는 것을 파악하고자 한다.

이렇게 파악된 자료는 학과의 교육목표를 재평가하는 데 활용하며, 필요할 경우 학과에서는 교과목을 보완하거나 새로운 교과목을 신설한다. 이를 통해 새로운 시대에 적합하도록 하는 효과가 있으며, 교육에 대한 개선에 활용할 수 있다. 그러나 졸업생들이 요구하는 사항들이라도 학과의 정체성에 관련되어 있거나 학생들이 싫어하는 기초 교과목에 대해서는 참고로만 받아들인다.

재학생과 졸업생으로부터 얻어지는 자료는 학과의 교육목표를 재정립하게 도와줄 뿐만 아니라, 이를 통해 단과대학 및 대학 전체의 교육목표를 정립하는 데에도 도움을 줄 것이다.

따라서 우리나라의 대학에서도 학생들에 관련한 자료를 체계적으로 파악하기 위한 별도의 기관(Office of Institutional Research와 같은 기관)을 만들어, 학생들이 졸업 후 자신이 공부했던 전공 교과목 등에 대한 의견을 보다 체계적으로 그리고 지속적으로 파악하고 얻은 자료를 분석하는 일을 꾸준히 수행할 수 있어야 하겠다. 이것을 통해 얻어진 결과들은 미래를 준비하는 대학의 새로운 교육목표를 설정하는 데 중요한 자료로 사용될 수 있을 것이다.

현재 우리나라의 많은 대학에서 인증제(공학 인증제, 건축학 교육 인증제, 약학 교육 인증제, 경영학 교육 인증제 등)에 따른 여러 개의 교육 프로그램이 시행되고 있는데, 이러한 인증제를 유지하고 심사를 받기 위해 필요한 학생에 관련한 자료를 취합하고 분석하는 업무를 이 기관에 모아서 통합적으로 운용한다면 각 학과에서 수행하는 업무를 줄여줄 수 있을 것이다.

:: 조용한 캠퍼스 ::

오하이오 대학교에서 연구년을 시작한 지 8개월이 지나가지만, 대학 캠퍼스에서 스피커를 통해 방송되는 소리를 들은 적이 없다. 방문했던 여러 미국 대학의 캠퍼스에서는 대학 방송 소리가 들리지 않았다. 이곳 대학의 캠퍼스도 조용하다. 아침이나 오후에 대학 캠퍼스에 울려 퍼지는 대학 방송의 소리는 없다. 2012년 11월 6일 아침 연구실로 오면서 문득 느꼈다. 왜 이 대학에서는 교내방송을 하지 않을까? 이 대학에는 교내방송국이 없는 것일까 궁금했다.

이 대학은 1963년부터 AM과 FM 라디오방송과 TV방송을 할 수 있는 방송국을 소유하고 있다. 도시 로컬 방송으로 텔레비전에서는 WOUB-TV,[45] 라디오방송으로는 WOUB-FM(91.3 MHz), WOUB-AM(1340 MHz)[46]을 운영하고 있다. 이들은 공영방송 서비스(PBS, Public Broadcasting Service)에 가입되어 있다. 대학에서 운영하는 이 방송국은 공영방송 서비스에 가입해 있기에 일반 기업 광고를 할 수 없으며, 정부의 일부 보조금과 청취자 및 개인들의 기부금으로 운영되는 시스템이다.

WOUB 방송은 정치에 완전 중립을 유지하며, 세계 각 나라의 정치, 경제, 문화 및 환경 문제 등 중요 이슈에 대한 소식을 객관적으로 전하는 것을 주 임무로 생각한다. 어린아이부터 대학생에 이르기까지 교육에 관련된 내용이 많다. 대학에 소속된 미식축구 및 농구 팀 등에 관련된 소식도 있고 대학의 교수나 학생들을 출연시켜 대학에 관련된 의견을 나누는 시간을 갖기도 하며, 예술 및 새로운 기술을 소개하기도 한다. 2012년 11월 6일 오후에는 이날 있었던 미국 대통령 선거 개표에 관련된 뉴스를 미국 경제와 관련해

에텐스 도시 한가운데 위치하여 WOUB 방송을 하고 있는 오하이오 대학교의 방송국 건물인 'Radio Television Building'

서 장시간 방송하였다.

기업 광고가 있는 우리나라 공영방송 KBS와는 다른 느낌의 방송이다. 이 방송국은 오하이오 대학교의 커뮤니티 대학(College of Communication)에서 관리하고 있다. 이 대학의 학생이나 도시에 사는 시민들은 채널을 2번에 맞추면 WOUB 방송을 들을 수 있다.

평일 아침 부산대학교의 정문에 들어서면, 교내 여러 곳에 설치된 스피커에서 흘러나오는 소리를 듣는다. 건물 6층에 있는 연구실에 있을 때는 못 느끼다가 아침 첫 시간 수업을 위해 강의실을 찾아가는 길에 교내방송을 들을 수 있고, 점심 때에도 대학 캠퍼스에서 학생들이 편성하여 방송하는 대학 방송 소리를 듣는다. 매일 아침 8시 30분부터 9시까지, 낮 12시 30분부터 1시까지 하루에 두 차례 대학에서 방송을 듣는다. 이 시간대에는 교내 여러 곳에 설치된 스피커에서 흘러나오는 방송이 캠퍼스를 덮는다.

WOUB 방송국 입구 벽면에 설치된 TV로 오늘의 주요 뉴스를 볼 수 있다.

방송은 약간의 즐거움을 줄 때도 있고, 학생들에게 유익한 내용도 있으며, 학생들이 진행하기 때문에 신선함도 느낄 수 있다. 이미 지상파 방송이나 신문에 보도된 내용이 많고, 연예인들에 관련된 연예가 소식도 있다. 대체로 학생들과 관련이 있는 내용이라 생각한다.

그러나 대학 캠퍼스는 매일 많은 학생들과 교수들이 수업을 하고, 학생들이 서로 이야기를 주고받으며, 많은 연구실에서 대학원생들의 연구가 진행되고 있는 곳이다. 교육과 연구는 모두 조용한 가운데에서 진행되어야 할 일들이다. 학생이나 교수들이 피곤하여 휴식을 취하고 싶을 때 조용한 대학의 교정을 걷는 것도 좋을 것이며, 교내에 있는 키가 큰 나무 밑에 마련된 벤치에 앉아 자연의 숨소리를 느끼는 것도 좋을 것이다.

오하이오 대학교의 WOUB같이 지역 방송국과 같은 시설을 가질 수는 없겠지만, 방송에 관련된 실습이 필요한 학생들에게는 방송국이 중요한 실험 공간이다. 이러한 학생들을 위해서 현재와 같이 교내방송국을 그대로 유지하고 대학 방송도 그대로 진행하면서, 대학의 방송을 듣고 싶은 학생들은 특정 주파수에 맞추어진 리시버로 들으면 어떨까 생각해본다.

:: OSU의 도서관 ::

2012년 7월 13일 오하이오의 주도인 콜럼버스에 있는 오하이오 주립대학교(Ohio State University, OSU)를 다녀왔다. 이 대학의 중앙도서관은 대학의 한가운데에 세워져 있다. 도서관이 대학의 어디에 있어야 하는지를 보여주는 것 같았다. 많은 미국 대학에서 중앙도서관은 대학의 중앙에 위치한 경우가 많다. 이 중앙도서관은 학생들이 사색할 수 있는 넓은 잔디 광장을 굽어 볼 수 있는 10층 정도 높이의 건물이다. 대학의 학문과 지식이 이곳에서 나온다는 생각이 든다.

대학 도서관의 이름은 대학 발전에 가장 공이 컸던 윌리엄 O. 톰슨(William O. Thompson) 총장의 이름을 땄으며, 도서관 중앙 입구에는 청동으로 만들어진 총장의 두상이 있다.

오래 전에 방문했던 버클리 대학(UC Berkeley)의 도서관이 생각났다. 이 대학의 도서관도 대학의 한가운데 있었으며, 푸른색의 잔디밭으로 둘러싸여 있었다. 그때도 느꼈지만 대학에서 가장 중요한 곳이 도서관이라는 생각이 들었다.

책들이 잘 정리되어 있었으며, 현대의 유리 조각 미술품을 보는 듯했다. 보통의 도서관과 다르게 서고에 책이 보관되어 있는 것이 아니라 책을 꽂아둔 서고가

대학 캠퍼스 한가운데 자리 잡은 오하이오 주립대학교의 중앙도서관

하나의 전시물과 같은 느낌으로 유리창을 통해 예쁘게 보였다.

도서관의 일부 공간은 갤러리로 이용되고 있는 것이 눈에 띄었다. 공부를 하거나 자료를 찾기 위해 도서관에 오는 사람들에게 또 다른 서비스를 하는 것이다. 미술 작품을 전시하고 학생에게 소개하는 모습이 도서관의 새로운 기능 하나가 추가된 것 같아서 보기에 좋다.

많은 자료들이 현재 마이크로필름으로 보관되고 있다. 앞으로 도서관에 보관하는 자료들은 이렇게 마이크로필름이나 전자 문서 형태로 바뀌어 보관될 것이다. 이렇게 하는 이유는 도서를 그대로 보관하는 것보다 자료의 보관도 용이하고 오랫동안 보관할 수 있으며 도서의 손실을 막을 수 있기 때문이다.

도서관의 안내 테이블에서 대학 전체 안내도를 받았다. OSU 대학의 전체를 대략적으로 보여주는 지도인데, 빨간색의 원으로 12개 단과대학 소속의 도서관을 표시했다. 즉, 단과대학마다 그들의 도서관이 따로 있다는 것이다.

단과대학에 소속되어 있는 도서관은 단과대학의 학문적인 특색에 따라 필요한 책들이 구비되어 있으며, 대략 4~6층 건물들로 되어 있다. 단과대학 특성에 따른 전공 서적들이 주를 이루며, 주로 그 대학 소속 학생들이 공부를 하고 있다. 단과대학마다 도서관을 두는 이유는 많은 학생들이 도서관을 이용할 수 있도록 도서관의 접근 및 사용 편리성을 높이고, 전공 분야별 도서들을 잘 갖추기 위함인 것 같다.

OSU의 도서관을 보면서, 도서관이 대학에서 차지하는 역할과 중요도를 알 수 있었다. 대학 속에 있는 도서관은 자료를 보관한다는 개념을 넘어 학생들에게 휴식 공간을 함께 제공하는 대학 생활의 중심이어야 하며, 이런 도서관이 되기 위해서는 많은 예산이 지원되어야 할 것이다.

벽면이 유리창으로 되어 있는 OSU 중앙도서관의 서고

도서관에 또 다른 기능을
부여한 갤러리

휴식 공간을 함께 가지고
있는 도서관의 실내 공간

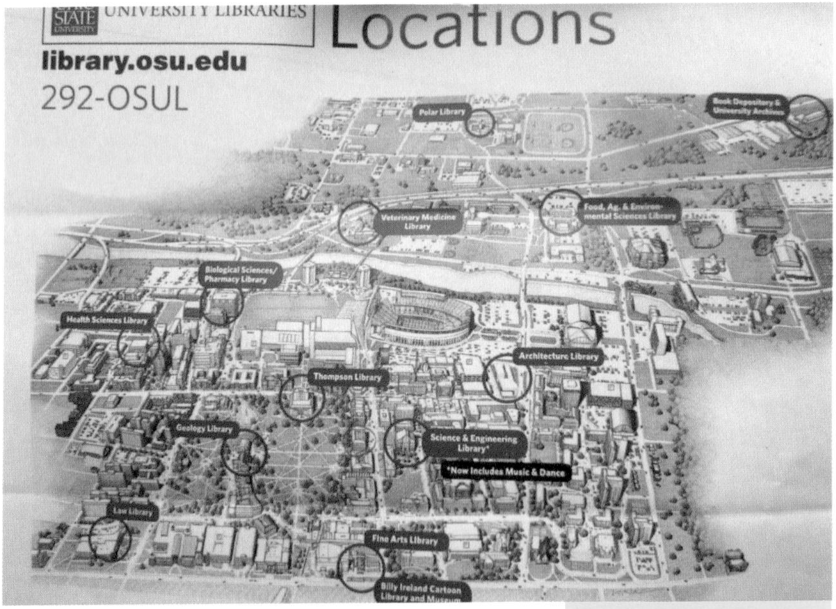

OSU 캠퍼스 안에 있는
12개 단과대학의 도서관

:: 대학 도서관과 영어 ::

우리나라 대학의 도서관에는 언제나 많은 학생들이 공부를 한다. 중간고사와 기말고사 기간과 상관없이 항상 많은 학생들이 공부를 하고 있다. 무슨 공부를 하고 있을까 생각하며 자세히 보면, 대부분 영어 공부를 하는 것을 알 수 있다.

미국의 대학 도서관에서도 많은 학생들이 공부를 한다. 여름에는 아주 시원한 분위기에서, 가을에 접어드는 이때(2012년 10월)에는 따뜻한 공기가 나오는 분위기에서 공부를 한다. 이곳 대학생들은 어떤 공부를 할까? 어떤 공부를 하기에 매일 도서관으로 모여들까? 대학생들이 도서관에서 무엇을 하고 있는지, 어떤 공부를 하는지 유심히 보았다.

웨스트버지니아 대학교의 중앙도서관

웨스트버지니아 대학교의 도서관에서는 많은 학생들이 앉아서 모니터로 자신의 전공과 관련된 자료를 보면서 전공 공부를 하고 있었다. 리포트를 쓰는 학생, 수업시간에 내주었던 인쇄물을 보고 있는 학생, 컴퓨터로 자기가 필요한 자료를 검색하는 학생 등 다양하다.

버지니아텍 대학교 도서관은 학생들이 여러 가지 자료를 손쉽게 찾을 수 있도록 해두었다. 어떤 자료들이 학생들에게 우선적으로 필요할 것인지를 찾아서 도서관에 들어오는 입구 쪽에 진열해 두고 있다. 이를 통해 도서관에서 학생들의 관심을 유도하는 데 노력을 기울인 흔적을 엿볼 수 있었다.

안락한 분위기의 버지니아텍
대학교 중앙도서관 입구

이와 같이 대학 도서관은 강의 교과목뿐만 아니라, 사회를 살아가는 데 필요한 지식을 공급하는 장소로서의 역할을 하고 있다. 과학 서적, 외국의 문화, 자연 환경, 현대 문학 등 학생들의 교양에 관련이 있는 것을 준비하는 데 소홀함이 없어 보인다.

오하이오 대학교의 중앙도서관은 도서관 내 곳곳에 학생들이 모여 이야기 할 수 있는 장소를 준비해두었다. 리포트를 쓰면서 다른 학생들과 의논할 것이 있으면 팀을 이루어 모여서 이야기를 한다. 여러 명의 학생들이 모여 자기 팀의 리포트를 만들고 있다.

대학의 도서관은 학생들에게 필요한 도서 및 자료뿐 아니라 어떤 주제에 대해서 자신들의 의견을 서로 나누고 소통할 수 있는 공간을 제공하고 있다.

필자가 돌아본 몇몇 미국 대학의 도서관에 있는 학생들은 교수가 수업 시간에 내준 강의록을 보면서 공부하고 있었으며, 인터넷을 누비는 학생도 있었고, 여럿이 모여 앉아 과제물에 대해 이야기를 하는 학생들도 있었으며, 간혹 유투브를 통해 동영상을 보는 학생도 있었으며, 자기의 이메일로 편지를 쓰는 학생도 볼 수 있었다.

이에 반해 우리나라 대학의 도서관에서는 학생들이 무엇을 하며 시간을 보낼까? 아마도 많은 학생들이 영어 공부를 한다든지, 취업에 관련된 공부를 하고 있으며, 공무원 시험을 준비하는 학생들이 많을 것이다. 도서관에 앉아 영어책을 펴고 영어 공부를 하는 학생들을 볼 때 안타까운 마음이 든다. 영어 공부가 전부인 양 생각하여 대부분의 시간을 사용하고 있다.

이러한 현상은 한 대학에서만 볼 수 있는 것이 아니라, 우리나라 대부분 대학에서 볼 수 있는 현상이다. 대학의 도서관에서 공부를 하는 학생들이 영어 공부로 4년 대학 생활의 많은 시간을 보낸다는 것은 국가 전체로 보면 엄

청난 국력 낭비라 할 수 있으며, 한 개인인 학생의 입장에서 보더라도 바람직하지 않다.

자기의 전공에 관련된 공부를 하는 시간보다 영어에 투입하는 시간이 비교할 수 없을 정도로 많을 것인데, 4년의 대학 시간 중 전공 분야에도 많은 시간을 쏟게 할 수 있는 방법은 없을까?

학생들이 대학에서 보내는 시간을 나누어 사용할 수 있는 방법을 찾아야 한다. 제도적으로, 사회적으로 모두가 한마음이 되어 영어에 들어가는 시간과 돈을 줄일 수 있는 방법을 찾아야 한다.

교양과목으로 영어가 있고 대학원 자격고사에도 영어 과목이 있는 대학에서도 이 문제를 해결하기 위해 무엇인가 해결 방안을 찾아야 할 것이고, 직장에서 승진을 위해 영어 시험을 보는 사회에서도 이 문제의 심각성을 알아 해결 방안을 찾아야 하며, 나아가 국가 전체적으로도 이것에 대한 해결 방안을 찾아야 할 것이다. 따라서 이 문제는 대학과 사회, 나아가 국가가 함께 고민해서 풀어야 할 중요 과제라 생각한다.

대학생들이 도서관에서 전공 분야나 교양에 대해서, 혹은 사회 현상 등 관심이 있는 것을 공부할 수 있어야 한다. 따라서 학생들이 밤늦게까지 도서관에 앉아 자신들이 하고 싶은 것을 공부할 수 있도록 해야 한다. 우리 사회는 여러 분야의 전문인을 요구하며, 이에 따라 여러 분야에서 우수한 인재를 길러내기 위해서는 학생들에게 다양한 분야에 대한 소양을 쌓도록 하는 것이 대학의 중요한 사명 중의 하나이다.

우리의 대학생들은 너무 많은 시간을 영어 공부하는 데 쏟고 있다!

학생들로 붐비는 오하이오 대학교의 중앙도서관 내부

:: 도서관의 퍼즐 판 ::

오하이오 대학교의 중앙도서관의 입구에서 멀지 않은 탁자 위에 퍼즐 판이 놓여 있다. '2000 조각의 퍼즐'이라는 포스터와 함께 탁자 위에는 2000개의 조각들이 흩어져 있다. 도서관에 들어온 학생들의 머리를 식혀줄 요량으로 도서관에서 마련해준 휴식 공간이다. 퍼즐을 맞추기 위해 학생들이 둘러앉아 있을 때도 있고, 혼자서 생각하며 이 조각 저 조각 맞추는 학생도 있다. 정신적인 휴식을 취하고 있는 듯했다.

이것을 보며, 도서관이란 공간은 공부만 해야 하는 곳이 아니라, 학생들에게 여유와 휴식도 함께 제공하는 공간이라는 생각이 들었다. 많은 학생들이 있는 곳이며, 서로 만나 이야기를 나누기도 한다. 대학 생활의 낭만을 느낄 수 있는 곳이며, 젊음의 정열을 불태워 학문에 뜻을 두고 자신의 미래를 향해 나아가는 준비를 하는 곳이다. 준비된 퍼즐 판은 이런 삶의 공간 속에서 잠시 여유를 갖게 해준다.

조각마다 다른 형태와 그림을 갖도록 설계하고 절단한 퍼즐의 각 조각들을 빠짐없이 연결하면 한 장의 완성된 그림을 이룬다. 한 장의 그림이 수천 조각으로 흩어진 퍼즐 조각을 찾으면서 학생들이 마음의 여유를 갖는다. 딱 맞는 한 조각을 찾기가 쉽지 않는 경우도 많다. 퍼즐을 맞추는 것이 우리 인생의 다음 단계를 찾아가는 것과 어딘지 모르게 비슷한 느낌이 들었다.

도서관에서 공부로 지친 학생들에게 도서관에 마련된 퍼즐 판은 인생의 즐거움을 느끼게 하고자 하는 것은 아닐까? 한 조각 한 조각 퍼즐을 맞추면서 인생의 조각들을 이어가는 느낌이 들 수 있게 해주는 것일까? 그렇다면 정말 멋진 생각이라 여겨진다.

퍼즐 판이 놓여 있는 탁자 앞의 벽에 있는 글 “Puzzles and More” “Refresh your mind & take a break”이 마음에 든다. 퍼즐이 놓인 탁자 앞에서 스캔을 하는 학생과 자료를 찾는 학생이 있고, 한 학생은 퍼즐 판 앞에 앉아 외투를 의자 등받이에 걸쳐 두고 퍼즐 조각을 찾고 있다.

:: 외국인 대학원 학생과 한글 ::

미국 대학에는 미국이 아닌 다른 나라에서 온 학생들이 많다. 대학 캠퍼스 곳곳에서 중국, 베트남, 터키, 인도, 한국 등에서 온 학생들을 쉽게 만날 수 있다. 이들은 자기 나라 학생들끼리 모여 있을 때는 자기 나라 언어를 사용하다가, 다른 나라 학생들과 어울릴 때는 영어로 대화를 한다. 모든 수업은 영어로 하며, 모든 과제물도 영어로 작성해서 낸다. 이곳이 영어를 국어로 사용하는 미국이고, 외국 학생들은 미국에 유학을 왔기 때문이다.

언제부터인가 우리나라에서 대학을 졸업하는 학생들이 대학원 진학을 꺼리는 경향이 생겨, 특히 이공계 대학원에서는 정원에 미달하는 사례가 많이 생겨나고 있다. 대학원 학생들과 연구원 확보를 위해 우리나라의 많은 대학에서 외국인 학생들을 유치하려 노력을 하고 있다. 그 결과 우리나라 학생보다 오히려 외국인 대학원생이 더 많은 학과도 있다.

그리고 대학 평가 기관이나 교육과학기술부에서 대학을 평가할 때 세계화 점수에 외국 학생들의 수를 중요한 요소로 여기기도 한다. 대학원에 외국인 학생들이 많이 입학하는 것은 나쁘지 않다. 오히려 외국인 대학원생이 있어서 교수들의 연구가 원활해지는 측면이 강하다. 또 우리나라의 문화를 세계로 알리는 기회가 되기도 한다.

외국인 학생들이 많은 대학원에서는 수업을 영어로 강의하는 교수들이 많다. 외국인 학생들을 위한 배려 차원이다.

문제는 이들이 한국어를 배우는 데 별 관심을 가지지 않는다는 것이다. 한국에서 몇 년을 살면서 대학원 수업도 받고, 한국 학생들과 대학에서 같이 생활하는데도 불구하고, 한국어를 사용하는 능력이 매우 낮은 경우를 보고 놀란 적이 있다.

부산대학교의 경우, 2012년을 기준으로 학부에는 472명, 대학원에는 491명의 외국인 학생들이 공부하고 있다. 외국인 학생이 학부 과정(Undergraduate)에 입학하기 위해서는 한국어능력시험 3급 이상을 요구하고 있지만, 대학원 입학을 위해서는 한국어 성적을 특별히 제출할 필요가 없다. 아마 이것은 대학원 학생들의 충원만을 생각한 교수들의 연구를 도와줄 대학원 학생들을 많이 모집하기 위한 대학원의 요구로 대학 본부에서 내린 조치일 것이라 생각한다.

큰 식당이 있는 곳이라 미국 학생, 외국에서 온 학생들의 왕래가 많다. 여러 나라의 사람들이 보인다.

외국인 학생이 대학원에 진학하면 수업도 대체로 영어로 이루어지고 연구실에서도 학생들 간에 영어로 의사소통이 대충 이루어지기 때문에, 한국어의 사용 필요성을 잃고 더 이상 한국어를 공부하지 않는 경우가 많다. 더욱이 지도교수들은 외국인 대학원 학생의 한국어 구사 능력이 약한 것을 알고 영어로 학위 논문을 쓰게 하고 있다. 한글 연구과제 제안서나 연구결과 보고서 작성에서 외국인 대학원생들은 제외되고, 한국인 대학원생끼리 작성해야 하는 경우가 많아 한국 학생들의 불만도 있다.

이렇게 되면 대학원을 졸업한 외국인 대학원 학생들이 학위를 마치고도 우리말을 할 줄 모르게 되는 것은 너무나 당연한 일이다.

이런 가정을 해보자. 베트남 학생 4명이 있는데, 각각 미국, 독일, 일본, 그리고 한국에 있는 대학원으로 유학을 떠난다고 하자.

미국으로 유학을 가거나 미국 대학의 대학원에 진학하기 위해서는 일정한 수준의 TOEFL 시험 성적을 가져야 하고, 독일에서도 각 대학에서 치는 어학시험인 DSH(Deutsche Sprachprüfung für den Hochschulzugang)를 통과해야 그 대학의 학생이 된다. 미국으로 유학 간 학생은 영어로 논문을 쓰고, 영어로 의사소통을 할 것이다. 독일로 간 학생도 독어로 논문을 쓸 것이며, 독어로 의사소통을 할 것이다. 일본으로 유학 간 학생도 일본어로 학위 논문을 쓰며, 일본인 지도교수와 일본어로 의사소통하는 데 문제가 없을 것이다.

만약에 한국으로 유학 온 학생은 그렇지 못하다면 문제가 있는 것이다. 외국인 대학원생이 한국에 있는 동안 한국 학생들과 영어로 이야기하고, 수업도 영어로 진행하며 반드시 한글로 된 논문을 쓸 필요도 없다면, 한국어를 배울 시간적인 여유가 없다는 핑계로 한국어를 배우려 하지 않을 것이다.

세월이 흘러 한국에서 학위를 취득한 학생은 지도교수나 연구실의 한국 학생들에게 고마움을 느끼기 이전에 한글을 배울 기회를 주지 않은 것에 불평할지도 모른다. 이 외국인 학생은 한글을 배울 기회를 잃은 것이다.

현재 지구상의 많은 학생들이 대학이 가진 학문의 차이, 교육시스템의 차이, 혹은 연구 수준의 차이 등으로 다른 나라에 가서 공부를 한다. 우리나라로 유학 온 많은 외국인 대학원생들은 장래에 우리나라의 문화를 이해할 수 있는 중요한 인적자원이 될 수 있다. 이를 위해서는 우선 한국어를 구사할 수 있어야 한다. 따라서 우리나라로 유학 온 외국인 학생들에게 반드시 요구해야 될 것은 한국어 구사 능력이다. 만약에 이들이 한국어를 사용할 수 없다면 한국 문화를 이해하는 인적 자원으로서의 가치는 현저히 떨어질 것이다.

현재 우리나라의 여러 대학에서 외국인 대학원생들에게 등록금 지원 등의 경제적인 지원을 하고 있다. 석사나 박사과정 중에 등록금에 대한 혜택을 주거나, 연구 과제를 함께 수행할 경우, 지도교수로부터 한국에서의 생활비를 지원받기도 한다. 이들이 지원받는 재원들은 우리나라의 국비 예산이거나 국내 기업체에서 나온 예산이 대부분일 것이다.

우리나라로 유학 온 학생들이 대학에서 학문을 익히는 것과 동시에 한국의 문화를 이해하고 한국의 풍습을 배우기 위해서는 가장 먼저 우리의 말과 글을 익히게 해야 한다. 몇 년 동안 우리나라에 살면서 한국어를 읽고 쓸 줄 모른다면 한국에 대한 이해 능력이 거의 없다고 할 수 있다. 외국인 학생들이 우리의 말로써 한국인 지도교수와 한국인 학생들과 서로 이야기할 수 있을 때 우리나라에 대한 이해를 기대할 수 있을 것이다.

외국인 학생들이 우리나라로 유학을 오는 것은 보다 높은 수준의 학문을 습득하고 좋은 연구 결과를 얻기 위함이겠지만, 부수적으로 기대하는 것은 우리나라의 문화와 풍습을 조금이나마 접하고 익히기 위해서일 것이다.

한국에서 학위를 받은 외국인 학생들은 미래에 자신들의 나라와 한국의 관계를 더욱 굳건하게 할 징검다리 역할을 할 수 있다.

우리나라 대학의 대학원에 진학하는 많은 외국인 학생들에게 지금 당장의 편리함만을 생각하여 한국어 사용 능력을 길러주지 않는다면, 우리의 자원을 투자하면서도 얻을 수 있는 중요한 효과를 놓치는 경우가 될 것이다.

오늘 이곳 오하이오 대학교에서 미국으로 유학 온 많은 외국인 학생들이 서로의 의사소통을 위해 '영어'로 이야기하는 것을 듣고, 우리나라 대학원에서 공부하는 외국인 학생들을 돌아보는 기회를 가졌다. 미래의 세계화된 인적 네트워크를 이루기 위해 무엇이 가장 먼저여야 할지를 생각해본 오후였다.

:: 학과 프린터 ::

오하이오 대학교의 교수 연구실에는 대체로 프린터가 없다. 교수 연구실이 비록 좁더라도 프린터 하나 둘 공간은 있지만 개인 프린터를 사용하는 교수들은 많지 않다. 대부분의 교수들은 자신의 컴퓨터로 학과에 있는 프린터에 접속하여 필요한 자료를 출력한다. 각 학과 학생들이 사용하는 컴퓨터실에서도 프린터 한 대에 여러 컴퓨터를 연결해 사용하고 있다.

이 대학의 정책 중 하나가 개인용 프린터를 사용하지 못하게 권유하는 것이다. 이것은 대학 및 학과의 운영비를 줄이고자 하는 정책이다. 동일한 프린터 기종을 일괄적으로 구매함으로써 프린터의 구입 및 설치비용을 줄일 수 있고, 보수 유지를 하는 데 필요한 경비를 줄일 수 있을 뿐만 아니라 고

오하이오 대학교 산업공학과의 학과 사무실에 비치되어 있는 프린터(2012년 6월 7일 현재). Xerox Workcentre 5765 기종이며, 프린터, 복사, ID카드 복사, 팩스, 이메일, 스캔 기능을 함께 갖추고 있는 고급 기종이다.

가의 프린터 토너의 사용 활용도를 높여주는 효과도 있다.

한편, 여러 교수들이 프린터를 함께 사용함으로써 발생하는 문제들도 있다. 다른 교수들이나 학생들이 보면 안 되는 중요한 문서를 출력할 때 마음이 많이 쓰인다. 출력된 자료를 학과사무실로 가서 가져와야 하는 불편함도 있다. 간혹 교수들이 다른 교수의 인쇄물을 자신의 것과 함께 가져가는 경우는 있지만, 자신의 출력물이 아니면 바로 프린터가 있는 곳으로 되돌려놓는다. 한 대의 프린터를 여러 교수와 학생들이 사용하는 관계로 프린터 토너가 금방 부족해져 흐리게 나오는 경우도 있다. 또 간혹 프린터에 고장이 발생하여 수리가 필요한 경우 여러 사람이 기다리는 불편을 겪기도 한다.

이 대학의 교수와 학생도 개개인이 프린터를 설치하여 사용한다면 편리하다는 것을 알고 있을 것이다. 그렇지만 이런 여러 가지 문제가 있음에도 불구하고 이렇게 학과 사무실에 프린터를 두고 함께 사용한다. 꼭 개인이 소지해야 할 필요가 없는 것은 함께 사용하는 것이 경제적이라는 생각이 깔려 있다. 그리고 함께 사용함으로써 얻는 이득 중 하나는 출력물을 다른 사람들도 볼 수 있다는 생각에 꼭 필요한 것만을 출력하는 것이다. 그리고 사용되는 프린터 용지도 학과 사무실에서 일괄 관리할 수 있어 좋다.

이곳 대학에서는 프린터에 대한 교수나 학생들의 불만을 줄이기 위해 인쇄 속도나 성능이 우수한 기기를 구입하고 있다. 그리고 고장이 발생했을 때 신속히 대처할 체제를 갖추고 있다.

이에 반해 부산대학교의 경우를 보면, 모든 대학이 다 그런 것은 아니지만 많은 교수들이 대부분 개별 프린터를 가지고 교수 연구실에서 출력한다. 심지어 대학원생들도 대학원 연구실에서 개별 프린터를 사용하는 경우가 많다. 사용하는 프린터 기종도 다르며, 이에 따라서 프린터 토너도 서로 각각 다르다. 새로운 기종의 프린터를 구매할 때에는 이미 구매해두었던 토너가 폐기 처분되는 경우도 있다. 개인 프린터는 남에게 보이고 싶지 않은 것을 출력하기에는 좋을지 모르지만, 남이 보지 않는다는 생각으로 불필요하게 많이 출력하기도 한다.

우리 대학 전체, 더 나아가 국가적으로 보면 개별 프린터 사용은 자원의 손실을 초래하여 경비를 낭비하게 된다. 한 프린터를 함께 사용할 수 있도록 컴퓨터를 연결하여 사용하는 풍토를 만드는 것도 자원을 아끼는 중요한 일일 것이다. 함께 사용하기 위해서는 소비자인 교수나 학생에게 불편함을 주지 않도록 고급 프린터를 구입하고, 유지 보수 체계를 잘 구축해야 한다.

인쇄물을 가지러 학과사무실로 가는 약간의 불편함이 있더라도, 같은 일로 학과 사무실에 오는 교수들을 한 번씩 만나는 것도 좋은 것 같다. 한 학과에 근무하는 교수나 학생을 한 번이라도 더 만날 기회를 갖는 것은 즐거운 일이다.

:: 전자레인지 ::

2012년 12월 10일부터 오하이오 대학교에는 가을 학기 기말고사가 시작되었다. 많은 학생들이 강의실과 학과 컴퓨터실에 모여서 시험 준비를 하고 있다. 점심시간이 되자 많은 학생들이 점심을 먹기 위해 식당을 향하고 있다. 대학 건물에 남아 있는 학생들은 싸가지고 온 점심을 먹기 위해 샌드위치 봉지를 열고, 한쪽에서는 전자레인지에 음식을 데우고 있다. 음식을 데울 때 나는 냄새가 건물의 복도를 메운다.

휴게실에 설치되어 있는 전자레인지다. 그 옆에는 소금통도 보인다. 간을 맞추는 데 사용할 수 있다.

우리나라의 찌개 끓이는 냄새는 아니고, 라면 끓이는 냄새도 아니다. 이 나라에도 데워서 먹는 음식이 있나 보다. 우리와 다른 양념이 들어간 음식을 데우는 것 같다. 우리나라 대학에서도 점심때가 되면 곳곳에서 음식 데우는 냄새가 대학 건물의 복도를 메우기도 하는데, 여기서도 난다. 학생들이 생활하고 있는 곳은 어디나 비슷한가 보다.

학생이 모이는 휴게실이나 학과의 빈 공간 곳곳에 전자레인지가 비치되어 있다. 아마도 학과에서나 대학에서 설치해둔 것 같다. 학생들이 음식을 데워야 할 때 사용하게 해두었다.

아침 식사를 못한 학생들과 점심을 먹을 학생들이 휴게실로 모여 식사를 한다. 싸가지고 온 음식을 손쉽게 데울 수 있도록 설치된 전자레인지를 학생들이 집이나 기숙사에서 생활하듯 편리하게 사용한다. 대학의 공간과 시설이 학생들을 위해 사용되고 있음을 본다.

:: International Education Center ::

오하이오 대학교에는 외국인 학생이나 교환교수들을 지원하기 위해 '국제교육센터(International Education Center)'를 운영하고 있다. 독립된 아담한 건물로 학생들이 많이 다니는 곳에 위치하고 있고, 대학의 한가운데 있어서 외국인 학생들이 쉽게 찾을 수 있다. 신학기가 시작되기 전후에 많은 외국인 학생들이 반드시 찾아가는 곳으로, 언제나 붐비는 곳이다. 세계 각국에서 자신의 전공을 보다 깊이 공부하기 위해 미국으로 온 유학생들이 가지고 있는 비자 문제 등에 대해서 의논하는 곳이다.

이곳에서 다루는 중요한 업무는 미국에 거주하는 외국인 학생들의 비자와 출입국에 관련된 일이다. 학부나 대학원에 진학하고자 하는 학생들의 비자뿐만 아니라, 미국에 오는 교환교수들의 비자 문제들에 대해 의논한다.

교환교수인 경우, 미국에 도착하기 전에 비자를 받기 위한 여러 가지 서류를 작성하여 이곳 학과에 보내면 학과장의 확인을 거친 후, 서류를 국제교육센터로 접수한다. 이런 절차를 거쳐 자국의 미국 대사관에서 미국 비자를 받고 입국한 사람들은 제일 먼저 이곳으로 와서 입국 신고를 한다. 여기는 미국 이민국과 연결되어 있기에 이민국의 허락을 받아 확인 도장을 찍어준다. 즉, 이민국을 대신하여 대학에서 비자를 확인하는 일을 하는 곳이다.

비자의 기간이 남아 있더라도 갑자기 자기 나라나 외국에 다녀올 일이 있으면 이곳에 와서 가는 이유를 설명하고 비자에 확인 도장을 받아서 출국해야 한다. 즉, 미국에서 출국하기 전에 이곳에서 이러한 사실을 신고하고 나가야 미국으로 재입국이 가능하다.

외국인 학생이나 교환교수들을 지원하기 위해
운영되는 International Education Center

이곳에서 관리하는 것 중 또 다른 하나는 비자 업무와 함께 입국자가 대학의 규정에 적합한 의료보험에 가입했는지를 확인하는 일이다. 비자 문제와 함께 미국에 머물기 위해 꼭 필요한 것이 의료보험 가입이다. 의료보험에 대해서는 미국 대학마다 서로 다른 조건을 제시하고 있는데, 미국 대학에서 제시하는 조건을 보험회사에 문의하여 대학에서 요구하는 조건들을 만족할 수 있는 보험에 가입해야 한다. 미국으로 출국하기 전에 자국에서 보험에 가입할 수도 있고, 조건을 만족하는 보험회사를 찾을 수 없는 경우 미국에 도착하여 미국 대학에서 지정해주는 보험회사에 가입해야 한다.

우리나라의 많은 대학에서는 요사이 외국, 특히 동남아시아에서 온 많은 학생들이 학부나 대학원에 진학하고 있다. 특히 연구를 위해서 박사 후(Post-Doctor) 과정의 사람들도 많이 들어오고 있는 실정이다. 외국 학생들이 우리나라에 와서 공부를 하기 시작한 것은 그리 오래전의 일이 아니기에, 우리나라 대부분의 대학에서는 아직 독립된 기구를 설립하여 체계적으로 이들을 관리하고 있지 않다. 이로 말미암아 종종 비자 문제나 의료보험 문제가 발생하여, 외국에서 온 학생들이 어려움을 겪기도 한다.

예를 들어, 몇 년 전에 부산대학교 인문대학에 입학한 중국 학생이 갑자기 아파서 병원에 입원하여 수술을 받아야 하는 경우가 발생했는데, 정작 이 학생은 의료보험에 가입되어 있지 않은 상태였다. 이때 이 학생이 속해 있던 학과의 학과장이 여러 곳을 다니며 이 문제를 해결하기 위해 노력하는 것을 본 적이 있다. 이러한 문제가 발생하게 된 것은 이 학생이 부산대학교에 입학할 때 비자와 의료보험 가입 여부를 확인하는 과정을 소홀히 했기 때문이다.

우리나라 대학에서는 앞으로 외국인 학생에 대한 비자 문제와 의료보험 문제가 발생하지 않을 수 있도록 이때까지 생겨났던 문제점들을 분석하여 외국인 학생들에게 사전에 충분한 정보를 제공하고, 비자와 의료보험 문제를 다룰 수 있는 기구를 두어 보다 체계적으로 이들을 관리할 수 있는 시스템을 구축해야 할 것이다. 대부분 미국 대학에 있는 국제교육센터와 같은 별도의 조직을 만들어 외국인을 관리하는 외무부와 대학의 학사 조직과 연계된 시스템이 유기적으로 움직일 수 있어야 한다. 지금 바로 준비함으로써 앞으로 생길 어려움을 줄일 수 있을 것이다.

:: 리포트 첫 장 ::

어느 나라 대학이든지 학생들이 제출하는 리포트는 비슷한가 보다. 학생들이 교수에게 제출하는 리포트를 보았다.

많은 학생들은 깨끗하게 준비된 리포트를 제출했다. 그중에 눈에 띈 것이 겉표지 없이 링 바인더로 묶인 노트에 숙제를 하고, 찢어서 제출한 것인데, 한편으로는 귀엽기도 했다. 모서리에 링 바인더로 묶여 있던 흔적이 남아 있다. 겉표지를 한 장 덧붙여 학과, 학년, 학번, 이름을 적지 않고, 숙제를 한 종이 위 모서리에 인적 사항을 적어서 제출했다.

미국이나 우리나라의 학생들은 비슷한 면이 있다. 우리나라에서도 대학에서 이와 비슷한 형태의 리포트를 종종 본다. 이렇게 제출하는 학생들은 리포트는 제출만 하면 되는 것이라고 간단하게 생각하거나 리포트를 준비할 시간적 여유가 없었나 보다. 자기 리포트를 받아 채점할 교수에게 조금이라도 성의를 가지고 리포트를 작성하여 제출할 생각은 하지 않은 것 같다.

학생들은 젊다. 완벽을 기하려고 생각하는 면이 적은 편이다. 조금 덜 격식 있는 것이 학생의 모습일 수 있지만, 배우면서 자라는 학생들에게 장차 사회에 나왔을 때 필요한 소양을 대학에서 가르쳐주는 것이 중요할 것 같다. 자신의 인적 사항이 표시된 겉표지를 사용하는 리포트와 그렇지 않은 리포트는 다른 평가를 받는다는 것을 알려주어야 한다. 겉표지를 준비하는 것과 같은 아주 작은 것으로 평가자의 마음을 움직일 수 있으며 감동을 줄 수 있다.

실험과 실습을 하고 난 후 작성하는 보고서, 그리고 수업 후 숙제를 적어 내는 리포트를 작성할 때, 들어가는 내용도 중요하겠지만 형식적인 것을 갖추는 것도 학생들이 습득해야 할 것 중의 하나다. 이와 함께 자신이 작성한 리포트를 발표하는 방법에 대해서도 교육받을 수 있는 기회를 주어야 할 것이다. 자신이 찾고 분석한 자료들이나 자신의 생각을 글로 적고 발표하는 것이 교육의 기본이 되어야 할 것 같다.

오하이오 대학교 학생이 교과목 담당 교수에게 제출한 리포트 중 하나다. 왼쪽 리포트 제일 위에 'Homework #2'라는 글이 있다. 그 옆에 자신의 인적 사항이 표기되어 있다.

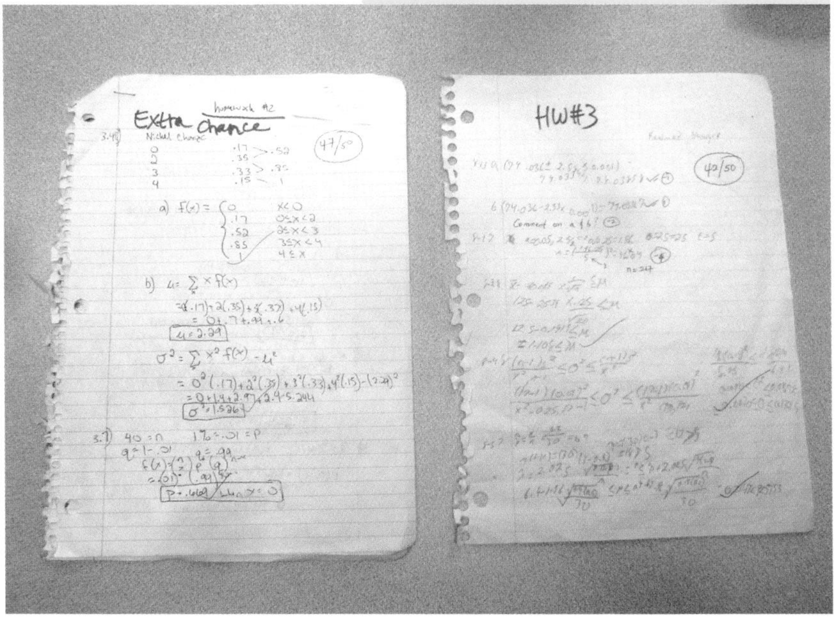

:: Cutler Scholars Program ::

대학에서 학생들에게 주는 장학금에는 모두 의미가 있다. 학업 성적이 우수해서 주는 장학금, 집안의 경제적인 형편이 어려운 학생들에게 주는 장학금, 어느 한 분야의 운동을 잘하는 학생에게 주는 장학금, 장학금을 기탁한 개인이나 법인에서 주는 장학금, 대회에 나가서 입상한 학생들에게 주는 장학금 등 다양한 장학금들이 있다.

오하이오 대학교에는 특별한 장학금이 있다. Cutler Scholars Program[47]이 그것인데, 이 장학금은 학생들이 앞으로 새로운 시대를 이끌어 갈 수 있는 훌륭한 리더가 되길 바라면서 주는 장학금이다. 장학생으로 뽑힌 학생들이 4년 동안 자신이 속해 있는 학과의 교과과정을 이수하면서 별도의 계획에 따라 교육을 받는 동안, 어느새 누구보다 더 대학을 사랑하며 남을 위해 봉사하는 마음을 갖게 되는 뛰어난 리더를 양성하기 위함이 이 장학금의 커다란 목표이다.

본 장학생으로 뽑힌 학생들은 새로운 리더가 되기 위해 자연 시스템, 정치 시스템과 경제 시스템을 이해하는 능력을 배양하고, 미래에 대한 균형 잡힌 감각을 익히며, 새로운 비전에 대해 소통하며, 이를 완성하기 위해 동기부여를 할 수 있는 정열과 실천을 행할 수 있게 하는 폭넓은 교육을 받는다.

본 장학금을 받고자 하는 학생들이 지원신청서를 내면, 대학 총장을 위원장으로 하는 11명의 장학위원회(Board of Governors)에서 선정한다.

대학 총장이 위원회의 한 구성원으로 있다는 것은 대학에서도 이 장학제도에 많은 관심을 보여주고 있음을 나타낸다. 위원회에서는 지원자 중에서 학생 개인의 성격, 타인들을 움직이게 할 수 있는 리더로서의 능력, 교육을 받을 수 있는 능력, 정규 교과목 이외의 능력, 신체적인 체력 상태 등을 종합적으로 고려하여 장학생을 선발한다.

2013년 1월 4학년 8명, 3학년 7명, 2학년 4명, 1학년 5명으로 총 24명의 장학생이 있다. 지금까지 이 장학금을 받고 졸업한 학생은 총 99명이다. 대학 홈페이지에 현재 장학생 개인의 사진과 이들을 후원하고 있는 기부자의 명단이 있는데, 이는 대학에서 장학생들에게 지속적인 관심을 가지고 있음을 나타낸다.

대학에서는 뛰어난 리더를 양성하기 위해서 장학생들에게 특별한 프로그램을 제공하고 있다. 예를 들어, 그랜드캐니언 같은 곳으로 가서 인간의 한계를 이겨내게 하는 극기 체험을 하기도 하고, 한 학기의 여름방학 동안에는 자원봉사단에 참여하여 남을 돕는 일을 한다. 외국에 한 학기 정도 가서 다른 나라의 문화를 체험하기도 하며. 자기를 희생하여 남을 도와주는 방법을 찾는 데 많은 토론의 시간을 갖는다. 외부 초청 강사가 대학으로 올 경우 대학에서는 만남의 자리를 마련해주어 이들과 대화를 함으로써 폭넓은 인간관계를 익힐 수 있도록 한다. 대학에서는 소수 정예의 학생들을 선발하여, 집중적으로 훌륭한 리더가 될 수 있도록 프로그램을 운영한다.

이런 여러 가지의 프로그램을 운영하는 데 소요되는 모든 경비는 많은 기부자의 기금으로 이루어진다. 이와 같은 프로그램을 통해 장학금을 받고 졸업한 학생들은 대학이 자신에게 베풀어준 관심과 지원을 평생 마음속에 간직하고, 대학에 대한 높은 자긍심을 가지고 사회생활을 할 것이다. 훌륭한 리더로 성장한 장학생은 대학 4년 동안 항상 관심을 가지고 지켜봐준 대학에 고마운 감정을 가질 것이며, 앞으로 대학의 여러 가지 일에 적극적인 자세로 자신이 받았던 것 이상으로 대학에 무엇인가를 기여하려고 할 것이다. 즉, Cutler Scholars Program을 통해 자신이 졸업한 대학을 더 사랑하며 훌륭한 사회적인 리더가 되는 것이다.

PART 4

대학 캠퍼스

:: 화장실 벽 교육용 스티커 ::

미국 대학의 화장실 벽에서는 낙서를 발견하기가 쉽지 않으며, 교육용(?) 스티커가 붙어 있지 않다. 화장실 변기 앞과 벽, 손 씻는 세면기 앞 벽면이 깨끗하다.

화장실 벽에 스티커를 붙이고 나면 한동안은 스티커의 여러 가지 색으로 약간 아름다울(?) 수 있을지 모르지만 시간이 지날수록 지저분해진다. 스티커를 붙이는 접착제는 쉽게 떨어지지 않아 더더욱 보기에 좋지 않다.

우리나라 대학생들은 정말 이러한 교육용 스티커가 있어야 화장실을 깨끗이 사용하고 물도 아껴 쓸까? 이제는 이러한 것이 없어도 충분히 물도 아

오하이오 대학교의 화장실은 정말 깨끗하다. '앞으로 한 발자국만!'이라는 스티커도, 학생들 자치회에서 간혹 붙이는 스티커도 없다.

껴서 사용하며 깨끗이 사용할 수 있지 않을까? 화장실이 깨끗한 것은 사용하는 사람들의 의식 수준과 상관관계가 있을 것인데, 이제는 우리의 의식 수준을 믿고 교육용 스티커를 붙이지 않아도 될 때가 되지 않았을까? 대학에 있는 화장실은 교직원과 학생들이 주로 사용하는데, 앞으로는 화장실 벽에 '물을 아껴 씁시다!', '한 발자국만 앞으로!', '휴지는 한 장으로 충분합니다!'라는 교육용 스티커를 붙이지 말아야 할 것 같다. 이제는 우리도 우리 자신들을 믿어야겠다. 그리고 대학 본부에서 끊임없이 청소하는 사람들을 투입하여 깨끗이 청소하게 하는 것도 중요한 일이다. 미국 대학의 화장실이 깨끗한 이유는 그냥 가만히 두어서가 아니라, 청소하는 사람들을 끊임없이 투입하기 때문이다.

우리나라 대학에서 쉽게 볼 수 있는 '물을 아껴 씁시다!'라는 교육용 스티커도 이곳 대학 화장실에서는 볼 수 없다.

:: 공대본부가 있는 Stocker Center ::

오하이오 대학교의 공과대학 본부가 있는 'Stocker Center'는 지하 1층 지상 4층으로 되어 있는 아름다운 건물이다. 이 건물은 공학 및 기술 센터(Engineering and Technology Center)의 기능도 함께 가지고 있으며, 1층 중앙에는 9개의 크고 작은 방으로 구성되어 있는 공대학장의 집무실과 공대 학생들이 사용하는 컴퓨터실 4개, 250여 명이 들어갈 수 있는 대강당 및 세미나실들이 있다. 이들과 함께 토목공학과와 화학공학과 교수들의 연구실과 실험실들이 있으며, 2층에는 기계공학과와 산업공학과 교수들의 연구실과 학생들을 위한 실험 및 실습실이 있고, 3층은 전기공학 및 컴퓨터과학부(School of Electrical Engineering & Computer Science)가 사용하고 있다.[48]

건물은 주황색 벽돌 건물로, 공대 본부가 들어오기 전에는 대학생 기숙사로 사용되었다. 이 건물 양 옆에 있는 건물들은 아직도 학생들 기숙사로 사용되고 있다. 1964년부터 기숙사의 내부 구조를 개조 및 수리하여 지금과 같이 공대 본부로 사용하기 시작했다.

건물의 이름 'Stocker Center'는 많은 기부금을 낸 Stocker 씨의 이름을 딴 것인데, 폴 스토커(C. Paul Stocker)는 발명가이며, Lorain Products 회사의 설립자이다. 미국 대학의 건물들은 개인의 이름을 딴 경우가 많다. 이것은 미국 사회의 기부 문화가 사회의 일부분이 되어 있음을 느끼게 한다. 대학에 자신의 재산을 기부하는 기부자는 학생들의 편의 시설에 자신의 이름을 남기는 것을 우선으로 하기 때문이다. 이를 통해 자기의 재산을 자손들에게 물려주는 것보다 사회에 환원함으로써 자신의 가치를 실현했다고 느

오하이오 대학교의 공과대학 본부가 있는 Stocker Center.(위) 건물 이름을 이렇게 지은 것은 기부자인 스토커 부부의 이름을 기리기 위해서이다.

낀다.

건물 1층에 들어오면 오른쪽에 두 가지 신문이 놓여 있다. 하나는 대학에서 매일 발간하는 『The POST』[49]이고, 다른 하나는 이 도시에서 1977년부터 발간하는 『The Athens News』[50]이다.

『The Post』지는 주로 6면으로 되어 있고 대학에서의 학생 및 교수들에 관한 내용이 대부분이며, 『The Athens News』는 도시에서 일어나는 여러 가지 일들을 알려주는 신문이다. 『The POST』는 여름방학 중에는 발행되지 않는다. 두 신문들은 학생들에게 무료로 제공되고 있으며, 대학과 도시에 관한 많은 정보를 학생들에게 제공해주려는 서비스인 것이다.

대학에서 매일 발간하는
신문 『The Post』

:: 화장실 옷걸이 ::

오하이오 대학교에 있는 대부분의 화장실에 들어가면 바로 눈에 띄는 것이 있다. 화장실 벽에 설치된 옷걸이다. 화장실에서 손을 씻거나 볼일을 보기 전에 외투를 걸어둘 수 있도록 한 것이다. 물론 각각의 화장실 안에도 외투를 걸어둘 수 있는 옷걸이가 있다. 화장실 입구에 설치되어 있는 옷걸이는 우리나라에서는 쉽게 볼 수 없는 것이다.

손을 씻기 위해 외투를 걸어둘 때는 별 문제가 없겠지만, 큰 볼일을 보기 위해 외투를 벗어 걸어두는 경우에는 아무래도 신경이 쓰인다. 벗어둔 외투 호주머니에 혹시 다른 사람들이 손을 대거나 옷이 없어질 수도 있으니 말이다. 간혹 옷걸이에 걸려 있는 옷을 보면서 걸어둔 사람은 걱정을 하지 않는 것일까 생각하게 된다. 이곳 미국 사람들의 생활 습관이 그래서일까?

화장실에 옷걸이가
걸려 있어 편리하다.

화장실 입구에 설치된 옷걸이에 외투를 걸어두고 볼일을 볼 수 있는 풍토가 보기에 좋다. 아주 사소한 것이지만, 이러한 풍토는 서로 믿는 마음에 의해 생겨났을 것이다. 학교라는 공간이 동질의 사람들이 오는 곳이라서 아무 문제가 없는 것일까? 우리도 서로 믿고 사는 대학 사회가 되면 좋겠다.

: 공대 행정실 ::

오하이오 대학교의 공과대학 행정실은 부산대학교의 공대 행정실과 구조적으로 다르다. 행정실에 근무하는 직원들이 맡아서 하는 일은 대략 비슷할 것이지만, 행정실 구조는 한 공간에 여러 직원이 모여 있는 구조가 아니라 여러 개로 나누어진 4평 규모의 작은 사무실에 행정 직원이 한 사람씩 앉아서 업무를 보고 있다.

행정실은 'Student Services'라는 간판을 달고, 직원들은 각자의 독립된 공간에서 자신의 일들을 한다. 여기서 'Services'는 그냥 단순한 '근무'뿐 아니라 '봉사'라는 개념도 함께 가지고 있기 때문에 이 단어를 사용하는 것 같다.

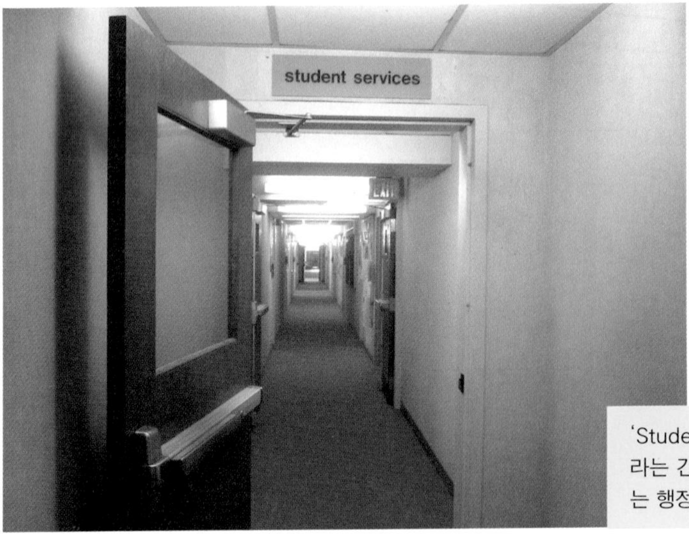

'Student Services'라는 간판을 달고 있는 행정실

가운데 복도를 두고 양쪽에 배치되어 있는 12개의 작은 사무실에서 업무를 본다. 12개의 사무실에서 하는 일에는 세미나 관리(Seminar), 웹 관리(Web Administrator), 대외 협력(External Relations), 협력 조정(Administrative Coordinators), 선임 연구주임(Senior Director of Research), 소수민과 여학생 지도(Coordinator for Minority and Women), 교무부학장(Associate Dean for Academics), 학생서비스 조정(Administrative Coordinator for Student Services), 취업프로그램 조정(Coordinator for Career Programs), 연구 과제 조정 업무(Research Grants for Development Coordinator) 등이 있다.

사무실에서 업무를 보는 직원이 있는 경우 문은 항상 열려 있다. 학생이 자신의 문제에 대해서 문의를 할 때는 시간을 약속하고 찾아가서 의논을 한다. 이곳에서도 학생들의 취업에 관련된 정보를 제공하는 직원이 많이 바쁜 편이다.

이들 사무실 중에서 공대생들의 취업을 도와주는 사무실 앞 게시판은 여러 가지 취업 정보들을 보여주기도 한다.

이렇게 독립된 사무실에 한 명의 직원이 있는 구조에서는 면담을 신청한 학생과 직원이 1:1로 이야기함으로써 대화에 더욱 집중할 수 있다. 혹시라도 남이 들으면 안 되는 개인적인 내용도 상담할 수 있으며, 옆 사무실에 근무하는 사람에게 면담하는 이야기가 들리지 않는다.

이 대학에서도 공간 문제는 있다. 공간이 남아서 행정 직원에게 독립된 공간을 제공하는 것은 아니다. 교수에게도 꼭 필요한 공간만을 제공하고, 그 외 공간은 대학에서 회수하려고 한다. 이런 마당에 행정실에 근무하는 직원들에게 이렇게 독립된 사무실을 제공하는 것은 학생들에 대한 서비스를 보다 더 잘하기 위해서이다. 즉, 질 높은 서비스를 학생들에게 제공하는 것을 결코 소홀히 하지 않겠다는 것이다. 질 높은 서비스를 제공하기 위해서는 행정 직원들이 자신의 일에 대한 전문가라야 한다. 행정 직원이 사용하는 작은 사무 실의 면적은 교수의 개인 연구실과 크기가 비슷하거나 조금 작다.

부산대학교 공대 행정실은 재료관 2층에 있는 데, 한 공간에 13명 정도의 직원이 함께 사무를 본다. 행정실장이 있는 공간은 벽으로 분리되어 있고, 서무계장, 교무계장, 시설계장 3명과 직원들은 한 공간에서 근무를 한다. 한 공간에 함께 있어서 오는 장점도 있다. 협력해서 일을 해야 하는 경우, 서로의 생각을 다른 사람들에게 이야기하며 문제를 해결해 나가기 적합하다. 다른 분야의 일을 간접적으로 접할 기회를 갖는 것도 장점이다.

이 같은 구조는 서로 나누어진 업무 분장표에 따라 자신의 일을 하는 데에는 별로 불편하지 않아 보이지만, 실제로는 자신의 일을 하는 데 많은 방해를 받고 있다. 한 공간에 있어서 자신의 업무와 아무 상관도 없는 일에 관심을 가지게 되어 자신의 업무 효율이 떨어질 수 있는 단점이 있다.

한 공간에 있는 행정 직원들은 학생이 행정실에 찾아와서 하는 이야기를 자연스럽게 들을 수밖에 없고, 상담하고자 하는 학생도 하고자 하는 이야기를 속 시원히 하지 못할 것이다. 들을 필요도 없는 이야기를 들어야 하는 다른 행정 직원들도 불편하고, 다른 직원이 안 들었으면 하는 면담을 신청한 학생도 불편한 구조이다.

우리 대학에서도 행정실 구조를 오하이오 대학교와 같이 바꿀 수는 없을까? 우리 대학도 보다 질 높은 서비스를 학생들에게 제공할 수 없을까? 대학 내 공간 문제는 어느 대학에서도 있겠지만, 우리도 이제는 학생들에게 좋은 서비스를 제공할 때라 생각한다.

앞으로 대학에 다니는 학생들을 위한 서비스를 철저히 연구해야 한다고 생각한다. 이와 더불어 행정 직원들이 자신의 업무에 보다 한 단계 높은 전문성을 기르는 것도 중요하다. 질 높은 서비스를 받은 학생들은 모교에 대한 애교심이 살아날 것이기 때문이다. 애교심이란 대학이 학생에게 주는 많은 관심과 사랑에 의한 것이지 그냥 생겨나는 것이 아닐 것이다.

:: 건강 검진기 ::

오하이오 대학교 곳곳에는 학생들이나 교수들이 많이 모이는 식당 부근이나 커피를 마시는 카페테리아 부근에 건강 검진기가 설치되어 있다. 식사를 하거나 커피를 마시러 왔다가 시간이 있을 때 자신의 건강을 간단히 체크해보는 시간을 갖는다. 혈압 및 맥박뿐만 아니라, 비만도 등도 체크한다.

교직원들의 건강 체크를 위해 대학 내 여러 휴게실 옆에 설치되어 있는 건강 검진기

자신의 건강 상태를 체크하기 위해 병원에 가야 하는 번거로움을 덜어 주기 위해 이렇게 학교 곳곳에 건강 검진기를 설치해두었다. 개인이 자신의 건강을 점검하기 위해 병원에 간다면 학교 전체적으로 보았을 때 많은 시간과 돈이 필요한데, 이러한 시간과 돈을 크게 절약하기 위한 방법이 될 수 있다.

각자의 시간표대로 살다보면 간혹 소홀히 할 수 있는 것이 자신의 건강이다. 짧은 시간을 내어 건강 상태를 간단히 체크할 수 있도록 대학에서 배려해주고 이를 통해 치료받을 때를 놓치지 않게 해준다면, 대학 구성원들은 대학에 많은 고마움을 느낄 것이다.

우리나라 대학에서도 눈에 잘 띄는 곳(식당 입구 부근이나 손님과 가는 커피숍 부근 등)에 건강 검진기가 설치되어 있으면 좋겠다. 교직원이나 학생이 짬 날 때 자신의 건강 상태를 어디서라도 손쉽게 체크할 수 있을 것이다. 대학 구성원의 건강이 곧 대학의 자산이 될 수 있다. 대학 구성원이 건강하면 교육과 연구 능률이 오를 것이며, 이런 장치는 대학에 있는 교직원과 학생을 위한 작은 서비스라는 생각이 든다.

:: 버지니아텍의 석조 건물 ::

에텐스에서 버지니아 폴리테크닉 주립대학교(Virginia Tech)가 있는 버지니아 주의 블랙스버그(Blacksburg)까지는 227마일 떨어진 곳인데, 차로 4시간 10분 정도 걸린다. 거리에 비해 차를 타는 시간이 많이 걸리는 이유는 애팔래치아 산맥을 넘어야 하기 때문이다.

Virginia Tech는 'Virginia Polytechnic Institute and State University'의 긴 이름을 줄여서 부르는 이름이다. 1872년에 Land-grant College로 세워졌으며, 2012년 현재 학생은 대략 31,000여 명(학부 23,900여 명, 대학원 7,200여 명), 교수는 약 1,300명 정도이다. 8개의 단과대학이 있는데 공과대학(Engineering)이 유명하며, 그중에서도 건축학과가 특히 유명하다.

대학의 건물들은 대부분 'Hokie Stone'이라는 밝은 회색의 돌로 지어졌다. 버지니아텍의 도서관도 석조 건물이다. 두 개의 건물이 특이한 형태로 연결되어 있어, 대학을 상징하는 또 다른 건물이 되었다. 대학에 들어섰을 때 대학 내 대부분의 건물이 이와 같은 밝은 회색의 석조 건물인 것을 보고 대학에 많은 돈이 있다고 느꼈다.

석조 건물은 외관이 아름답고 오래된 느낌이 들며, 중후해 보여 좋다. 일반 철근콘크리트로 건물을 짓는 것보다 많은 경비가 소요된다. 대학에서 석조 건물을 세울 수 있었던 것은 대학이 채석 광산을 소유하여 지속적으로 아름다운 돌들을 공급받을 수 있었기 때문이다.[51]

아마도 대학에서는 대학 건물이 석조였으면 좋겠다는 생각을 한 다음, 멋진 돌을 채석할 수 있는 광산이 대학 가까이에 있는 것을 알고 사들였을 것이다. 채석 광산에서 일을 하는 사람들도 대학 직원이라고 했다. 대학 내

대학 본부 건물로 사용되고 있는 Burruss Hall. 대학을 상징하는 중심 건물이다.
건물 이름은 1920년대에 8번째 총장이었던 Julian Ashby Burruss의 이름을 땄으며,
1936년에 완성되었다.

INSTITUTE AND

여러 석조 건물들의 멋진 외형도 이 대학에 진학하고자 하는 학생들이나 학부모들에게 '옛 것을 지키며 미래로 나아가는' 대학의 좋은 이미지를 심어 줄 수 있다.

우리나라 대학에서도 새로 짓거나 재건축하는 건물이 일률적인 건물이 아니라 중후한 느낌이 들며 멋지게 느껴지는 건물들이면 좋겠다. 대학마다 특색 있는 건물이 있어 학생들에게 대학에 대한 자부심을 심어주어야 하겠다.

버지니아텍의 중앙도서관. 아름답고 중후한 석조 건물이다.

:: Property Management ::

대학 내의 교수 연구실에서 사용하던 실험 · 실습용 테이블이나 의자 등이 오래되고 사용할 수 없을 때, 우리나라 대학에서는 1년에 두 번 정도 이를 불용 처리하여 폐기한다. 이것 외에도 대학생들이 사용하던 실험 장비, 회의용 의자, 컴퓨터 관련 장비, 서랍장, 책꽂이 등을 폐기 처분하고, 새것으로 교체한다.

그러나 자세히 보면 폐기 처분되는 것 중에는 조금만 손을 보면 다시 사용할 수 있는 물품들이 많다. 불용 처리 대상들을 적당한 곳에 모아, 부분적으로 수리하여 학생들이나 일반인들이 재활용할 수 있게 하는 방안은 없을까?

대학에서 사용하고 난 물품들을 모아두는 곳

오하이오 대학교에서 대학의 많은 학과 혹은 대학의 여러 기관에서 사용하고 난 물품들을 모아두는 곳에 가보았다. 'Ohio University Property Management & Moving Services'라는 간판이 달린 건물이다. 대학에서 사용하고 나온 책상, 걸상, 실험용 테이블, 실험 장비 등이 여러 동의 건물에 흩어져 보관되며, 직원 몇 명이 관리하고 있다.

물품들이 필요한 대학의 학과에서는 우선 'Property Management & Moving Services'의 사무실을 방문하여 필요한 물품 리스트를 만들고 학과 사무실을 통해 필요한 물품을 신청한다. 물품을 받은 학과에서는 학과 경비로 필요한 금액을 지불한다. 시중에서 구입하는 것보다 훨씬 저렴한 장점이 있다.

그래도 남는 물품들은 1년에 한 번씩 날을 잡아서 일반인들을 상대로 경매를 실시한다. 이러한 물품들이 주(State)의 예산으로 구입된 것이고 주립대

연구년을 보내는 동안 지냈던 대학 연구실이다. 이곳의 양수용 책상 5개와 의자, 연구실 한가운데에 놓여 있는 둥근 테이블도 재활용한 것이다. 대학에서 교수들이 자신의 실험실을 꾸밀 때 실험실에 놓을 책상과 걸상, 실험용 테이블 등을 재사용하여 경비를 줄이고 있다.

학이 가지고 있던 재산이기 때문에 법적으로 문제가 없도록 이런 절차를 거치는 것 같다.

미시간 주의 앤아버 시에 있는 미시간 대학교에서도 'Property Disposition'이라는 간판을 단 대학의 부속 건물이 있다. '중고 물품들을 사용될 수 있는 곳으로 장소를 바꾸어 배치'로 해석할 수 있을까? 즉, 대학에서 나온 여러 가지 중고 물품들의 재활용을 의미하고 있다.

'Property Disposition'으로 들어가는 곳을 나타내는 표지판 뒤쪽에 보이는 건물 속에 관리 사무실이 있고, 대학에서 사용하던 물품들이 보관되어 있다. 이곳은 일주일에 3일(월, 수, 금) 오후 1시부터 3시까지 문을 열어 필요한 사람들에게 물건들을 보여주고 판매하고 있다. 운반에 소요되는 차량은 물품을 구입하는 사람이 준비한다. 이곳에서 일을 하는 사람들은 전기 및 기계 기술사들이다. 이곳에 사용했던 물건들이 들어오면 사용할 수 있는지를 점검하고 부분적으로 수리를 하여 재활용할 수 있도록 한다.

중고 컴퓨터용 모니터가 12달러, 키보드 1달러, 접의자가 1달러, 여섯 명 정도 둘러앉아 회의할 수 있는 원탁 테이블 10달러, 3인용 소파 15달러, 양수 책상이 12달러, 바퀴가 있는 의자 5달러, 전기 및 전자 실험에 사용되는 오실로스코프는 20달러, 책상용 스탠드 전등 5달러, 사용하던 매트리스 10달러, 제도용 책상 15달러 등 여러 물품을 다양하게 판다. 이런 물품들은 학생들이 실험실에서 사용하다 버려지는 것들을 재활용하기 위해 이곳으로 가져오는 것이다.

우리나라 대학에서도 대학에서 사용하던 물품들을 모아두었다가 필요한 사람들에게 싼 값으로 공급하여 다시 사용하는 분위기가 확산되면 좋겠다. 남이 사용했던 것이라도 자원을 아끼는 마음에서 다시 사용할 수 있다. 교육적인 측면에서도 사용하다 부서지면 고쳐서 쓴다는 생각을 학생들에게

미시간 대학교에서 나온 중고 물품 보관소. 중고 물품들은 필요한 학생들에게 판매가 된다.

심어주는 것도 중요하다. 무엇보다 중요한 것은 이러한 물품들은 대학의 예산이나 연구비의 지원으로 구입했으므로, 더더욱 아껴서 사용해야 한다는 사실이다.

부산대학교에서는 1년에 한두 번 방학 동안에 각 학과에서 사용하던 테이블 및 의자, 실험장치 등을 재사용 할 수 있는 부서를 찾다가 찾지 못하면 불용 처리한다. 불용 처리 대상의 물품들은 폐기 업체들이 더 이상 본래의 목적에 사용될 수 없을 정도로 해체하여 폐기한다.

이런 관행을 볼 때마다 약간만 손질하면 사용할 수 있는 중고 물품들을 필요한 사람들에게 저렴하게 제공해도 될 것인데 하며 아쉬워했다.

미국이란 나라는 분명 우리나라보다 잘사는 나라임에도 불구하고 이렇게 재활용이 가능한 물품들을 재사용하게 하는 것을 보면서, 만약에 우리나라에서 학교에서 사용하다 나온 물품들이 재활용되는데 법적으로 문제가 있다면 관련된 법이 개정될 수 있도록 노력해야 한다는 생각이 들었다. 대학에서도 해마다 나오는 이러한 물품들을 모아서 수리하여 필요한 학생들이나 일반인에게 제공해 재활용될 수 있게 해야 한다. 이 모두가 자원을 아끼는 길이며, 나라를 위한 길이다.

:: Child Learning Center ::

웨스트버지니아 대학교를 방문했을 때 대학 캠퍼스의 잔디밭이 있는 곳에 아담한 건물이 눈에 들어왔다. 2009년 8월부터 Hildebrandt Learning Centers에서 어린이들을 위해 운영하고 있는 'Child Learning Center' 건물이다.[52]

교직원이나 대학생의 어린 자녀들이 낮 시간을 보내는 곳으로, 이곳에서 어린이들은 부모가 대학에서 수업을 듣거나 연구실에서 연구를 하다 오후에 데리러 올 때까지 친구들과 즐거운 놀이를 하면서 시간을 보낸다. 주법(State Law)에 따라서 일정 규모 이상의 대학에는 이렇게 어린이들을 돌보는 시설을 갖추어야 한다.

이곳은 어린이들의 나이에 따라 다양한 반으로 나뉘어 있다. 갓난아이들의 유아반(Infant, 생후 6주~12개월), 움직일 수 있는 유아반(Mobile Infants, 생후 13개월~24개월), 두 발로 걷는 아이반(Toddler 'Twos', 생후 25개월~35개월), 입학 전 아이반(Preschool, 생후 3년), 유치원 가기 전 반(생후 4~5년), 입학 아이반 등이 있다. 교직원과 학생들의 편리를 위해 다양하게 운영하고 있다. 교직원과 이 대학에 다니는 학생 부모들에게는 요금을 할인해준다. 유아원에 자리가 남아 있을 경우, 지역(모건타운, 웨스트버지니아) 주민들의 어린이들도 이용이 가능하다.

오하이오 대학교에도, 1972년부터 이와 같은 역할을 하는 유아원인 'The Ohio University Child Development Center'에서 어린이들을 돌보고 있다. 현재는 교육대학(Gladys W. and H. Patton College of Education) 안에서 어린이들을 위한 연구소 형태로 운영되고 있다.[53]

웨스트버지니아 대학교의 유아원

이 유아원은 1872년에 세워진 이 도시 정신병원(Athens Lunatic Asylum)의 마구간(Horse Barn)으로 사용되던 건물을 2000년에 어린이 개발 센터(Child Development Center)로 기부받아 어린이 유아원으로 개조해서 사용하고 있다.

이곳은 어린이들이 자라면서 생활하고 배우는 공간이다. 부모의 정성을 느낄 수 있게 잘 보살펴주려고 하는 것이 유아원의 철학이다. 어린이들이 안전하고, 무엇인가 유익한 것을 배우고, 사랑을 받을 수 있는 곳이 되도록 하고 있다.

오하이오 대학교의 유아원

이런 시설은 어린이가 있는 교직원이나 대학생들이 걱정 없이 대학 생활을 할 수 있게 해준다. 부모들은 아이가 안전한지에 대해 항상 많은 신경을 쓰는데, 이러한 걱정을 덜어주기 위해 대학에서 어린이들을 돌보는 시설을 운영하고 있는 것이다. 즉, 대학 구성원인 교직원과 대학생들의 복지 차원에서 운영하고 있다.

현재 미국의 많은 대학에서는 이와 같이 교직원과 대학생들의 어린 자녀들을 돌보아주는 유아원을 운영하고 있다. 앞으로도 대학에서는 대학 구성원들의 복지 향상을 위해 이 같은 시설에 많은 투자를 할 것이다.

:: 오토바이 관리 ::

오하이오 대학교에서도 많은 학생들이 오토바이를 이용하여 학교에 등하교를 하고 있다. 오토바이를 가진 학생들은 에텐스 시에 등록을 하고 받은 스티커를 오토바이에 부착해야 한다.

시에서 발급한 스티커를 통해서 오토바이 소지 학생을 쉽게 파악할 수 있으며, 문제가 있을 때 오토바이 주인을 바로 찾을 수 있도록 되어 있다.

시에서 발급한 스티커를 부착('CITY STICKER ONLY')한 오토바이만이 주차가 가능한 곳이다. 이와 같이 오토바이 관리는 이곳 에텐스 시에서 하고 있다.

부산대학교 캠퍼스 내의 교통 문제는 심각한 수준이다. 교내에 주차되어 있는 차량과 통행하고 있는 차량, 그리고 그 사이를 지나가는 오토바이를 볼 때 많은 학생들이 안전사고에 무방비한 상태로 노출되어 있다고 할 수 있다. 학생들이 타고 다니는 오토바이 외에 학교 주위 음식점에서 음식을 배달하는 데 사용되는 오토바이 문제도 심각한 수준이다. 어떻게 이들을 관리할 것인지 좋은 방법을 찾기는 쉽지 않아 보인다. 그렇다 하더라도 교내에서 교통 문제를 일으키는 것 중의 하나인 오토바이의 체계적인 관리를 통해 안전사고를 사전에 방지해야 할 것이다.

이를 위해 교내 학생들이 이용하는 오토바이는 반드시 학교에 등록하고 등록증을 오토바이에 부착하게 해야 한다. 이를 통해 오토바이가 어느 학생의 소유인지를 쉽게 찾을 수 있게 된다면 오토바이를 소유한 학생들이 스스로 조심할 것이며, 문제가 생겼을 때 오토바이 소유 학생에 대한 정보를 쉽게 찾아 연락을 취할 수 있다. 더 나아가 대학과 경찰청이 연계해 관리시스템을 운영한다면 대학 캠퍼스 내에서 오토바이에 대한 보다 효율적인 관리가 이루어질 수 있을 것이다.

:: 버스와 자전거 ::

대부분의 미국 대학에서는 학생들을 위해 버스 서비스를 제공한다. 비록 여기에 들어가는 예산들은 학생들이 내는 등록금에 포함되어 있겠지만, 이용하기에 편리하며 보기에도 좋다.

오하이오 대학교에는 대학생들의 편의를 위해 대학에서 운영하는 버스 'CATS(Campus Area Transit Services)'가 있다. 약간 떨어진 곳에 있는 강의실을 오고 가는 데 편리하게 이용되고 있으며 학생들을 시내까지 연결해주기도 한다. 특수하게 제작된 느낌이 드는 이 중형 버스는 학생증을 제시하면 무료로 이용할 수 있다.

2012년 8월 27일부터 새 학기가 시작되어 이곳 대학 캠퍼스는 활기가 넘친다. 방학 동안은 기숙사가 문을 닫기 때문에 대학 캠퍼스에 학생들이 거의 없고, 대학원에 다니는 학생들과 학교 행정실 직원들이 학교에 나와 일을 본다. 방학 중에는 뜸하게 보였던 학교 버스가 이제는 자주 다닌다. 배차 간격이 좁아져 학생들이 강의 시간에 따라 움직이는 것을 도와주고 있는 것이다.

버스 정류장의 표지판에는 이 대학 캠퍼스에 3개의 노선(Blue Loop, Purple Loop, Red Loop)이 있음을 알려주고 있다. 이를 통해 버스가 다니는 길을 안내해주며, 학생들은 가고자 하는 강의실을 쉽게 찾아갈 수 있다. 운임이 없음을 알리는 'Free Service'라는 글자가 눈에 크게 들어온다. 대학 캠퍼스 내 강의실이 있는 위치와 사용하는 학생들의 수를 고려하여 버스 노선과 순회하는 횟수를 조정한다. 버스 노선에 따라 다른 색깔의 표지판을 사용하고 있다. 학생들에게 혼란을 주지 않게 하기 위해서이다.

가까운 강의실을 찾아가기 위해서는 많은 학생들이 자전거를 이용한다.

오하이오 대학교에서 운영하는 대학 버스(상)와 캠퍼스를 여러 구역으로 나누어 3개의 버스 노선으로 되어 있음을 알리는 게시판(하)

강의실이 있는 건물 앞에는 반드시 자전거를 세워둘 수 있는 거치대가 마련되어 있다. 가방을 멘 학생들이 자전거를 세워두고 바삐 강의실로 들어간다.

약간 먼 강의실은 버스로, 가까이 있는 강의실은 자전거로 강의 시간을 맞추기 위해 다니는 학생들이 분주하다. 강의실을 옮겨 다니는 모습에서 새로운 학기가 시작되었음을 알 수 있다. 개강에 맞춘 '학생들을 위한' 대학의 버스 서비스도 보기에 좋다.

강의실 앞에 설치된 자전거 거치대. 이러한 자전거 거치대는 대학 캠퍼스 내 많은 곳에 설치되어 있다.

학생들을 위한 서비스는 학생들이 대학 생활을 하는 데 꼭 필요한 것이 무엇인지 많이 연구하여 그에 따른 조치를 취하는 것이다. 어디에 강의실이 있는지, 어느 곳에서 학생들이 버스를 많이 이용하는지에 따라 배차 간격을 조정한 것이나 자전거를 타지 않는 학생들을 위해 버스를 이용하여 강의실로 갈 수 있게 한 것, 자전거를 타는 데 불편함이 없도록 자전거 전용 도로를 만들고 인도의 턱도 낮게 만드는 등 좋은 서비스를 이곳에서 많이 보았다.

우리나라 대학도 이제는 학생들을 '고객'으로서 맞이할 준비를 해야 할 때이며, 고객인 학생들을 감동케 할 수 있는 전략이 필요할 때이다.

:: OSU의 주차타워 ::

대학 캠퍼스 안에는 많은 학생들이 생활하고 있으며, 또한 많은 대학 건물들이 있다. 이 같은 상황에서 주차 공간을 많이 확보하는 것은 중요한 일이다. 대학 캠퍼스 안에 자동차를 세워둘 주차 면적이 넓지 않거나 시내와 인접한 대학에서는 많은 차량의 주차를 위해 주차타워가 필요할 것이다. 입체적으로 세워지는 주차 타워는 차지하는 부지 면적에 비해 많은 차량을 주차할 수 있는 장점이 있다.

오하이오 주립대학교(OSU)에는 대학으로 들어오는 한쪽 입구에 주차타워 2개 동이 설치되어 있다. 주차타워에 많은 차량을 주차할 수 있기에 대학 캠퍼스는 여유 공간이 늘어난다.

오하이오 주립대학교의 주차타워

피츠버그 대학교의
주차타워

피츠버그에 있는
카네기멜론 대학교의
주차타워(Visitors Parking)

버지니아텍의
새로 지어진 주차 타워

한 동의 주차타워는 OSU 교직원과 학생들의 주차 공간이며, 다른 한 동은 방문자들을 위한 주차 공간이다. 차량이 출입하는 입구가 달랐기에 처음 방문하는 사람들에게 편리했다. 대학에 근무하는 교직원들에게나 학생들에게도 사용의 편리함을 제공하고 있었다.

대학 내에는 많은 학생들이 있다. 이들이 강의실을 옮겨 다니며 수업을 받을 때에는 학교 안이 복잡하다. 교내에서 차량으로 인한 사고를 방지하려면 반드시 학교 내 통행 차량의 수를 줄여야 한다. 학생들의 안전이 우선이기 때문이다. 이를 위해서도 교내에 주차하는 차량의 수량을 줄일 필요가 있다. 학생이 차량 사이를 지나다니게 해서는 안 된다. 이런 문제를 해결하기 위해 차량을 세워둘 수 있는 주차 공간의 확보는 반드시 필요하다.

OSU의 학생 수가 학부와 대학원생을 합쳐 약 56,000여 명인데, 학생들도 일부 차량을 가지고 다닌다. 미국에서는 고등학생들도 자신의 차를 타고 등교하는 모습을 볼 수 있는데, 많은 수의 대학생들도 자기의 차를 가지고 등교할 것이다. 학생들이 타고 온 모든 차량을 학교 내에 주차하게 된다면, 아마도 학생들이 다닐 수 없을 정도로 학교 내 도로가 복잡해질 것이므로 이를 위해 이곳 대학에서는 주차타워를 설치했을 것이다.

2012년 7월 OSU의 주차타워 이용료는 주차 후 처음 3시간까지는 시간당 2달러, 4시간에서 7시간까지는 시간당 1달러씩 추가, 7시간에서 24시간까지는 10달러이고, 주차증을 잃어버렸을 때에는 하루에 25달러이다. 이 주차 요금은 그렇게 싸다고는 할 수 없지만, 유용하게 쓸 수 있는 주차 공간이 있어 편리하다.

많은 학생들이 있는 이곳 OSU의 캠퍼스가 그렇게 복잡하게 느껴지지 않는 것은 대학 캠퍼스 입구에 세워진 주차타워의 위력일 것이다.

:: 주차장 ::

어느 나라 어느 대학 할 것 없이 대학 캠퍼스의 주차장 문제는 존재하는 것 같다. 대학 부지가 넓은 곳은 주차 공간이 많아 주차비를 적게 받는 반면, 주차 문제가 심각한 대학은 주차비를 많이 받거나 주차 시간을 제한하여 한 곳에 오래 주차하지 못하게 하고 있다.

오하이오 대학교의 교직원 주차공간

공과대학 본부에서 관리하는 특별 주차증이 있는 경우 주차가 가능한 주차장

장애인 주차 공간에 주차했을 경우 물어야 하는 벌금(250달러)을 알려주는 표시판

오하이오 대학교는 부산대학교보다는 소유 면적이 넓어 여유롭다. 그러나 주차장은 엄격하게 관리되고 있다. 주차장이 아닌 곳에 주차된 차를 찾기는 쉽지 않다.

교직원이 주차할 수 있는 공간을 이용하려면 아침 9시부터 오후 3시까지는 학교에서 발행하는 주차증이 있어야 하며, 그렇지 않으면 견인된다. 보통 교수들이 일 년 동안 내는 주차비는 135달러(약 15만 원)이다. 주차증을 발급받을 때 학교 내 주차 가능 지역이 표시된 지도를 함께 받는다.

학교를 방문한 사람이나 교환교수로 온 사람이 정식 주차증을 발급받기 전에 일주일 정도 차를 세워둘 수 있는 주차 공간도 있는데, 주차증 발급은 학장실에서 관리한다.

강의실 부근의 장애인 주차 공간에는 이곳에 자동차를 주차할 경우 벌금이 250달러(약 27만 원 정도)임을 알려주는 팻말이 함께 붙어 있다. 장애인을 위한 주차 공간에 차를 댈 경우 고액의 벌금 통지서를 받게 된다.

앞으로 주차 공간이 충분하지 않을 경우, 대학교에서는 캠퍼스 입구나 여유 공간에 주차타워를 세우든지 지하 주차 공간을 만들어야 할 것이다. 교내에는 긴급을 요하는 차량, 예를 들어 구급차나 소방차 및 식당이나 실험실에 필요한 물품을 옮기는 차량을 제외하고는 교내에서의 차량 통행을 통제해야 할 것이다. 이를 통해 학교 내 녹지 공간을 확보하고, 차량으로부터 보다 안전하고, 소음이나 매연이 없는 친환경적인 좋은 캠퍼스가 될 수 있을 것이다.

:: 공간 ::

대학이 가지고 있는 공간은 매우 중요하다. 대학의 궁극적인 목표인 좋은 인재 육성을 위해서는 대학이 가지고 있는 공간들을 사용해야 한다. 대학에는 다양한 공간이 존재한다. 대학 건물들이 차지하는 공간과 녹지 공간, 그리고 도로가 갖는 공간으로 크게 나눌 수 있다.

대학의 건물들이 차지하는 공간은 또 다시 교육을 위한 공간, 휴식 시간을 보낼 수 있는 공간, 연구를 위한 공간, 행정 서비스를 위한 공간 등으로 나눌 수가 있다.

교육을 위한 공간으로는 강의실, 도서관, 정보 전산원, 실험 · 실습실, 실험 · 실습 준비실, 세미나실 등이 있다. 휴식 시간을 보낼 수 있는 공간으로는 식당, 휴게실, 체력 단련실 등이 있다. 연구를 위한 공간으로는 교수 연구실, 학부 과제 도서실, 대학원 학생 연구실, 연구 과제 수행을 위한 연구실 등이 있다. 그리고 대학의 행정을 위한 공간으로는 학생들의 입학 및 졸업 관련 서비스 공간, 학생의 교무 서비스 공간, 취업 관련 공간, 대학 홍보 관련 공간, 대학 건물 보수 · 유지를 위한 부서의 공간 등이 있다.

대학이 가지고 있는 공간들은 학생의 교육과 교수의 연구를 중심으로 할당되어야 한다. 대학 공간의 할당은 대학이 가진 본연의 의무를 생각하면 자연스럽게 그 해답을 찾을 수 있다.

대학의 역할이 세분되고 다양해지면서 갈수록 많은 공간들이 필요하다. 새로운 연구 사업단이나 부서가 생길 때마다 새로운 공간이 필요하지만, 대학이 가진 많은 건물을 관리하고 유지하는 데에는 많은 예산이 든다. 이러한 예산을 절감하기 위해서는 필요한 공간만을 사용하여야 한다.

교수와 학생에게 얼마만큼의 공간이 필요한지에 대해서는 많은 연구가 있어야 한다. 필요한 공간의 크기는 크게 학문의 특성에 따라, 그리고 강의 형태와 강의에 참여하는 학생 수에 따라 달라진다.

이곳 오하이오 대학교는 전체 학생 수가 23,000여 명이 되지만, 학생들이 사용하는 학생회실이나 동아리실 간판이 붙은 공간은 찾아볼 수 없다. 그렇다고 학생들이 일반적인 학생 활동을 하지 않는 것은 아니다. 학생들이 동아리 활동이나 학생 활동 시 공간이 필요할 경우 세미나실이나 강당 혹은 식당 같은 공간을 사용하는데, 사용하기 위해서는 사용 허가서를 제출하여 학과나 대학의 사용 허가를 받는다. 미국 대학은 교육과 연구 및 행정서비스와 관련이 없는 분야의 공간 사용을 철저히 제한하고 있음을 알 수 있다.

이 대학에서도 대학의 공간은 각 단과대학의 학장이 관리한다. 단과대학의 학장은 단과대학에 속해 있는 공간 중 사용 빈도가 낮은 공간이나, 연구단이 종료되었을 때에 사용하고 있던 공간을 회수한다. 공간을 유지하는 데 많은 경비가 들기 때문이다.

대학이 가지고 있는 공간에 대한 검토 작업은 필요하다. 학생들의 교육과 교수들의 연구에 필요한 공간이 합리적인 기준에 의해 할당되어야 한다. 대학의 공간은 우수한 인재 양성을 위해서, 그리고 좋은 연구 결과를 창출하는 곳에 사용되어야 하기 때문이다.

:: 대학 캠퍼스 한복판의 시내 도로 ::

이곳 오하이오 대학교의 캠퍼스 중앙에 일반 차량들이 다니는 도로가 있다. 학생들의 왕래가 가장 많은 건물들 사이에 있는 도로를 통해 학생들이 강의실과 실험실을 찾아가고 있는데, 학생들이 도로를 횡단하기 위해 서 있으면 차량이 정지한다.

학교를 관통하는 도로를 통해 학생들이나 학교를 방문하고자 하는 사람들이 대학 건물에 쉽게 접근할 수 있다. 캠퍼스를 가로지르는 도로가 대학의 아름다움을 해치지는 않는 것 같다.

우리나라 대학 캠퍼스에는 대체로 정문과 후문이 있고, 일반 시민들이 살고 있는 지역과 경계가 뚜렷하다. 이뿐만 아니라 담도 있는 경우가 많다. 일반인들이나 학교를 방문하고자 하는 사람들은 반드시 학교 정문이나 후문을 통해 들어와야 한다. 우리나라 사람들의 정서상 더더욱 학교를 가로지르는 도로를 생각하기가 쉽지 않다.

오하이오 대학교는 1804년에 설립될 당시부터 시내와 구별 없이, 시내 속에 자연적으로 세워져 대학의 건물과 시내의 일반 주택 사이에 구별을 짓는 담이 없는 상태이다. 그래서 일반 차량이 다니는 도로가 대학을 관통해서 지나가도록 되어 있다. 지금과 같이 시내와 대학이 어울려 있는 모습이 한층 좋게 느껴진다.

필요하다면 대학 캠퍼스의 울타리를 허물고 학생들이 강의실과 실험실을 쉽게 찾아갈 수 있도록, 학생에게 편리함을 제공한다는 입장에서 캠퍼스 계획을 세워야 할 것이다.

오하이오 대학교 캠퍼스를 가로지르는 도로에 학생들이 지나갈 때에는 차량들이 반드시 정차한다. 도로를 횡단하는 학생들이 우선이다.

사진 속 멀리 보이는 다리는 대학의 한가운데로 들어오게 해준다. 붉은 건물들은 모두 대학에 속해 있는 건물들이다.

:: 녹색 공간 ::

어디든 그렇지만, 대학에는 학문과 연구에 종사하는 사람이 많기 때문에 정신적인 안정감을 주기 위해 우선적으로 많은 녹색 공간이 필요하다. 쉬는 시간에, 아니면 생각할 시간이 필요한 경우에, 수업을 마치고 나오는 시간에 녹색 공간은 우리에게 새로운 아이디어나 잠깐 동안의 휴식과 안정감을 준다.

강의를 듣고 나오는 학생들, 기숙사에서 나오는 학생들, 다른 곳에 있는 강의실을 찾아가는 학생들이 아름다운 건물 속에 놓인 푸른색 잔디를 보면서 하루하루를 보내고 있다.

실험실에서 실험을 마치고 나오는 학생들에게, 일광욕을 하면서 책을 읽고자 하는 학생들에게, 연구실에서 문제 해결을 위해 노력하다가 약간의 휴식이 필요한 대학원 학생들에게, 책으로 둘러싸인 좁은 공간에서 맑은 공기가 필요한 교수들에게, 이런 열려 있고 잘 정리된 녹색의 공간은 다음에 쏟을 열정이 솟아나게 해주는 원동력이 될 수 있다.

건물과 건물 사이가 아무 것도 없는 빈 공터이거나 차량이 다니는 아스팔트 도로 혹은 콘크리트 도로로 되어 있다면 무척 메마른 느낌을 줄 것이데, 이와 같이 녹색의 잔디와 나무들로 감싼 것은 대학의 역할을 고려한 것이라 할 수 있다.

학생들이 다니는 길은 최소한으로 포장되어 있고, 그 외의 공간은 잔디밭이나 나무 등 푸른 색으로 덮여 있다. 대학의 건물들은 그 속에 들어 있는 듯하다.

계절마다 다른 색으로 변하는 나뭇잎에서, 잔디밭 틈새에서 얼굴을 내미

이곳 오하이오 대학교의 공과대학 앞에 펼쳐져 있는 멋진 잔디밭.
양 옆에는 학생들이 사용하는 기숙사들이다.

는 다양한 풀의 자그마한 꽃에서, 잔디를 둘러싼 키 작은 나뭇가지 속을 날아다니는 이름 모를 예쁜 새들을 바라보게 해주는 녹색의 공간은 대학에서 학생들과 교수들에게 가장 중요한 공간임에 틀림없다.

나무들이 잘 자라도록 거름을 뿌려주는 사람들, 그리고 끊임없이 자라는 잔디를 깎는 관리인들이 있기에 이러한 녹색의 공간을 즐길 수 있다. 대학에서 조경을 담당하는 직원을 배정하여, 대학에 있는 나무들과 강의실 앞에 있는 화단들을 잘 관리하고 녹색 공간을 많이 갖는 것도 매우 중요하다. 잔디와 나무가 주는 초록의 냄새, 눈으로 볼 수 있는 초록의 빛을 우리들에게 선물하는 녹색 공간이 대학에는 꼭 필요하다.

초록의 나무들과 잔디밭으로 둘러싸인 대학 건물

:: 휴식 공간의 소규모 세미나실 ::

오하이오 대학교에는 학생들이 모이는 여러 공간에 휴식 공간과 함께 소규모의 세미나실들이 준비되어 있다. 여기서 학생들이 모여 과제나 그룹 스터디를 한다. 휴식 공간에는 간단한 음식물을 파는 매점이 있으며, 여기에는 커피, 머핀, 샌드위치, 요구르트, 아이스크림 등이 준비되어 있다. 조명이나 구조가 학생들이 싫증 나지 않도록 설계되었다.

홀 안에서 탁자를 사이에 두고 앉아 있는 학생들 대부분은 과제에 대한 얘기를 하고 있다. 혼자서 해결할 수 없는 문제나 더 나은 과제 리포트를 만들기 위해 이렇게 토의하는 것이다. 작은 세미나실을 예약하지 못했을 경우에는 홀 내에서 모임을 갖는다.

중앙 홀을 중심으로 양 옆에 소규모 세미나실이 있다. 각 방은 독립되어 있으며, 문을 닫으면 안에서는 휴게실의 소음이 들리지 않는다. 세미나실의 규모는 여섯 명에서 여덟 명이 사용할 수 있는 작은 방에서부터 삼사십 명 정도가 사용할 수 있는 큰 세미나실까지 다양하다. 큰 세미나실에서는 강의를 하기도 한다.

이러한 세미나실을 사용하기 위해서는 우선 예약을 해야 하는데, 언제 어떤 목적으로 몇 시간 동안 사용할지 신청하고 허락을 받아야 한다. 각 세미나실 입구에 있는 모니터에 예약 현황이 나타나 있어, 세미나실 바깥에서 어떠한 모임을 하는지 쉽게 알 수 있다.

세미나실은 벽의 일부가 유리로 만들어졌기에 안쪽을 볼 수 있다. 이렇게 함으로써 완전히 막혀 있지 않은 편안한 느낌을 줄 수 있을 뿐 아니라, 바깥에서 학생들이 세미나실을 충실히 사용하는지도 볼 수 있다. 큰 세미나

공과대학에 있는 ‘Academic and Research Center’의 중앙 홀에 마련된 매점과 소규모의 여러 세미나실(http://www.ohio.edu/athens/bldgs/arc.html)

소규모의 세미나실 앞에 있는 모니터에는 세미나실 사용 예약 현황이 나와 있다.

실은 실험 및 실습을 하는 공간으로도 이용되기도 한다. 학기 중에는 이런 세미나실 활용도가 매우 높은 편이다.

이러한 세미나실은 건물 중앙에 위치해 있어 여러 강의실에서 오는 학생들이 오가기 좋다. 이와 같이 학생들에게 서로 토론할 수 있는 조용한 공간을 제공하는 것은 학업의 성취도를 높일 수 있다.

휴게실과 함께 마련된
실험 및 실습 강의실

:: 학교 내 계곡 ::

2012년 7월 9일 점심을 먹고, 이곳 미국 오하이오 대학교의 캠퍼스를 걸어보았다. 어제 저녁에 비가 내린 탓으로 잔디는 물을 머금고 있고, 메말랐던 땅도 습기를 지니고 있다.

필자가 있는 연구실 뒤편의 자연대학 소속 생명과학연구실로 가는 길에 조그마한 냇가가 있다. 냇가 부근에는 작은 잠자리 서너 종과 벌레들이 날아다니고, 흐르는 물속에는 작은 물고기들이 이리저리 헤엄쳐 다니고 있다. 그 곁에 이름 모를 들풀들은 작은 예쁜 꽃을 피웠다. 날아다니는 벌레들을 따라 새들도 날아다닌다. 크고 작은 개구리가 뛰어다니고, 풀숲에 숨어 있던 개구리들은 자신의 노래를 부른다. 자세히 물속을 들여다본다. 이십 센티미터 정도 되어 보이는 자라가 콧구멍만 물 위로 내어놓고 가만히 있는 것이 아닌가? 대학 안에 있는 작은 냇가가 살아 있음을 느끼게 해주며, 무척이나 평화롭고 아름답게 느껴진다.

한참을 작은 냇가에 쪼그리고 앉았다가 일어났다. 내리쬐는 햇살이 뜨겁고, 발이 저리지만 왠지 기분이 상쾌하다. 대학 내에 이런 작은 시냇가가 있는 것이 좋다. 연구 논문을 쓰거나 실험을 하다가 머리가 무거울 때, 잠시 나와 이렇게 살아 있는 작은 생물들을 보면 어느새 기분이 좋아진다. 새롭게 일할 힘을 주는 것 같다. 깨끗한 자연의 힘이다.

문득 부산대학교 생각이 났다. 부산대학 장전동 캠퍼스에는 여기서 보는 이런 작은 개울이 아니라 물이 흐르는 계곡이 있다. 캠퍼스에 있는 '미리내' 골짜기를 따라 흐르는 시냇물이다. 옛날에 장전동 캠퍼스에는 몇 줄기의 계곡이 있었지만 지금은 많은 계곡들이 복개되어 주차장이나 도로로 사용되

오하이오 대학교 생명과학연구소 부근의 작은 냇가

고 있다. 복개되어 있는 계곡이 다시 트여 햇볕이 닿는 계곡이 되어 물이 흐르고, '작은 물고기가 물길을 따라 노는 모습이 보이는 계곡'이라면 참 좋겠다는 생각이 든다. 길을 가다가도 바라볼 수 있는 숲이 우거진 계곡이 되면 더없이 좋겠다.

장전동 캠퍼스는 지금처럼 건물이 많지 않았을 때는 보다 여유로웠는데, 지금은 많은 학생과 교직원이 생활하다 보니 좁고 복잡해졌다. 주차공간, 강의실, 실험실 등을 확보하기 위해 숲이 우거지고 멋졌던 대학 내 계곡들이 복개될 수밖에 없었을 것이다.

건물 밑으로 흐르는 계곡은 복개된 채로 두더라도, 주차장이나 도로로 사용하는 부분은 지금이라도 해체하면 좋겠다 싶다. 이것은 꿈일까?

미리내 골짜기를 보면, 키 큰 아름드리 소나무와 이름 모를 나무들의 녹음으로 한여름에는 어두울 정도다. 인문관 옆에 있는 계곡으로 가면 지금도 작은 물고기들이 헤엄치는 모습을 볼 수 있다. 여름철에는 비록 무시무시한 모기들이 어디선가 날아와 물고 가지만, 대학 안에 있는 계곡은 분명 살아 있다. 지금쯤 큰 매미들의 울음소리로 한여름을 알리고 있을 녹음이 우거진 미리내 골짜기가 보고 싶다.

복개되어 콘크리트로 덮여 있는 계곡은 어둠뿐이겠다. 어두운 계곡에서는 식물도 물고기도 살 수 없겠지? 아니면 어둠으로 눈이 퇴화되어 앞을 못 보는 물고기들이 아직까지 살아 있을지도 모른다.

만약에 복개된 계곡을 복원한다면 부산대학교의 모습은 어떨까? 멋질 것 같지 않은가? 학교 내 주차공간을 확보해야 하는 문제가 생겨나겠지만, 주차 문제는 다른 방법으로 해결할 수 있을 것이다.

부산대학교의 캠퍼스 마스터플랜에 복개 구조물 철거 계획이 들어간다면 참 좋겠다 싶다. 이것은 나만의 바람일까? 부산대학교를 사랑하는 사람은 누구라도 이러한 바람을 한 번쯤은 가질 것이라 생각한다. 이러한 계획을 통해 더욱 아름다운 캠퍼스가 되었으면 좋겠다. 그리고 앞으로는 더 이상 학교 내 자연과 계곡이 파괴되는 일이 없길 희망해본다.

부산대학교 장전 캠퍼스
내에 있는 미리내 계곡

:: 신체장애 학생을 위한 배려 ::

미국에서 2012년 1년 동안 연구년을 보내면서 대학 캠퍼스 곳곳에서 신체적 장애를 가진 학생들에 대한 배려를 볼 수 있었다. 강의실을 쉽게 찾아갈 수 있도록 건물 바깥에서부터 안내 표지판들이 있다. 오하이오 대학교 내에 있는 강의실 부근에는 장애인 주차장이 건물 바로 옆에 우선적으로 마련되어 있다. 비장애인 차량이 이곳에 주차를 했다 적발되었을 때에는 벌금이 최저 250달러에서 최대 500달러이다.

강의실 부근에 설치된
장애 학생 전용 주차장

오하이오 대학교의 베이커 센터(Baker Center) 입구에는 장애인용 문을 여닫을 수 있는 스위치가 있다. 스위치를 누르면 출입문에 설치되어 있는 전기 모터가 작동돼 문이 열린다. 장애인이 나가고 들어오도록 출입문이 일정 시간 열려 있다.

기숙사로 들어가는 여러 출입문 중의 하나에는 장애 학생의 휠체어가 들어 갈 수 있도록 계단이 없으며, 출입문을 전기 모터로 여닫을 수 있는 스위치가 설치되어 있다.

화장실 입구에도 장애인을 위한 화장실 문을 여는 데 사용하는 스위치가 설치되어 있다. 이와 더불어 화장실로 들어가는 복도의 폭도 장애인 휠체어가 들어가고 나오는데 불편함이 없는 간격이다.

장애 학생들을 위해 적당한 위치
에 설치된 출입문 개폐 스위치

휠체어가 쉽게 통과할 수
있도록 턱이 없는 출입문

대학 도서관에도 장애 학생을 위한
휠체어용 경사로를 만들어두었다.

강의실 복도에 설치되어 있는 정수기에도 장애인이 사용할 수 있다는 라벨이 붙어 있다. 장애학생이 정수기를 이용하기 편리하게 다른 정수기에 비해 약간 낮은 위치에 설치되어 있다.

장애 학생들도 마실 수 있도록 누름 스위치가 설치된 정수기

이와 함께 장애 학생들이 대학에서 강의를 듣거나 실험을 하기 위해 여러 건물로 접근하고 출입하는 데 불편함이 없게 되어 있다. 모든 출입구마다 출입문 개폐 스위치가 설치되어 있는 것은 아니고, 필요한 여러 곳에 장애인의 출입이 가능하게 해두었다.

아마도 미국에서는 대학 건물을 지을 때 장애를 가진 학생들이 출입문을 쉽게 열고 닫을 수 있어야 한다는 연방법이 잘 마련되어 있기에, 장애인을 위한 여러 가지 시설이 건물을 지을 때 반드시 고려될 것이다. 우리나라도 장애를 가진 학생들이 다른 학생들과 함께 수업을 받는 데 아무런 어려움이 없도록 해야 할 것이다. 기존의 건물도 신체장애 학생들이 수업을 받기에 어떤지 조사해야 할 것이다. 여러 가지 배려로 신체장애 학생들도 대학에서의 활동에 어려움이 없도록 해야 할 것이며, 대학의 구성원으로서 참여할 기회를 제공해야 한다.

:: 발전소 ::

미국의 많은 대학들은 자체 발전소를 가지고 있다. 대학에는 실험실과 연구 센터가 많아 연구를 위해 다량의 전기를 필요로 하고 있으며, 의과대학 및 대학 병원, 공과대학, 자연대학에 소속되어 있는 여러 건물도 전기를 많이 사용하고 있다.

전기를 공급하기 위해 얼마 전까지 이 대학에서도 필요한 전기를 자체 생산했지만, 현재는 더 이상 전기를 생산하지 않고 대학에 필요한 난방 및 온수를 제공하는 데 이용되고 있다.

많은 미국 대학들에서 자체적으로 이러한 발전소를 지어 운영하기 전에 반드시 초기 건설 비용 및 발전소 운전 비용(발전소 운전 직원 채용, 시설 유지 보수 비용 등)을 검토했을 것이며, 이는 시중에서 전기를 사서 사용할 경우보다 경제적으로 이익이었을 것이다. 여러 미국 대학이 가지고 있는 대학 내 자체 발전소들을 보면서, 우리나라의 대학들도 소규모 발전소 건립의 경제적인 타당성을 다양한 측면에서 검토해볼 가치가 있다고 느꼈다.

버지니아텍 대학교의 자체 발전소(좌), 오하이오 주립대학교 내 발전소(우), 그리고 오하이오 대학교의 발전소 전경(하)

:: 대학에서의 에너지 ::

한여름 바깥 기온은 매우 높아도 이곳 오하이오 대학교 건물 안은 하나같이 정말 시원하다. 연구실에 조금 앉아 있으면 어깨가 시릴 정도로 시원한 바람이 에어컨 통로를 통해 들어온다. 여름에는 이렇게 시원하고 겨울에는 따뜻하다. 아마도 에너지의 효율적인 측면에서 보면 미국 대학의 에너지 효율은 매우 낮은 수준일 것이다.

2012년 7월 7일 한낮의 기온은 섭씨 33.6도로 매우 더운 날씨였다. 연구실 벽에 있는 에어컨 조정기를 보니 연구실의 온도는 섭씨 21도로 맞추어져 있다. 쾌적하며 연구하기에 정말 좋다. 온도를 너무 낮출 경우 어깨가 시린데, 여기서 더 낮추는 친구들도 있다. 여러 명이 한 연구실에 있을 경우 누군가가 온도를 더 낮추는데, 이럴 경우 오히려 겨울 외투를 입고 싶어진다.

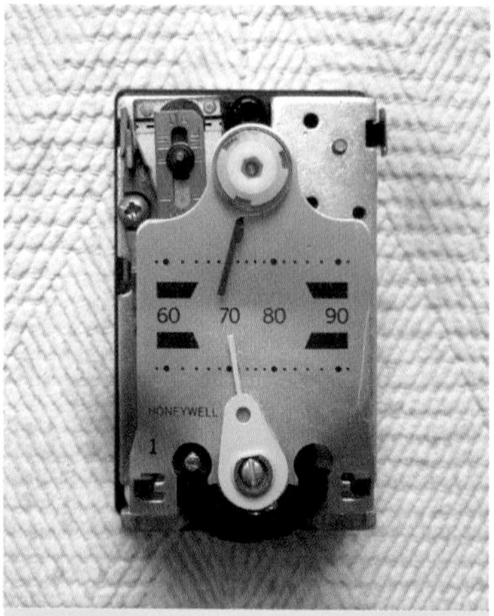

한여름 오하이오 대학교의 연구실의 온도가 섭씨 21도 정도에 맞추어져 있다.

미국 대학에서는 여름철에 왜 이렇게 추울 정도로 에어컨을 가동할까? 연구실이 이렇게 추울 정도의 온도를 유지하지 않으면 안 되는 이유라도 있을까? 대학 본부에서는 에어컨을 가동하는 데 드는 경비를 줄이고 싶은 생각은 없는 것일까? 이렇게 낮은 온도로 유지하기 위해 많은 에너지를 쓰는 것이 경제적일까? 어떤 이유로 이렇게 하는 것일까?

미국 대학에서 여름에 이렇게 낮은 온도를 유지하는 이유로는 대체로 다음과 같이 세 가지를 들 수 있다.

첫 번째 이유는 대학 내 건물에 실험실이 많기

때문이다. 여러 종류의 실험실에는 컴퓨터를 포함해 실험을 위한 장치와 시편들이 매우 많다. 여러 실험에 사용되는 시편의 종류는 다양하다. 공과대학에서는 주로 무생물 시편이 많은 반면, 자연대학이나 의과대학과 약학대학 실험실에는 동물이나 식물 등이 많이 있다. 온도에 민감한 시편에 열에 따른 변화가 있어서는 안 될 것이다. 다양한 시편들을 보호하기 위해 별도의 냉난방 기기를 추가로 설치하는 경우도 있다.

두 번째 이유는 대학에 나와 많은 시간 연구하는 사람들의 연구 성과를 높이기 위해서이다. 많은 교수들, 대학원생들, 파트타임으로 연구를 도와주는 연구원들이 연구실에 나와서 시간을 보낸다. 이들이 있는 연구실의 온도가 높으면 더위로 산만해져 연구자들이 연구에 집중할 수 없을 것이다. 즉, 지적인 활동을 위해서는 온도를 적당히 낮추는 것이 효과적이다.

세 번째 이유는 미국 대학 건물의 구조적인 문제 때문이다. 대부분의 건물들이 나무로 되어 있는데, 나무의 특성상 습기를 머금을 경우 뒤틀림 현상이 생겨 오래 지나지 않아 건물의 변형이 오기 때문일 것이다. 이를 방지하기 위해 건물 전체를 냉난방하고 있다.

이러한 이유로 모든 대학 건물들을 시원하게 유지하는 에너지 비용은 여기 미국에서는 연구에 대한 투자라고 생각하는 것 같다. 이곳 대학 본부에서도 분명 에너지에 들어가는 경비를 줄이고자 할 것인데도 불구하고, 에너지에 들어가는 경비를 연구의 성과를 위한 투자라고 생각하는 대학 본부의 모습이 보기에 좋다.

쓸데없는 곳에 에너지를 낭비하는 것은 막아야 하고, 전기를 아껴서 사용하는 것도 맞지만, 우리나라 대학에서도 대학 내 연구실에서 사용하는 에어컨 경비를 무조건 줄이겠다는 생각보다는 연구를 위해 필요한 곳의 냉난방은 연구에 대한 투자로 생각하고 대학 차원에서 지원해준다면 정말 좋겠다.

:: 스케치하는 대학 건물 ::

사람들이 대학 건물 복도에 앉아 복도에 세워진 조각품들을 보며 스케치를 하고 있다. 나이가 좀 되신 분들도 각자 편한 자세로 자기가 좋아하는 조각품을 보면서 열심히 스케치를 한다. 복도 바닥에 그냥 앉은 사람, 자기가 가지고 온 의자에 앉은 사람, 스케치 용지를 무릎에 올려둔 사람, 세워서 그리는 사람, 이젤에 걸쳐두고 그리는 사람 등 다양하다. 몇 시간 동안 저런 자세로 있을 것이다. 이곳이 어딜까?

많은 사람들이 멋진 미술 작품 앞에서 스케치를 하고 있는 이곳은 프랑스 파리 근교 베르사유 궁전도 아니고, 영국의 대영박물관도 아니다. 이곳은 피츠버그 시의 카네기멜론 대학교에 있는 예술대학(College of Fine Arts) 건물이다. 시에서 지정한 문화재 'HISTORIC LANDMARK'라는 팻말이 이 건물 바깥 벽에 있다.

예술대학의 학장이 있는 이 건물에는 건축학부(School of Architecture), 예술학부(School of Art), 디자인학부(School of Design), 연극학부(School of Drama), 음악학부(School of Music) 등 총 다섯 개의 학부가 있다. 건축학부가 예술대학에 있는 것이 우리나라의 대학들과 약간 차이가 있다.

그중 음악을 전공하는 학생들은 건물 1층에 있는 공연장에서 자신의 대학 졸업 작품을 공연할 기회를 갖는다. 대학 내 역사가 깃든 건물에서 자신의 대학 졸업 작품을 선보일 수 있는 기회를 갖는 것은 그 학생에게는 잊을 수 없는 추억이 될 것이다. 그런 추억은 학생에게 평생의 즐거움을 줄 수 있다.

문화재로 지정될 정도의 건물, 시민들이 와서 스케치하려고 하는 건물이

카네기멜론 대학교 예술대학 복도에서
여러 사람들이 스케치하고 있는 모습.

대학 내에 있다는 것은 어찌 생각하면 꿈같은 얘기이다. 한국의 대학 중 이런 대학이 몇 군데나 있을까?

공연장의 모습. 사진을 찍는 날(2012년 8월) 어느 학생이 교수 앞에서 연습하는 모습을 담았다.

대학은 많은 젊은 학생들이 생활하는 곳이다. 이들은 하루의 대부분을 대학 내에서 보낸다. 대학은 학생들에게 뭔가를 줄 수 있어야 하고, 느낄 수 있게 해야 한다. 강의를 잘하는 교수나 연구를 많이 하는 교수들이 있어 학교를 빛내준다든지 하는 자랑스러움뿐만 아니라, 가만히 바라보고만 있어도 영감을 주는 정성 가득한 건물과 조형물이 이러한 역할을 할 수 있을 것이다.

우리나라에서 기억에 남을 건축물이 있는 대학은 어디일까? 학생들의 머릿속에 추억으로 간직하고자 하는 건물과 조형물이 많지 않다면, 앞으로는 학생들에게 무엇인가를 느끼게 해주는 건물이 세워지고 조형물이 설치되면 좋겠다.

:: 에너지 절약형 건물 ::

2012년 9월 3일 저녁이다. 갑자기 소나기가 쏟아진다. 오늘 아침 일기 예보에서 비 올 확률이 60%라더니, 저녁때가 되자 하늘이 어두워지고 비가 내리기 시작했다. 빗방울이 땅에 떨어지는 소리가 크게 들린다. 천둥소리도 들리고, 서늘한 바람도 분다. 연구실에 비가 들어올까 봐 창문을 닫는다.

대학 내 건물에는 바깥과 연결해주는 창문이나 출입문들이 많다. 여름에는 차가운 냉방의 공기가 밖으로 나가지 못하게 하며, 더운 바깥 공기는 건물 안으로 들어오지 못하게 해야 한다. 창문이나 출입문들을 만들 때 가장 신경을 쓰는 것이 외부와의 차단 능력이다.

여름 동안 바깥 기온이 섭씨 35도가 넘어가더라도 실내 온도를 낮게 유지할 수 있는 것도 창문이나 출입문의 차단 능력이 뛰어난 덕분이라 할 수 있다. 이러한 능력은 영하 20도보다 더 내려가는 겨울에 실내의 온도를 따뜻하게 유지하기 위해서도 필요하다. 차단 능력이 뛰어나지 못하면 외부로 에너지 손실이 막대하여 에너지에 들어가는 경비를 감당하기 어려울 것이기 때문이다.

건물의 벽이나 창문, 출입문의 단열 능력은 건물을 설계할 때부터 중요한 요소로 두고 세심하게 설계해야 하는데, 이를 통해 건물을 완성한 후 에너지 낭비를 막을 수 있다.

대학 건물은 많은 학생들이 사용하고 출입도 잦다. 오하이오 대학교의 지도를 펴보았다. 지도에 나타난 대학 건물의 마지막 번호가 245이다. 이 대학의 건물 및 시설 개수가 245개라는 뜻이다. 이 많은 대학의 건물에서 교수와 학생들이 수업, 연구, 실험, 실습을 하려면 여러 종류의 에너지가 많이 필요하다.

에너지를 절감하는 건물이 되기 위해서는 최우선적으로 건물 벽을 단열

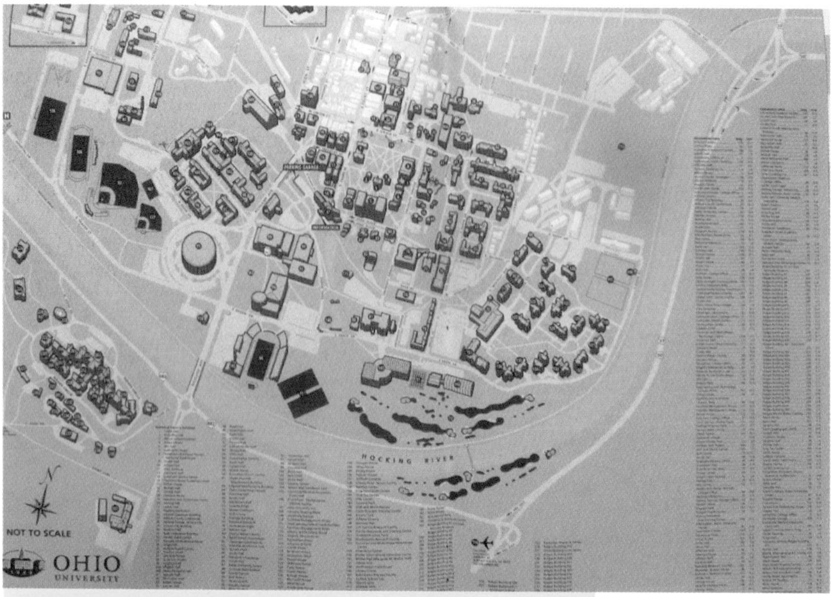

호킹 강으로 둘러싸여 있는 오하이오 대학교의 전체 건물 배치도

소재로 만들어야 한다. 창문은 겹유리로 만들어야 하며, 기존 건물에 있는 홑유리는 교체를 검토해야 한다. 창문틀도 외부와의 차단에 유리한 구조여야 한다. 출입문이나 창문에 고장이 생기면 즉시 교체하거나 수리를 하여 단열에 소홀함이 없어야 한다.

대학은 에너지를 많이 사용하는 기관이다. 건물이 많고 실험과 실습을 하며, 하루 24시간 일 년 내내 전기가 필요한 곳도 있으므로 쓸데없는 곳에 에너지를 낭비하는 일이 없도록 해야 할 것이다. 이를 위해서 에너지를 낭비하는 곳을 줄이거나 없애는 것이 가장 중요한 일일 것이다. 건물을 신축할 경우에는 에너지 효율을 높이는 설계가 되도록 해야 하며, 기존의 건물은 에너지 손실을 줄일 수 있도록 보수해야 할 것이다.

:: 도로변 강의실 ::

대학의 강의실은 조용하고 사색을 즐길 수 있는 곳에 위치하는 것이 좋을 것 같지만, 반드시 그런 곳에 없는 경우도 많다. 오히려 도로변에 있는 강의실을 학생들은 더 좋아하는 것 같다.

2012년 11월 23일 미시간 대학교의 정보대학원(School of Information)을 방문하면서 보았던 강의실은 우리의 생각과 조금 다르게 도로변에 건설된 건물의 1층에 있었다. 이 대학 건물은 앤아버 시내에 있으며, 주변의 건물 및 시설과 잘 어울리는 구조였다. 건물이 도로변에 있어 강의실로 사용하기에 적합하지 않아 보였으나, 건물 1층에 있는 강의실 안에서 느꼈던 소음은 학생들이 수업을 받는 데 아무런 지장을 주지 않았다.

앤아버에 있는 미시간 대학교의 정보대학원 건물, 건물 건너편에는 여러 종류의 햄버거와 닭날개 등을 파는 Buffalo Wild Wings 매장이 학생들에게 편리성을 제공하는 위치에 있었다.

아마도 건물을 지을 때 도로에서 전해져 오는 소음을 차단할 수 있도록 설계되었을 것이며, 이에 따라 건설되었을 것이다. 초정밀 가공 기계가 있다든지 소음에 아주 민감한 장치로 실험과 연구를 수행하는 경우, 그리고 길에서 들려오는 소음이 동물에게 주는 스트레스가 실험에 영향을 주는 경우에는 어려움이 있겠지만, 일반적인 강의는 그렇게 문제 되는 일이 없을 것 같다.

또 다른 예로는 에텐스 시내 가운데 위치한 대학의 건물들이다. 오하이오 대학교의 도로변 양쪽에 보이는 큰 건물들은 강의실과 교수 연구실이 있는 건물이다. 도로에는 많은 차들이 지나다니고, 학생들은 인도 위를 다니며, 길 건너 강의실을 가기 위해 도로를 횡단하기도 한다. 도로에서 차를 내려 곧장 강의실로 갈 수 있기에, 학생들에게는 오히려 강의 시간에 맞추는데 도움을 주기도 한다.

웨스트버지니아 주 모건타운 시에 있는 웨스트버지니아 대학교의 대학 본부와 중앙도서관 건물도 시내 중심의 도로변에 있다. 건물에 전달되는 자동차의 소음은 그렇게 문제가 되지 않음을 보여준다. 어떻게 하면 강의실의 접근성을 높여서 학생들이 사용하는 데 편리함을 줄 수 있을지가 중요했을 것이다.

미국의 여러 대학에서 대학의 건물들이 '대학 캠퍼스 내의 도로변'에 있는 것이 아니라, 차량의 통행이 훨씬 많은 '시내에 있는 도로변'에 있는 것을 보면서, 앞으로 우리나라에서도 대학의 캠퍼스 계획을 수립할 때 고려할 만한 사항이라는 생각이 들었다. 학생들에게는 생활의 편의 시설들과 근접해 있는 것이 좋을 수 있다. 그리고 도시 내 넓지 않은 부지에 대학의 건물을 건축할 수 있다면, 대학에서는 보다 나은 강의실 및 교수 연구실을 확보할 수 있다. 대학의 건물들이 반드시 대학 캠퍼스 내에 있어야 한다는 개념을 바꿀 필요가 있을 것 같다.

오하이오 대학교 건물 중 도로 변에 있는 강의실(상)과 웨스트버지니아 대학교의 중앙도서관(하)도 도로에서 그렇게 멀리 떨어져 있지 않다.

: 대학 내 빈 공간 ::

대학 캠퍼스에는 빈 공간이 필요하다. 빈 공간은 여유가 있어 보이고, 학업을 마치고 나온 학생들에게 휴식할 수 있는 곳을 제공한다. 연구실에서 긴 시간 연구를 마치고 나온 교수들에게 탁 트인 시원함을 준다. 대학에서 반드시 필요한 것 중의 하나가 아무것도 없이 탁 트인 잔디밭일지 모른다.

2012년 5월 워싱턴 D.C. 부근에 있는 메릴랜드 대학교(University of Maryland)에 다녀왔다. 대학 중앙에 있는 푸른 공간을 중심으로 양쪽에 많은 강의실과 교수 연구실들이 즐비하게 배치되어 있다. 사진 속에 있는 숲 양옆으로 많은 건물들이 있지만 숲에 가려 양옆 강의실과 연구실이 보이지 않는다.

도로에 닿아 있는 녹지 공간에는 아름드리 나무들이 있고, 그 뒤에 학교에 들어온 차들이 주차되어 있는 모습이 보인다. 대학 내 건물들을 분리해주는 것이 도로이며, 이 도로들을 분리해주는 것이 녹음이 우거진 초록 공간이다.

부산대학교 장전동 캠퍼스는 어떠한가? 장전동 캠퍼스 내에서는 이런 빈 공간을 찾을 수가 없다. 몇 년 전까지 여유롭던 공터에는 어느새 교육과 연구를 위한 건물들이 들어섰고, 도로들은 포장되어 아스팔트 길로 변했다. 수업을 마치고 나오는 학생들에게나 연구실에서 나오는 교수들에게 빈 공간의 여유를 제공해주지 못하고 있다.

캠퍼스에는 20년 이상 된 건물들이 많다. 대학 내 오래된 건물들이 많이 몰려 있는 지역을 중심으로 단계별로 재개발을 한다면, 혹은 대학의 장기 발

메릴랜드 대학교 한가운데 자리 잡은 넓은 잔디밭.
기분을 상쾌하게 해준다.

전계획을 세울 때에는 학생과 교수를 위해서 반드시 캠퍼스에 녹지가 들어간 빈 공간을 고려해야 할 것이다. 빈 녹색 공간은 그냥 아무것도 없는 빈 공간이 아니라, 학생들과 교수들에게 새로운 아이디어가 생겨나게 해주는 창조의 공간이 될 것이다. 이는 대학의 가치를 높이는 길이다.

메릴랜드 대학교에서는 키 큰 나무와 잔디밭으로 주차장과 강의실 사이 간격을 띄워주고 있다.

:: Alert Ohio! ::

2013년 1월 30일 오하이오 대학교의 에텐스 캠퍼스에서 긴급 상황이 발생했다. 이날 아침 9시 24분경에 권총을 소지한 강도가 공과대학 본부가 있는 건물인 Stocker Center 쪽으로 달아났고, 경찰들의 추격과 대학 건물의 수색 등으로 수업이 휴강된 것이다.

더 많은 기사를 보기 위해 대학 홈페이지에 있는 'More Information'을 클릭하니, 대학 캠퍼스에서 권총 강도가 일으킬 수 있는 사고를 미연에 방지하기 위해 총장이 오후 12시 25분에 오늘 있을 모든 수업을 휴강하기로 결정을 했다는 뉴스가 나온다. 대학 홈페이지에서는 오전 11시 44분, 12시 25분, 오후 2시 30분에 관련 소식을 계속해서 알려주었다.

이날 낮 12시부터 연구실에서 점심 식사를 하고 있는데 산업공학과 학과장인 주드(Judd) 교수가 "Go home!", "Go home!"이라고 외치며 각 교수연구실을 돌아다녔다. 먹고 있던 점심을 접고, 가방을 챙겨 대학 건물을 빠져나와 집으로 달려왔다.

30일 오후 7시경에 다시 대학 홈페이지[54]에 들어가 보니, 오후 5시 30분에 "Ohio University's Athens campus will re-open and classes and related supporting activities will resume at their normal times tomorrow (Thursday) morning." 즉, 안전 문제가 해결되어 내일 목요일 아침은 정상적으로 수업을 하며, 다시 학교 문을 연다는 것을 공지해놓았다.

대학에 긴급 상황이 발생하면 그 내용을 대학의 홈페이지에 신속히 여러 번 알려주기도 하고, 이메일로 모든 학생들에게 알려주기도 한다. 대학의 총장은 경찰에서 제공하는 여러 가지 정보들을 가지고 휴강을 결정하고, 이를 전체 단과대학으로 빠르게 알려주는 모습을 보았다. 대학은 많은 학생들과 교직원들이 오랜 시간을 보내는 공간이다. 이들의 안전을 위한 조치는 빠를수록 좋을 것 같았다.

미국은 국민들의 총기 소지가 허용되는 나라이기 때문에, 총기 사건으로 사회적인 문제가 종종 일어난다. 미국에 1년 가까이 거주하는 동안, 아주 가까이에서도 이와 같은 긴급 상황이 발생함을 체험한 하루였다.

대학 홈페이지(http://www.ohio.edu/) 첫 페이지에 긴급 상황을 알리는 헤드라인 "Athens campus classes cancelled for January 30, 2013"이 떴다.

야생화들이 반가웠던 봄, 뜨거웠던 오하이오의 태양, 고향에서도 보았던 반가운 단풍, 어릴 적 그렇게 기다리곤 했던 하얀 눈, 이제는 이곳을 떠나야 한다는 생각과 이어지는 어떤 단절. 이것이 세월이구나 하는 생각에 오늘은 한 잔의 맥주에 오하이오의 추억을 담아보아야겠다고 생각했다.

1년 전 시카고 상공을 선회하던 비행기가 착륙하고 공항을 빠져나올 때는 겨울비가 내리고 있었던 추운 날씨였는데, 지금은 온 천지가 하얀 눈 속에 있다. 출국이 제대로 되려나 하는 걱정이 앞서는 한 주를 보내면서, 오후에는 버릇처럼 가던 호킹 강가로 나갔다. 여전히 차가운 바람에 씨앗과 잎을 떨어낸 이름을 알 수 없는 풀줄기와 더불어 곳곳에 쌓여 있는 눈으로 푸석푸석한 을씨년스런 모습이 전형적인 겨울풍경이다.

이 겨울, 오하이오의 호킹 강가에서 나는 내일 떠난다는 아쉬움으로 떨어지는 낙조에 '나는 무엇인가?'라는 어설픈 자조를 하고 있다.

무엇이 미국을 이처럼 지구촌의 유일한 대국으로 만들어주었을까? 미국의 많은 대학은 경쟁력을 어떻게 높였을까? 치열한 경쟁 속에서 평등이란 의미 있는 화두인가? 사회의 발전과 대학의 과제는 무엇이며, 대학은 사회를 어떻게 견인하여야 할 것인가? 우리에게는 지금 무엇이 부족하고 필요한 것일까? 이러한 의문에 대한 해답은 있는 것일까?

연구년이 시작된 초기에는 1년을 어떻게 보내는 것이 보다 바람직할지 생각하다가, 곧 이곳에서 연구하기로 한 분야 외에 '대학'에 대해 고민하는 시간을 가져보기로 했다.

1988년 9월부터 부산대학교에서 근무를 시작했으니, 벌써 24년이 지났다. 이 기간 중 대학을 위해 고민한 시간이 얼마나 될까? 짧게나마 대학에 관해 생각을 하기는 했지만, 이번 연구년에는 미국의 대학과 우리나라 대학의 '같음과 다름'을 찾아보고 싶었다.

2005년 미국 미시간 주 앤아버에 있는 미시간 대학교에서 연구년을 보낼 때에는 이번과 같은 감정은 없었다. 그때는 주어진 연구 과제에 대한 자료 조사와 연구로 1년의 연구년을 보냈으나, 이번에 연구년을 보낸 오하이오 대학교에서는 많은 관심을 가지고 여러 가지를 눈여겨보았으며, 새롭게 본 것들을 담기 위해 항상 카메라를 가지고 다니는 습관이 생겼다. 시간을 내어 주변에 있는 몇몇 대학을 방문하기도 했다.

만나는 교수들이 들려주는 미국 대학 이야기 속에서 혹시라도 우리나라 대학에 필요한 것이 없을까 하는 생각으로 간단히 메모를 했다. 대학 내 카페테리아에서 커피를 한 잔 같이하면서 교수님들의 기억 속에 묻혀 있는 미국 대학에 관련된 내용을 들으려고 했다. 이러한 이야기들은 나에게 즐거움을 주었고, 그 이야기 속 몇 개의 키워드를 중심으로 글을 준비하게 되었다.

저녁노을이 붉게 물든 평화로운 호킹 강가의 둑길을 걸으면서 적은 글들을 읽어보기도 했으며, 강둑에 설치된 벤치에 앉아 글의 내용을 수정하기도 했다. 불어오는 바람은 나의 친구가 되어 오랜 시간 앉아 있게 해주었다. 연구년의 시간은 이렇게 흘렀다.

준비한 글들이 우리나라의 대학에 근무하는 교직원들과 대학생들에게 어떤 의미를 던져줄지 생각해보았다. 미국에서 오랫동안 생활했던 교수들에게는 이미 잘 알고 있을 내용이라 혹시 식상하지는 않을지, 대학생들에게는 우리나라 대학 사정과 너무 동떨어진 내용을 전해주는 것은 아닐지 하는 생각이 들었다. 비록 글의 내용에 부족함이 있을지라도 용기가 나는 것은 여기 있는 작은 생각들이 우리나라 대학에 조금이나마 도움이 될 수 있다는 믿음이 들었기 때문이다.

추운 겨울 호킹 강가의 얕은 물가에서 놀던 캐나디안 거위가 물을 차고 날아오르는 모습을 보니 한결 기분이 좋아졌다. 잔디밭 위를 걸어 다닐 때에는 뒤뚱거리며 걷는 거위가 물 위를 힘차게 날아오르는 모습은 신비로움 그 자체이다. 저렇게 날아올라서 수천 킬로미터를 날아서 간다고 하니…….

호킹 강가에서 별이 보이기 시작하는 밤, 그동안의 오하이오에서의 많은 상념으로 이곳 에텐스를 쉬 떠날 수 없을 것 같은 마음이다. 내일 한국으로 가는 비행기 속에서 비로소 깊은 잠을 청하게 될지도 모르겠다.

2013년 2월 14일

오하이오 주 에텐스 호킹 강가에서

목학수 씀

:: 주 ::

1 http://www.athensblock.com/
2 http://www.ohio.edu/president/bio
3 http://en.wikipedia.org/wiki/Gordon_Gee
4 http://www.president.vt.edu/steger_bio.html
5 http://www.cmu.edu/about/leadership/president
6 http://en.wikipedia.org/wiki/Mark_Nordenberg
7 http://web.mit.edu/newsoffice/2012/hockfield-0216.html
8 http://president.umich.edu/aboutmsc.php
9 http://chronicle.com/article/Teresa-Sullivan-Abruptly/132205
10 http://www.huffingtonpost.com/2012/07/11/famu-james-ammons-resigns-hazing-scandal_n_1665650.html
11 http://cupwire.hotink.net/articles/52885
12 http://www.ksallink.com/?cmd=displaystory&story_id=22480
13 http://www.nytimes.com/2009/06/15/us/15resign.html
14 http://www.thelantern.com/campus/les-wexner-resigns-from-osu-board-of-trustees-1.2876943
15 http://www.ed.gov/programs/fpg/index.html
16 http://www.staffordloan.com
17 http://www.ohio.edu/advancement/donor-relations/index.cfm

18 http://www.innatvirginiatech.com

19 http://en.wikipedia.org/wiki/Morgantown_Personal_Rapid_Transit

20 http://www.cmu.edu/corporate/partnerships/gates_center.shtml

21 http://www.cnn.com/TECH/computing/9904/14/gates.mit.idg/index.html

22 http://upmc.com/media/NewsReleases/2012/Pages/upmc-pittsburgh-pennsylvania-us-news-world-report-best-hospitals.aspx

23 http://www.ext.wvu.edu/county_offices

24 http://employees.ext.wvu.edu/r/download/54176

25 http://en.wikipedia.org/wiki/Land-grant_university

26 http://www.blackboard.com

27 http://onestop.pusan.ac.kr

28 http://www.ohio.edu/people/lees1

29 http://www.davis.wvu.edu/faculty_staff

30 http://www.ohio.edu/wellworks/fees.html

31 http://www.cehs.ohio.edu/academics/rsp/rs/ore/ore_major.htm

32 http://www.cmu.edu/cmnews/extra/030117_phollow.html

33 http://www.engineering.pitt.edu/Chemical

34 http://www.pnge.statler.wvu.edu

35 http://www.pe.tamu.edu

36 http://www.cpe.engr.ku.edu

37 http://www.uh.edu/academics/catalog/colleges/egr/majors/petroleum-engineering/index.php

38 http://department1.cup.edu.cn/~waisb/acade.htm

39 http://cfaes.osu.edu

40 http://ansci.osu.edu

41 http://www.boston.com/metrodesk/2012/08/30/harvard-investigates-students-for-cheating-final-exam/xA95LyxfyT2uKICbrNUjcO/story.html

42 http://www.bostonglobe.com/metro/specials/harvard-final-exam

43 http://www.ohio.edu/eventservices/baker

44 http://www.ohio.edu/instres/insres/functions.html

45 http://woub.org

46 http://woub.org/listen

47 http://www.ohio.edu/cutler/index.html

48 http://www.ohio.edu/athens/bldgs/stocker.html

49 http://www.thepost.ohiou.edu

50 http://www.athensnews.com

51 http://www.facilities.vt.edu/ops/quarry

52 http://childlearningcenter.wvu.edu/information_pages

53 http://www.cehs.ohio.edu/centers-partnerships/centers/cdc/index.htm

54 http://www.ohio.edu/emergency/index.cfm

미국대학의 힘

초판 1쇄 발행 2013년 12월 16일
2쇄 발행 2015년 2월 2일

지은이 목학수
펴낸이 강수걸
펴낸곳 산지니
편집장 권경옥
편집 손수경 양아름 문호영
등록 2005년 2월 7일 제14-49호
주소 부산광역시 연제구 거제1동 1498-2 위너스빌딩 203호
전화 051-504-7070 | 팩스 051-507-7543
홈페이지 www.sanzinibook.com
전자우편 sanzini@sanzinibook.com
블로그 http://sanzinibook.tistory.com

ISBN 978-89-6545-232-4 03370

*책값은 뒤표지에 있습니다.
*이 도서의 국립중앙도서관 출판시도서목록(CIP)은 e-CIP 홈페이지
(http://www.nl.go.kr/ecip)에서 이용하실 수 있습니다.
(CIP 제어번호: CIP 2013021748)